세일즈, 함께 가야 이긴다

팀 세일즈(Team Sales)

와일드북
와일드북은 한국평생교육원의 출판 브랜드입니다.

세일즈, 함께 가야 이긴다
팀 세일즈(Team Sales)

초판 1쇄 인쇄 · 2026년 3월 16일
초판 1쇄 발행 · 2026년 3월 20일

지은이 · 전호석
발행인 · 유광선
발행처 · 한국평생교육원
편 집 · 장운갑
디자인 · 박형빈

주 소 · (대전) 대전광역시 유성구 도안대로589번길 13 2층
          (서울) 서울시 서초구 반포대로 14길 30(센츄리 1차오피스텔 1009호)
전 화 · (대전) 042-533-9333 / (서울) 02-597-2228
팩 스 · (대전) 0505-403-3331 / (서울) 02-597-2229

등록번호 · 제2018-000010호
이메일 · klec2228@gmail.com
instagram @wildseffect

ISBN 979-11-94710-32-5 (13320)
책값은 책표지 뒤에 있습니다.

세일즈, 함께 가야 이긴다

팀 세일즈(Team Sales)

전호석 지음

와일드북

"지긋지긋한 세일즈, 이제는 영원히 안녕이다!"

실패 속에서 찾은 새로운 길

2017년 초겨울, 2년간 공들인 프로젝트가 실패로 끝났다. 손에 닿을 듯했던 성과가 아지랑이처럼 사라지는 순간, 세상이 무너지는 것 같았다. 조직의 기대에 부응하지 못한 미안함, 동료들의 시선에 대한 두려움과 끝없는 자괴감으로 밤잠을 설쳤다. 사람 만나는 것조차 두려워졌을 때, 나는 세일즈를 포기하려 했다.

그런데 바로 그때, 천금 같은 기회가 찾아왔다. 얼마 전에 방문했던 대형 고객사에서 급하게 도움을 요청해 온 것이다. 이전 실패를 만회하기에 충분한 규모의 대형 프로젝트였다. 떠날 때 떠나더라도, 마지막 자존심만큼은 지키고 떠나자는 오기가 발동했다. 동료들에게 전장에서 패해 도망치는 패잔병의 모습으로 기억되고 싶지 않았기 때문이다.

혁신적 깨달음: 혼자가 아닌 함께

상사는 팀과 함께 풀어가는 모습을 보면 좋겠다고 조언했다. 지금까지 '외로운 늑대'처럼 혼자서 모든 것을 해결하려 했던 나에게는 낯선 제안이었다. 결론부터 말하자면, 그 조언이 나를 살렸다. 정보를 독점하던 습관을 버리고 동료들과 투명하게 소통했다. 혼자서 결정하는 대신 팀 의견을 모아서 결정을 내렸다. 처음에는 시간만 낭비하는 것 아닐지 걱정했지만, 결과는 놀라웠다.

동료들과 함께 소통하며 일하니, 혼자 고민할 때보다 더 좋은 아이디어가 나왔다. 팀원의 지원 덕분에 더 적은 노력으로 더 큰 성과를 거두게 되었다. 실패에 대한 두려움이 줄어들었고, 팀원과 성과도 나눌 수 있어서 보람도 컸다.

이 경험을 계기로 협업의 범위를 확장하는 시도를 할 수 있었다. 조직 내부를 넘어 대리점, 외부 파트너사, 심지어 고객사와 그들의 협력사까지 포함하는 생태계를 만드는 시도를 했다. 불가능해 보였던 일들이 현실이 되는 모습을 보며 '팀 세일즈'에 대한 확신을 키웠다.

변화하는 B2B 환경, 새로운 접근이 필요하다

비즈니스 환경이 급변하고 있다. 포레스터 리서치에 따르면 B2B 구매자의 68%가 영업사원을 만나기 전에 이미 온라인 조사를 마친다. 매켄지는 B2B 구매 결정에 평균 6.8명이 관여한다고 보고했다. 과거에 통했던 영업사원 개인의 화술이나 관계 능력만으로는 더 성과를 낼 수 없다는 말이다. 대신 조직의 협업을 끌어내고 내부 자원을 효과적으로 활용하는 역량이 성패를 가르는 시대가 온 것이다.

그런데도 많은 영업사원이 여전히 구닥다리 방식을 고집한다. 전략도 프로세스도 없이 마구잡이로 고객을 만나고, 성과가 나지 않아 지쳐간다. 초롱초롱했던 신입사원 눈빛이 어느새 생기를 잃는다. 세상만사 까칠하게 대한다. 그런 후배들을 지켜볼 때마다 마음이 무겁다.

이제 '나 혼자 판다.'라는 사고방식을 바꿔야 한다. 팀원 각자의 전문성을 바탕으로 머리를 맞대어 창의적인 아이디어를 만드는 열린 자세가 필요하다. 투명하게 소통하는 팀만이 복잡한 고객의 문제를 해결할 수 있다는 신념을 가져야 한다. 팀 세일즈의 가치를 믿는 영업사원만이 성과와 생산성이라는 두 마리 토끼를 모두 잡을 수 있는 시대이기 때문이다. 성공적인 팀 세일즈를 한 번 경험하면 쉽게 빠져나올 수 없을 정도로 강력하다.

이 책은 총 6개 장으로 구성되어 있다. 먼저 1장에서는 B2B 비즈니스 환경이 어떻게 변화하고 있으며, 왜 새로운 접근법이 필요한지를 살펴본다. 2장에서는 이 책의 핵심 메시지인 '팀 세일즈'가 이 시대에 통하는 B2B 솔루션 세일즈의 핵심 해법인 이유를 구체적으로 설명한다. 3장에서는 팀 세일즈를 실행하기 전에 영업사원이 반드시 갖춰야 할 6가지 핵심 역량을 다룬다. 4장과 5장에서는 개인 중심의 세일즈에서 팀 중심으로 확장하는 구체적인 방법과 성과를 극대화하는 전략을 제시한다. 마지막 6장에서는 팀 세일즈를 꾸준히 지속하는 데 필요한 마음가짐과 철학을 담았다. 특별히 각 장의 끝부분에는 현업에서 바로 활용할 수 있는 실용적인 업무 팁과 B2B 세일즈에 대한 전문성을 높이고 통찰을 불러일으키는 추천도서 목록도 함께 수록했다.

'홀로 성장하는 시대는 끝났다'의 저자 이소영 이사는 말했다. 결국, 살아남는 사람들은 '큰 흐름을 읽고 그 흐름에 맞춰 자신을 변화시키는 유연한 사람들'이라고. 무엇보다 이들은 '내가 먼저 배워서 남 주겠다.'라는 열린 자세를 갖추고 있다고 한다. 점점 복잡해지는 비즈니스 환경에서 영업사원이 성과를 내며 생존할 방법도 이와 비슷하다. 조직 공동체와 함께 소통하고 학습하며 성과를 공유하는 '팀 세일즈'를 시도하는 영업사원만이 성장하고, 성과를 이어갈 수 있다.

이 책은 녹록하지 않은 B2B 솔루션 세일즈의 길을 걷는 모든 영업인에게 힘과 위로가 되고자 하는 간절한 마음으로 썼다. 부족한 필력일지라도 이제 막 세일즈의 긴 여정을 시작했거나 성과 정체로 고민하는 영업사원에게 도움이 되기를 바란다. 그렇다고 해서 이 책의 독자가 B2B 영업사원에게만 국한되는 것은 아니라고 믿는다. 팀 세일즈의 핵심은 인간의 협업 가치이며, 이는 인공지능과 로봇 기술이 발달한 지금 시대에 더욱 중요해진 인간 고유의 영역이기 때문이다.

이제 사회 모든 영역에서 협업은 필수이고, 그 중요성은 더 강화될 것이다. 이런 시대 흐름의 연장선에서 이 책을 읽는 누구든, 지금 마주한 문제 해결에 도움이 되는 한 문장이라도 담겨 있기를 바란다.

'팀 세일즈', 이제 선택이 아니라 필수다.

::목 차

1장

사람은 못 바꿔도, 세일즈는 바꿔야 한다

1 세일즈가 먹히지 않는 이유

가장 위험한 말은 '우리는 지금까지 늘 이렇게 해왔어.'라는 말이다.

―그레이스 호퍼*(컴퓨터 과학자)*

"그 회사, 수세미 만들어 파는 회사 맞지?"

2011년 봄, 그토록 자랑스러워하던 '삼성맨 아들'의 갑작스러운 이직 선언에 부모님은 크게 당황한 듯, 서운함과 걱정스러운 표정을 숨기지 못했다. 국내 최고 회사로 손꼽히는 조직에서 본사 영업 담당자로 여러 나라 지사를 지원하는 업무도 즐겁고 보람찼지만, 영업 현장에 직접 뛰어들어 고객들과 부딪히면서 '진짜 세상'을 배우고 싶은 갈증이 결국 나를 움직였다.

"부서 술자리는 빠지지 마라.", "내부 관리가 중요하다.", "대리점 사장님들한테 무조건 잘 보여야 한다."

새로 옮긴 회사 선배들의 조언은 한결같았다. 소위 '내부 영업'을 잘하라는 말이었다. 그때만 해도 알아서 영업이 된다고 할 정도로 시장 수요가 견고하던 시절이었다. 경기가 좋을 때는 신사업 개발보다 공급 일정이나 마감을 챙기는 업무가 더 중요하다. 이런 업무는 대부분 내부 업무 영역이기 때문에, 내부 영업을 강조하는 분위기가 자연스럽게 형성된다. 고객을 직접 만날 수 있는 현장 영업에 대한 갈망 하나로 이직을 했는데, 결국 대리점 관리 업무를 벗어나지 못하는 신세가 되었다. 예상하지 못한 환경이었지만, 새로운 조직에 적응하는 것이 우선이었다. 애초에 고민도, 결정도 내가 한 것이니까.

그로부터 10년도 더 지났다. 자동화와 정보화의 영향으로 산업이 고도화되고, 디지털 영향력이 커지는 등 비즈니스 환경이 크게 변했다. 우리나라 수출의 80% 이상을 차지하는 제조업을 보면, 반도체, 자동차, 이차전지 등 주력 산업은 여전히 견고하지만 철강, 석유화학 등 전통 제조업은 글로벌 관세 정책과 공급과잉에 따른 수익성 악화로 고전하고 있다. 80% 중후반대를 기록했던 제조업 가동률 역시 2020년대 들어 70% 수준까지 낮아졌다. 반면 한국 기업의 해외 생산기지 이전은 늘어났다. 낮은 인건비와 현지 시장 접근성, 무역장벽 회피를 위해 중국, 베트남, 인도네시아, 인도 등 아시아 지역은 물론 미국, 유럽으로 생산기지가 이전되었다. 완성품 조립이나 가공 공정의 해외 이전은 국내 제조업 생산지수와 고용 효과에 부정적일 수밖에 없다.

우리 회사도 이 같은 산업 환경 변화의 영향을 피할 수 없었다. 큰 매출을 견인하던 주요 고객사(Key Account) 영업 조직이 직격탄을 맞았고, 일부는 사업부 통합과 인력 조정을 겪기도 했다. 함께 웃고 일하던 동료들이 하나둘 회사를 떠나는 모습을 지켜볼 때마다 착잡한 마음과 위기감을 동시에 느꼈다.

장기 저성장의 시대

홍성국 작가는 '수축 사회'를 통해 2010년대 이후의 비즈니스 환경이 확장 사회에서 수축 사회로 급속히 전환되고 있는 모습을 설명했다. 경제, 인구, 고용, 소비 등 세계는 확장 단계에서 수축 단계로 이동하며, 저성장, 저출산, 고령화와 같은 현상이 일어나고 있다고 말한다. 아마존, 우버와 같은 기존에 없던 새로운 비즈니스 모델과 플랫폼 기업이 속속 나타나 전통적인 비즈니스 질서에 큰 영향을 주고 있다. 코닥, 노키아, 토이저러스와 같은 장수 기업의 도산이 대표적인 예다. 플랫폼을 장악한 소수의 승자가 수요를 독식하며 불평등구조가 심화하고, 자동화와 인공지능의 영향으로 일자리 전망도 어두워졌다. 우리나라가 겪는 상황도 이 주장과 다르지 않아, 경제 총수요(구매 수요와 노동 수요의 합)가 급격히 줄어들고 있다. 바야흐로 경제성장 축소와 비즈니스 재질서의 혼돈의 시대다.

글로벌 저성장의 여파는 당장 B2B 비즈니스 환경에 직접적인 영향을 미쳤다. 거의 모든 기업이 원가 절감에 사활을 걸면서, 기존의 신뢰 관계가 무색할 정도로 노골적으로 납품가 인하를 요구하기도 한다. 담당자와 몇 차례 저녁 식사를 하며 적당히 타협하던 옛날 방식은 이제 통하지 않는다. 여전히 신뢰 관계로 유지되는 비즈니스도 있겠지만, 점점 더 많은 기업이 비즈니스 논리에 따라 주저 없이 공급업체를 바꾸고 있다. 절대적인 경쟁력 없이는 생존할 수 없는 시대다.

정보화 시대

"B2B 솔루션 비즈니스의 키워드는 '정보 폐쇄성'에 있습니다. 고객이 전문적인 정보를 찾기 어렵고, 그 정보를 해석하고 이해하기 어렵기 때문입니다. 고객이 우리를 찾고, 의지할 수밖에 없습니다. 이게 바로 우리 비즈니스의 강점입니다."

믿기 어렵겠지만, 10여 년 전에 당시 영업 팀장이 전체 대리점 사장단 앞에서 강조했던 말이다. 지금은 어떤가. 인터넷과 통신 기술의 발달로 정보 접근성이 획기적으로 향상됐다. 특히 COVID-19의 팬데믹을 계기로 디지털 전환이 급격히 가속화됐다. 검색 엔진과 유튜브는 물론 ChatGPT와 같은 생성형 AI를 통해 전문가 수준의 고급 정보를 쉽고 빠르게 구할 수 있는 시대다. 매켄지 보고서가 밝힌 B2B 의사결정자의 70% 이상이 디지털 구매 경로에 개방적이라는 조사 결과도 이런 시대상을 보여준다.

B2B 솔루션의 정보 폐쇄성이 무너지면서, 구매 협상 주도권이 뒤집혔다. 이제 고객은 수많은 정보를 쉽게 구한다. 제품 상세 페이지, 물성 비교표, 기술 백서, 동영상 데모, 디지털 세미나, 적용 사례 PDF

파일 등의 방대한 정보가 공개되고 있기 때문이다. 과거 영업사원이 제공하는 정보에만 의존했던 고객들은 이제 스스로 정보를 찾고 검증한다. 때로는 최종 의사결정을 앞둔 상황에서야 영업사원에게 연락하기도 한다. 혹시 모를 오판을 방지하기 위해서다. 고객의 '첫 연락'이 '최종 연락'으로 끝나는 상황이 늘고 있다.

투명한 비즈니스 환경

의사 결정권을 가진 구매 담당자 한 사람만 잘 구워삶으면 주야장천 발주서를 받을 수 있던 시절이 있었다. 담당자 한 명이 절대적인 의사결정 권한을 가지고 있었기 때문에 그와 돈독한 관계를 만들고 나면, 경쟁사 진입 따위는 걱정할 필요가 없었다. 주요 의사결정권자와 '짬짬이 비즈니스'를 얼마나 잘 만드는지가 영업사원의 경쟁력이었다. 금품수수, 향응과 같은 부조리가 만연했던 배경이기도 하다.

시대가 변했다. 삼풍백화점과 성수대교 붕괴, 대구 지하철 참사와 같은 대형 사고들을 통해 투명하지 못한 공급계약과 부실한 관리 감독이 사회적 이슈로 크게 떠올랐다. 시대적 요구에 맞춰 많은 기업이 정도 경영, 투명 경영, 사회적 기여와 같은 비재무적인 요소들을 기업 경쟁력의 중요한 화두로 삼았다. B2B 비즈니스의 구매 결정에 관여하는 이해관계자 수도 증가했다. 가트너의 연구에 따르면, B2B 구매 결정에 평균 6명 이상의 이해관계자가 참여한다고 한다. 이는 과거와 비교하면 최소 두 배 증가한 수치다.

이제 투명성은 고객사뿐만 아니라 공급업체에도 중요한 화두가 되었다. CRM 시스템을 도입하여 영업사원의 개별 영업활동과 비즈니스 현황, 고객 정보를 투명하게 관리한다. 영업사원이 어떤 고객을 만나 어떤 논의를 했는지를 직속 상사뿐만 아니라 유관부서 직원까지도 실시간으로 확인할 수 있게 되었다. "지난주 A 사랑 제품 검증 계획 논의하신 건 어떻게 돼가나요?"와 같은 연락을 수시로 받는다. 바야흐로 정보를 독점할 수도 없고, 반칙을 시도할 수도 없는 환경이다.

2
세일즈가 변하지 않는 이유

> 변화는 선택이 아닌 생존의 문제다.
>
> —새티아 나델라(마이크로소프트 CEO)

다른 업계에서 세일즈를 하는 후배로부터 전화가 왔다.

"지난번에 A 사 임원분이랑 친해졌다고 말했었잖아요. 그런데 갑자기 돈을 빌려달라고 하시네요. 급한 곳에 잠깐만 쓰고 돌려준다는데, 난감해요. 최근 술자리 몇 번 하고 부쩍 가까워져서 프로젝트가 술술 풀리고 있었거든요. 빌려주자니 적은 돈이 아니라 부담되고, 거절하자니 좋은 분위기에 찬물 끼얹는 꼴 될까 봐서요. 이러지도, 저러지도 못하고 머리만 아픕니다."

B2B 환경이 크게 변했음에도 불구하고, 여전히 구태의 비즈니스

관행에서 벗어나지 못하는 영업사원을 볼 때가 있다. 상황이 이해가 안 되는 건 아니다. 기업이 아무리 공정하고, 투명한 프로세스를 갖추었다고 하더라도, 결국 일은 사람이 한다. 사람 사이에서 생긴 감정은 의사결정에 영향을 주기 마련이다. 의도적으로 이 틈을 비집고 들어갈 기회만 노리는 영업사원이 많은 게 문제다. 이들이 믿는 것은 오직 '관계의 힘'이다. 관계만 잘 만들면, 일은 저절로 굴러간다고 믿는다.

과연 고객과의 사적 관계가 비즈니스를 성공시키는 요술 지팡이일까? 레인킹 리서치의 조사에 따르면, 관계 중심의 전통적 영업 방식에 의존하는 '관계 중심형 영업사원'의 성과가 가치 제안과 문제 해결에 중점을 둔 '컨설팅형 영업사원'보다 평균 32% 낮다고 한다. 포레스터의 B2B 구매자 행동 조사 결과에서는 최종 구매 결정에 있어 '판매자와의 개인적 관계'가 중요하다고 응답한 비율이 2010년 46%에서 2023년 28%로 많이 감소한 것으로 나타났다. 이는 비즈니스 의사결정이 문제 해결 및 가치 증대 중심으로 변화했음을 보여준다.

여전히 하던 대로, 되는 대로 한다

관성적으로, 기계적으로 고객을 만나는 영업사원들이 많다. 이들은 알뜰하게 브로슈어와 샘플을 챙겨 고객을 방문한다. 아무런 관심도 니즈도 없는 고객을 앞혀 놓고, 연실 신제품 소개에 열심이다. 정작 본격적인 상담이 시작되면 금방 한계를 드러낸다. 고객의 질문에 제대로 답변하지 못하고, 횡설수설하기 일쑤다. 좀처럼 대화의 주도권을 잡지 못한다. 이런 영업사원을 두고 고객들은 '좀비 영업사원'이라고 부른다. 가뜩이나 바쁜데 시간만 잡아먹기 때문이다. 정작 영업사원 본인은 상담 시간도 길었고, 대화 분위기도 좋았다며 기대에 한껏 들뜬다. 변화하지 않고 하던 데로, 되는 데로 해봐야 저성과를 면치 못한다.

기회를 앞에 두고도, 알아차리지 못한다

사내 세일즈 교육에 참석했다. 의무 교육이라 자리에 앉았지만, 별다른 기대는 없었다. 정작 실적 마감으로 마음이 분주해서, 강의 시간 내내 메일 확인하고 메시지 주고받느라 마음만 바빴다. 그렇게 아무런 소득 없이 이틀을 보냈다. 얼마 후, 유명 대학의 세일즈 전문 교육 과정을 알게 되었다. 강사 경력도 화려하고 커리큘럼도 좋아 보였다. 고민 끝에 자비로 수강료를 내고 등록했다. 첫 수업을 듣고 나서야 엉뚱한 데 돈 썼다는 걸 알아차렸다. 기초적인 일반론 수준이라 건질 게 없었기 때문이다. 사내 교육 자료를 다시 찾아 살펴보니, 배울 게 훨씬 많았다. 그제야 사내 교육이 얼마나 유익한지를 알게 되었다. 당장 현업에 적용할 내용이 수두룩했다. 심지어 이 모든 게 공짜였다. 사내 교육이라는 이유만으로 수동적인 태도로 강의를 들었던 자신이 한심하게만 느껴졌다.

삐딱한 태도를 보였던 건 비단 교육 과정뿐만이 아니었다. 회사의 새로운 정책이나 신규 시스템 도입 소식을 들을 때마다 의심부터 했다. CRM 시스템이 도입된다는 소식에 회사가 영업사원 일거수일투족을 관리하기 위해서라고 걱정하는 직원이 많았다. 회사의 검은 속내를 걱정하는 무리 속에는 나도 포함되어 있었다. 무지에서 비롯한 촌극이었다. 기업에서 CRM을 도입하는 이유는 고객 데이터를 통합하고 영업 프로세스를 표준화하여 더 좋은 서비스와 더 나은 고객 경험을 제공하기 위해서다. 동료를 대하는 태도도 마찬가지였다. 돋보기로 빈대를 찾듯 사소한 결점을 들춰내는 게 눈썰미인 줄로만 알았다. 정작 동료들이 가진 강점은 알아보지 못했다. 일과 동료로부터 배울 기회를 스스로 걷어차고 있던 셈이다.

방법을 몰라서 성장하지 못한다

2023년 세일즈포스 보고서에 따르면, 영업사원의 78%가 변화된 고객의 구매 행태에 적응하는 데 어려움을 겪고 있으며, 새로운 영업 방식에 대한 더 많은 지침이 필요하다고 답했다. 문제의식과 개선 의지는 있지만, 방법을 몰라서 성장하지 못하고 실패를 반복하는 영업사원이 많다는 말이다. 더욱 안타까운 건 이런 부류 중 상당수가 방법을 찾지 못하고 결국 도태되거나 포기를 선택한다는 점이다. 나 역시 이 같은 상황을 겪었고, 포기를 선언하기 직전까지 몰렸었다.

나는 선천적으로 술에 약하다. 덕분에 억지로 술을 들이켜야 하는 고객 접대 자리가 제일 곤욕이었다. 지금까지도 술을 넙죽넙죽 잘 받아넘기는 동료를 볼 때마다 부러움을 감출 수 없다. 변기를 붙들고 몸을 벌벌 떨어가며 토하고 돌아와서는 곧장 마이크를 잡고 노래를 불렀다. 그래야 술도 깨고, 한 잔이라도 덜 마실 수 있기 때문이다. 안간힘을 써서 접대를 끝내고 나면 기억을 잃었다. 길 위에 누워 잠이 들어 모기 밥이 된 적도 있었다. 그래도 술자리를 가질 때마다 프로젝트가 한 걸음씩 진전되는 것을 보며 위로를 삼았다. 악을 쓰고 버티면 결국엔 모두 보상받게 될 거라고 한 말을 믿었기 때문이다. 결과는 어떻게 되었을까? 갖은 노력에도 불구하고 많은 프로젝트가 실패로 끝났다. 뒷감당은 고스란히 내 몫이었다. 조직에서는 실패한 영업사원이 되었고, 집에서는 가정을 내팽개치고 술자리만 쫓아다닌 무책임한 가장이 되었다. 지긋지긋한 술 영업에서 벗어나고 싶었지만, 다른 방법을 몰랐다. 고객 앞에만 서면 무의식적으로 입이 먼저 움직일 뿐이었다.

"오늘 간단히 저녁 식사 어떠세요?"

내 제안에 한껏 들뜬 고객의 눈을 보며 '오늘도 죽었구나.'라는 생각에 걱정이 앞섰다.

후배는 결국 돈을 빌려달라는 고객의 부탁을 끝내 거절하지 못했다. 돈을 돌려받기로 한 약속은 지켜지지 않았고, 한참을 독촉한 후에야 겨우 돌려받았다고 했다. 비즈니스가 잘된 것도 아니라고 하니, 그동안 얼마나 마음고생이 심했을지 짐작하고도 남는다. 고객과 가짜 우정을 노래하고, 비즈니스를 위해 자신의 삶을 쓸모없이 갈아 넣으며 살아도 괜찮다면 계속 그렇게 살면 된다. 그게 싫다면, 변화를 시도해야만 한다. 다행히 품격 있게 세일즈 하고, 가치 있는 인생을 만드는 방법이 있다. 성과는 덤이고, 오래도록 지속할 수도 있다. 나는 운 좋게 그 방법을 알게 되었다.

3
세일즈에 대한 오해들

준비된 자와 준비되지 않은 자의 격차는 기하급수적으로 벌어진다.

−마크 베니오프(세일즈포스 *CEO*)

B2B 솔루션 영업사원은 외판원이 아니다. 고객 자신도 미처 인지하지 못한 문제를 발견하고, 고객의 성공을 위한 최적의 솔루션을 제안하는 전문가다. 그럼에도 많은 사람들이 여전히 세일즈에 관한 많은 오해와 선입견을 갖고 있다.

나는 성격이 밝고 긍정적이다. 사람에 대한 호기심이 많고, 처음 보는 사람 앞에서 말주변도 좋은 편이다. 학창 시절엔 늘 장기자랑에 나설 정도로 대중 앞에 서는 것도 겁내지 않았다. 그래서인지 주위에선 "나중에 졸업해서 세일즈하면 남들보다 잘할 거다."라는 말을 자주 들었다. 하지만 실제로는 그렇지 않았다. 성과를 내기는커녕 실수를 연발하고, 실패를 거듭했다. 외향적 성격과 B2B 세일즈로 성과를 내는 건 관계가 없었다. 나는 이걸 세일즈 현장에서 숱한 경험을 통해 처절히 깨달았다. 오히려 조용하고 내성적으로 보이는 영업사원이 성과를 내는 모습을 숱하게 보았다. 방방 뜨는 내 성격과는 달리 그들은 차분히 고객의 이야기에 귀 기울이고 신뢰를 쌓으며 기회를 찾아냈다.

외향성이 필수?

사람들이 세일즈를 잘하려면 외향성이 필수라고 생각하는 이유가 있다. 외향성과 적극성을 혼동하기 때문이다. 외향성(Extroversion)은 사교적이고, 대화를 즐기는 활발한 성격, 사람 사이의 상호작용에서 높은 에너지를 얻는 특성을 일컫는다. 반면, 적극성(Assertiveness)은 자기 의견이나 요구사항을 명확하고 당당하게 표현하는 능력이나 태도를 말한다. 외향성은 주로 선천적으로 타고난 성격을 바탕으로 나타나고, 적극성은 높은 자존감과 전문성, 사회적 훈련 등의 후천적 환경을 바탕으로 강화된다. 둘은 상관관계가 크지 않다. 외향성이 강하다고 해서 반드시 적극적인 것도 아니고, 적극적이라고 해서 꼭 외향적인 것도 아니라는 말이다.

물론 세일즈를 할 때, 외향성이 어느 정도 도움이 되는 것은 사실이다. 특히 일회성 거래나, 구매 관여도가 적은 상품을 다루는 개인 거래나 B2C 비즈니스에서는 외향성이 큰 역할을 한다. 현장에서 즉시 구매가 일어나기 때문이다. 하지만 외향적인 성격을 가진 영업사원 중

일부는 외부 반응과 감정에 민감하게 반응하거나 기복이 심한 취약성을 드러내기도 한다. 더 큰 문제는 B2B 솔루션 비즈니스는 의사결정 기간이 길고 과정이 복잡하다는 점이다. 3개월 이상 걸리는 경우가 대부분이고, 1년이 넘는 경우도 허다하다. 스포츠에 비유하자면 마치 장거리 달리기인 셈이다. 의사결정 기간이 길고, 관여하는 사람들이 많을수록 영업사원이 가진 외향성의 영향력은 줄어든다.

반면, 내성적이고 수줍음을 많이 타는 성격임에도 불구하고 섬세함과 꼼꼼함을 바탕으로, 적극적으로 고객을 도와 탁월한 성과를 내는 영업사원도 많다. 책 '인트로버트, 조용한 판매왕'은 내성적 영업사원의 강점으로 뛰어난 경청 능력, 깊이 있는 사고, 신중한 의사결정 능력을 꼽았다. 고객은 영업사원의 외향성보다는 고객을 도우려는 진지한 태도와 문제 해결 능력을 중요하게 생각하기 때문이다. 가장 중요한 것은 고객 문제 해결을 위해 얼마나 적극적인 태도를 갖추었느냐다. 그러니 본인이 내성적이고 부끄럼을 타는 성격이라고 해서, 외향적인 것처럼 보이기 위해 억지 노력을 할 필요가 없다.

세일즈는 혼자서 하는 일이다?

세일즈를 혼자서 하는 일이라고 생각하는 것도 흔한 오해 중 하나다. B2B 영업사원은 조직에 속해 있다. 연구소는 제품을 개발하고, 제조팀은 제품을 만들며, 마케팅팀은 제품을 홍보하고 잠재 고객을 발굴한다. 세일즈팀은 신규 비즈니스 기회를 개발하고, 매출을 일으킨다.

시계 속 톱니바퀴들이 정밀하게 맞물려 돌아가며 정확한 시간을 보여주는 것처럼, 많은 부서가 서로 긴밀하게 연결되어 있다. 세일즈는 결코 독립된 역할이 아니다. 적극적으로 고객을 만나라는 조직의 요구를 혼자서 모든 걸 도맡아 해결하라는 뜻으로 받아들여서는 안 된다. 조직이 요구하는 건 주도성이지 고립이 아니다.

한편, 기존에 없던 새로운 유형의 세일즈 직무가 속속 생겨나고 있다. 전화, 이메일, 온라인 채팅 등으로 잠재수요를 개발하는 내근직 영업사원(Inside Sales Rep.), 대리점과 유통채널을 관리하는 채널 영업사원(Channel Sales Rep.), 프로젝트 단위로 영업을 하는 세일즈 스페셜리스트(Sales Specialist) 등으로 세분화, 전문화되고 있다. 영업사원 혼자서 전화 걸고, 방문 약속도 잡고, 현장 상담도 가고, 결제도 챙기고 사후 관리까지 모두 챙겨야 하던 시대가 저물고 있다. 그럼에도 여전히 자신이 모든 일을 처리해야 한다고 생각하는 영업사원이 많다. 누가 그렇게 하라고 가르친 것도 아닌데, 자기 직무에 대한 오해와 선입견으로 자신을 코너로 몰아간다.

나도 한때는 모든 일을 혼자 끌어안으려고 했지만, 그럴수록 상황만 심각해졌다. 성과는 나지 않고, 실패에 실패만 거듭했다. 책임감과 사명감으로 많은 일을 맡았지만, 저성과자로 전락할 뿐이었다. 따지고 보면 책임감이 아니라, 모든 업무를 바닥까지 파악하고 싶은 과욕과 '일당백'의 능력을 보여주고 싶은 욕심이 만든 참사였다. B2B 영업사원은 절대로 전지전능한 슈퍼맨이 될 수 없다. '나 아니면 안 된다'라는 욕심을 버리는 용기와 지혜가 필요하다. 조직 안팎의 가용한 자원을 적재적소에 활용해 문제 해결을 돕는 코디네이터의 역할이 중요해지고 있기 때문이다.

고객은 개인이다?

영업사원이 독립된 역할이 아니듯, 고객도 조직의 일부다. 담당자 개인을 영업 대상으로 놓는 대신, 고객사 조직 전체를 영업 대상으로 염두에 두어 고객을 대해야 한다. 쉽게 말하자면, 숲을 먼저 보고, 나무를 봐야 한다는 말이다. 과거 나는 'XX팀 팀장'처럼 주요 권한을 가진 키맨(Key-man) 직함만 보면, 어떻게든 관계를 쌓기 위해 갖은 노력을 다했다. 담당자가 퇴근할 때까지 정문 앞에 진을 치고 기다렸다가, 소주 한잔하자고 쫓아다닌 적도 있다. 키맨만 내 사람으로 만들면 일은 저절로 풀릴 거라고 믿었기 때문이다. 내 바람대로 정말로 일이 잘 풀렸을까?

그렇지 않았다. 사석에서는 모든 일을 잘 처리해 줄 듯이 말했지만, 정작 결정의 시기가 다가오면 이 핑계 저 핑계를 대면서 거리를 두었다. 분위기가 이상하다 싶어 내부 사정을 조금 더 알아보니 의사결정에 관여하는 사람이 한둘이 아니었고, 심지어 핵심 의사결정권자는 따로 있었다! 그러는 사이에 나는 고객에게 접대나 하는 질 떨어지는 영업사원으로 낙인이 찍혔다. "대리님, 저희 팀장님이랑 친하신 거 같더라고요? 팀장님이 하라고 하니까, 일단 검토는 할 건데요. 얼마나 오래 가는지 지켜볼게요."라며 대놓고 면박을 주는 고객 앞에서 쥐구멍이라도 숨고 싶은 심정이었다. 억지로 술잔을 기울이며 최선을 다해 보았지만, 돌아온 건 성과가 아니라 고객의 불신과 과음으로 인한 몸살뿐이었다.

그때 깨달았다. B2B 세일즈는 한두 사람을 내 사람으로 만드는 일이 아니라, 고객을 집단으로 보고 한 걸음 한 걸음 신뢰를 쌓아가는 일이라는 것을. 이후로 이메일 하나를 보내더라도 고객사 내부에서 회람되는 상황까지 고려하며 내용을 고치고 또 고쳤다. B2B 고객은 개인이 아니라, 조직 전체이기 때문이다.

4 B2B 비즈니스의 복잡성(Complex Sales)

복잡성은 피할 것이 아니라 관리해야 할 대상이다.

−래리 페이지(구글 공동창업자)

입사 1년 차 신입사원이 시간을 내달라고 전화를 걸어왔다. 열정도 있고 태도도 좋은데 실적이 나오지 않아 애를 먹고 있다는 말을 최근 동료에게서 들은 직후였다. 며칠 후 집 근처 카페에서 만났다.

"뭐가 그렇게 힘들어?"

"세일즈를 잘하고 싶은데 뜻대로 안 돼요. 대리점도 가고 고객 방문도 열심히 하는데 성과가 안 나와서 점점 자신감만 떨어집니다."

"그렇구나. 자기는 우리가 하는 B2B 솔루션 세일즈가 무얼 하는 일이라고 생각해?"

뜻밖의 질문이라는 듯 후배는 잠시 대답을 머뭇거렸다.

"B2B 세일즈는 기업 상대로, 고객 만나서 솔루션 제안하고, 견적 내고 그러는 거…… 아닌가요?"

"기업 상대로 세일즈한다는 걸 조금 더 쉽게 풀어서 말해볼 수 있어?"

"음…… 막상 설명하기가 어렵네요. 차장님, 사실 어디서부터 어떻게 시작해야 할지 잘 모르겠어요."

B2C(Business-to-Customer) 비즈니스와 구별되는 B2B(Business-to-Business) 비즈니스의 일반적인 특징은 다음과 같다.

- B2B는 Business-to-Business의 약자로, 기업 간 거래를 의미
- 기업이 소비자를 상대로 하는 B2C에 비해 거래 규모가 큰 편
- 계약 체결이나 솔루션 공급까지의 의사결정 과정이 복잡하며, 최종 의사결정까지 시간이 오래 걸림
- 의사결정에 관여하는 사람이 다수(의사결정권자를 둘러싼 다수의 이해관계자)
- 고객별 요구사항에 맞는 맞춤형 솔루션 필요
- 한 번 거래가 시작되면 거래 기간이 길고, 지속적인 협력 관계가 필요

풀어 말하자면, B2B 비즈니스는 거래 규모가 크고, 의사결정 과정이 복잡하며, 최종 결정까지 긴 시간이 걸린다. 의사결정에 관여하는

사람도 많다. 고객사 실무 담당자를 둘러싼 개발팀, 생산팀, 구매팀, 품질팀 등 여러 이해관계자가 서로 다른 기준으로 솔루션을 평가한다. 동종 업계라고 하더라도 고객사마다 요구사항이 달라 고객사별 맞춤형 솔루션이 필요하다. 이런 이유로 한 번 거래가 시작되면 장기적인 협력 관계가 형성된다. 간단히 말해서, B2B 비즈니스는 생각보다 훨씬 복잡하다. 이걸 잘 알고 시작하면 "B2B 솔루션 세일즈가 너무 복잡해서 못해 먹겠다."라는 푸념을 하지 않게 된다. 복잡한 게 당연하니까 말이다.

B2B 거래 규모는 수십, 수백억 원에 이른다. 일반인은 상당도 하기 어려운 천문학적인 규모의 비즈니스도 많다. 이러니 단 한 차례의 납기 차질이나 품질 문제만으로도 막대한 손실이 발생할 수 있다. 마음에 들지 않는다고 해서 쉽게 공급업체를 바꿀 수도 없다. 솔루션에 맞춰 최적화된 공정 절차가 있고, 장비나 시설 투자가 함께 진행된 경우도 많기 때문이다. 다른 솔루션으로 바꾸려면 재검토에 필요한 시간과 신규 투자가 불가피한데, 이때 발생하는 비용을 '솔루션 전환 비용'이라고 부른다. B2B의 높은 전환 비용 부담 때문에 고객은 업체 선정과 솔루션 검토와 공급업체 선정을 신중히 할 수밖에 없다.

예전에 한 고객이 구매담당자가 느끼는 의사결정의 어려움을 솔직하게 밝힌 적이 있다.

"현장을 잘 모르는 사람들은 그냥 싸고 품질 좋은 제품 구매하면 된다고 생각하죠. 실상은 그렇지 않습니다. 재무팀은 비용을, IT팀은 통합 가능성을, 경영진은 ROI를, 최종 고객은 내구성을 우선시하는 등 여러 요구사항에 맞는 최적의 솔루션 공급업체를 찾아야 합니다. 더욱 힘든 건, 이런 요구사항들이 서로 상충할 때도 많다는 겁니다. 새로운 솔루션을 도입하는 건, 마치 여러 명이 함께 운전대를 잡고 자동차를 운전하는 것만큼이나 어렵습니다."

그의 말을 듣고 나니 B2B 비즈니스는 영업사원에게만 힘든 게 아니라는 걸 깨닫게 되었다.

고객사에 솔루션을 판매하는 공급업체 입장에서도 B2B 비즈니스의 복잡성이 부담스럽기는 마찬가지다. 긴 의사결정 기간과 복잡성 때문에 솔루션 검증에 필요한 자본 투자와 시간 때문이다. 공급업체 입장에서는 이 모든 게 비용 리스크다. 기성품 형태로 몇 가지 솔루션만 만들어서 모든 고객에게 팔 수 있으면 좋겠지만, 기성품 형태로는 고객의 다양한 니즈를 만족하고 비즈니스를 확장하는 데 한계가 있다. 고객의 산업 환경이나 경쟁 위치 등 처한 상황이 저마다 달라서, 요구사항 역시 제각각이기 때문이다. 이런 이유로 B2B 솔루션 세일즈의 승률이 채 30%도 안 된다는 게 정설이다. 10개의 프로젝트에 착수해서 3개라도 건지면 선방이라는 말이다. 7개 프로젝트에 투자된 비용은 고스란히 손실인 셈이다. 공급업체로 선정이 되었다고 하더라도 고객사 사업이 예상보다 저조해 공급물량이 기대에 못 미칠 때도 많다. 심지어 납품을 시작한 지 얼마 지나지도 않았는데, 경쟁사가 나타나 가격을 무기로 비즈니스를 위협할 때면 아무리 뱃심 좋은 영업사원이라도 골치가 아프지 않을 수가 없다. 파는 쪽이나 사는 쪽이나 쉽지 않은 게 B2B 비즈니스다.

나 역시도 B2B 비즈니스의 복잡성에 발목을 잡힌 경험이 셀 수 없이 많다. 한 번은 오랜 기간에 걸친 제품 평가 결과가 좋게 나와서 발주 기대에 마음이 잔뜩 들떴는데, 갑자기 상위 업체에서 경쟁사 제품을 지정하는 바람에 프로젝트를 날린 적이 있다. 그때의 아쉬움은 이루 말할 수 없을 정도로 컸다. 상위 업체를 미리 만나 동향을 살피지 못한 걸 뼈저리게 후회했다. 이뿐 만이 아니다. 고객사 사업 현황이 나빠져 한창 진행 중인 프로젝트가 갑자기 취소된 적도 있다. 고객사의 사업 현황과 재무구조를 미리 살펴야 한다는 걸 깨달았다. 어렵게 제품을 개발해 납품을 시작했는데, 구매부에서 공급가를 절반으로 깎지 않으면 경쟁사 제품으로 바꾸겠다고 으름장을 놓은 적도 있다. 개발 엔지니어만 쳐다볼 게 아니라 구매 담당자를 미리 만나 잠재된 경쟁 상황을 미리 확인해야 한다는 걸 배웠다. 담당자가 갑자기 퇴사해 다른 담당자가 부임해서 기존과 다른 평가 기준을 들이밀어 원점에서 다시 시작하기도 했고, 고객사 공장 화재나 부도로 프로젝트가 무기한 연기되기도 했다. 이런저런 이유로 프로젝트가 실패로 끝날 때마다 미리 준비하지 못한 나 자신을 탓했지만, 뼈아픈 경험을 통해 B2B 비즈니스의 복잡성과 사전 리스크 관리의 필요성을 몸소 배울 수 있었다.

요컨대, B2B 비즈니스는 복잡하다. 정해진 성공 방정식이 없다. 고객 한두 사람만 쫓아다닌다고 성과가 나는 것도 아니고, 제품 성능이 좋다고 저절로 팔리는 것도 아니다. 초보 영업사원들이 애를 먹는 이유가 바로 여기에 있다. 무엇보다 빨리 성과를 내려는 조급함을 버려야 한다. 성과를 발산시키기까지 큰 노력과 시간이 축적되어야 하는 걸 알아야 한다. 이른바, '축적 후 발산'이 필요한 게 B2B 솔루션 세일 즈다. 다행히 축적에 필요한 시간을 효과적으로 줄일 수 있는 열쇠가 있다. 앞으로 강조할 '팀 세일즈'다. 어떤 조직이, 어떤 영업사원이 이 열쇠를 얼마나 빨리 손에 쥐느냐에 따라 승부가 갈린다.

5
변화가 위기이자 기회

위기는 혁신의 가장 좋은 기회다.

−순다르 피차이(알파벳 CEO)

"사장님, 혹시 블로그 운영해 보시는 거 어때요? 잠재 고객 유입에 도움이 될 것 같아서요."

블로그 활성 이용자가 최정점으로 향하던 2012년경이었다. 대리점 홈페이지를 살펴보니, 언제 업데이트됐는지조차 모를 정도로 방치된 곳이 대부분이었다. 홈페이지조차 없이 운영하는 대리점도 많았다. 사실 많은 대리점이 오랫동안 본사를 통한 고객 소개와 기존 거래처 중심의 영업에 익숙해져 있기 때문이었다. 그러니 홈페이지나 블로그에 투자해 보자는 제안에 관심을 보일 리가 없었다. "B2B 고객은 보수적이라 인터넷에서 정보를 찾거나 상담을 요청하지 않는다."라거나 "대리님이 아직 B2B 경험이 부족해서 시대를 너무 앞서간다."와 같은 차가운 반응이 대부분이었다. 마음 같아서는 개인 블로그라도 개설해서 회사 제품을 홍보하고 싶었지만, 회사 정책상 개인 계정을 사용할 수 없어서 그마저도 어려웠다. 그저 본사 상담센터로 걸려 오는 전화만 기다리는 수밖에.

그로부터 10년 가까운 세월이 흘렀다. COVID-19라는 불청객이 전 세계 비즈니스의 디지털 전환을 앞당겼다. 사람을 직접 만날 수 없게 되자, 모두가 디지털에 관심을 가지게 되었기 때문이다. B2B 기업도 예외는 아니었다. 블로그, 유튜브, 인스타그램 등 다양한 플랫폼에 투자가 이어졌고, 화상회의나 온라인 세미나(웨비나)도 이 시기에 급속히 자리 잡았다. 이런 흐름 속에서 블로그와 디지털 콘텐츠 개발에 과감히 투자한 A 대리점이 눈에 띄었다. 잠재 고객층이 빠르게 늘었고, 곧 눈에 띌 정도로 실적도 뛰었다. A 대리점 소식을 들은 B 대리점 대표가 전화를 걸어왔다.

"차장님, 우리도 블로그 좀 해보려는데…… 어떻게 하는 건지 교육 좀 해주실래요?"

과거, 내가 블로그 운영을 권했을 때 차갑게 고개를 저었던 바로 그 대리점이었다. 뒤늦게 관심을 보인 것도 아쉬웠지만, 블로그만 개설하면 손쉽게 매출이 늘어날 것이라고 기대하는 모습이 더욱 안타까웠다.

오판 공포

　기업과 개인이 쏟아내는 정보의 양이 폭증하고 있다. 하루에만 수백만 건의 블로그 페이지가 새로 생성되고, 72만 시간 분량의 영상이 업로드된다고 한다. 정보의 홍수 속에서 진짜 필요한 정보만을 선별하는 검색과 검증 비용도 덩달아 늘어났다. ChatGPT 같은 생성형 AI가 폭발적 인기를 끄는 이유도 여기에 있다. 검색 시간을 획기적으로 줄여주기 때문이다. 다만, 생성형 AI 역시 인터넷 정보를 기반으로 답변하기 때문에 정보의 진위를 완전히 보장하지는 못한다는 게 문제다. 인터넷에는 양질의 정보만큼이나 의도적인 허위 정보도 넘치기 때문이다. 더 큰 문제는 알고리즘이 만드는 정보 편향이다. 비슷한 성향의 정보만 반복 노출되면서 '확증 편향'의 함정에 빠지기 쉽다. B2B 고객들은 과거보다 훨씬 많은 정보에 접근할 수 있게 되었지만, 어떤 정보가 신뢰할 만한지 확신하기 어려워졌다. 이런 상황에서 고객들은 자신이 수집한 정보를 의심하게 되고, 잘못된 판단을 내릴지도 모른다는 불안감에 시달린다. 이른바 '오판 공포'다. 결국 고객들은 스스로 정보를 수집하면서도, 동시에 오판 공포를 해소하기 위해 영업 전문가와의 상담을 원한다.

검증 한계

　새로운 솔루션을 검토할 때 정보 수집 다음으로 중요한 단계는, 그 솔루션이 실제 현장에서 기대만큼 작동하는지를 검증하는 일이다. 제대로 된 검증 없이 단순히 정보만을 근거로 솔루션을 채택하는 회사는 거의 없다. 고객이 아무리 양질의 정보를 많이 모았다 해도, 검증 설계부터 테스트 진행, 결과 해석까지의 전 과정을 스스로 완벽히 수행하기는 쉽지 않다. 이를 'B2B 솔루션의 검증 한계'라고 부른다.

올바른 검증 설계와 샘플 및 장비 지원, 데이터 분석과 결과 해석의 도움을 받기 위해 공급업체 영업사원의 전문적 조언과 업무 지원은 필수다. 앞서 언급했듯, B2B 솔루션은 시스템 이관, 공정 체계 변경, 작업자 재교육 등 전환 비용이 막대하기 때문이다.

무결정의 딜레마

B2B 기업의 직무가 세분되고 다양한 이해관계가 얽힐수록, 사소한 의사결정조차 복잡한 내부 절차를 거치게 된다. 최종 결정까지 시간이 길어지는 것은 물론이고, 기업 규모가 클수록 이런 현상은 더 심해진다. 예를 들어, ESG 팀이 친환경 소재 도입을 제안하자 개발팀은 품질 저하를 걱정하고, 구매팀은 비용 부담을 이유로 반대한다. ESG 개선이라는 좋은 취지에도 불구하고, 혹시 모를 위험 발생에 대한 책임 소재와 부서 간 상충하는 목표를 두고 소모적인 논쟁만 지속하다가 결국에는 아무 결정도 내리지 않는다. 이른바 '무결정의 딜레마' 또는 '아무 결정도 하지 않는 결정의 덫'에 빠진다. 영업사원이 나서서 장기 내구성 데이터를 보완하고, 초기 구매비용 부담을 상쇄하는 관리 비용 절감 효과를 제시해서 상황을 타개하는 시도를 할 수 있지만, 이마저

도 고객의 내부 상황을 조기에 파악했을 때나 가능한 일이다.

오판 공포, 검증 한계, 무결정의 딜레마는 정보 과부하 시대의 이면을 보여준다. 동시에 B2B 솔루션 영업사원이 왜 여전히 필요한지, 어떤 역할을 해야 하는지도 보여준다. 아무리 정보 접근성이 높아지고 디지털 전환이 가속화되었다고 하더라도, 솔루션 검토 단계부터 최종 결정 단계까지의 여정에서 고객사와 공급업체 사이의 접점은 생기기 마련이다. 그 지점이 오프라인일 수도 있고 온라인일 수도 있지만, 한 번은 만나게 되어있다. 잠재 고객을 유도하기 위한 온·오프라인 투자와 고객과의 물리적 접점이 생겼을 때 어떤 경험을 제공하는지가 중요하다.

A 대리점이 매출을 키운 비결은 단순히 블로그를 운영해서가 아니다. 시장의 변화 흐름을 읽고 과감히 투자했기 때문이다. 블로그 개설 이후에는 꾸준히 콘텐츠를 제작하고, 잠재 고객 유입을 늘려갔다. 무엇보다 실제 고객 문의가 들어왔을 때, 고객의 기대에 부합하는 경험과 눈높이에 맞춘 컨설팅을 제공할 수 있는 전문성이 뒷받침되어 있었다는 게 주효했다. 수영장에 물이 빠지면 누가 수영복을 입고 있었는지 아니었는지를 알 수 있다는 워런 버핏의 유명한 격언처럼, 시대를 읽고 준비한 자에게 B2B 비즈니스 환경과 고객 행동 변화는 위기가 아니라 기회다.

6

격차는 갈수록 더 커진다

혁신을 거부하는 순간 쇠퇴가 시작된다.

―하워드 슐츠(스타벅스 창업자)

영업사원 A는 자신의 역량을 증명할 기회만을 기다려 왔다. 마침내 그 기회가 왔다. 부서 1년 농사를 좌우할 만큼 큰 잠재 매출을 가진 대형 프로젝트였다. 담당자 이름만 가지고 연락처를 수소문했다. 어렵게 담당자와 연락이 닿았다. 담당자는 프로젝트가 마무리 단계라서 방문할 필요가 없다고 했다. 너무 늦게 연락이 닿은 것 같아서 가슴이 철렁 내려앉았다. 전화를 끊으려는 그를 붙들고, 아주 잠깐만이라도 시간을 내달라고 사정했다. 10분을 허락받았다. 서둘러 담당자가 있는 지방으로 내려갔다. A는 최선을 다해 솔루션 소개를 했다. 몇 가지 질의응답을 마치고 길을 나서려는데, 담당자가 뜻밖의 제안을 했다. 힘들게 멀리까지 내려왔는데, 저녁 식사나 하고 올라가면 어떻겠냐고 물었다. 처음의 차가운 반응에 비춰보면 긍정적인 신호가 분명했다. 그렇게 담당자를 만난 첫날부터 술자리가 시작되었다. 며칠 뒤, 담당자가 모든 협력사에 공문을 돌렸다. A가 제안한 솔루션을 적극적으로 검토하라는 내용이었다. 공문의 효과가 즉시 나타났다. 여러 협력사에서 서둘러 제품 평가를 하겠다며 평가 샘플을 가져다 달라는 연락을 해왔다. 그동안 꿈쩍도 하지 않던 업체들이었다.

낮에는 협력사를 돌며 제품 평가를 챙기고, 밤이 되면 담당자들과 술자리를 가졌다. 아무리 상위 업체에서 판을 깔아줬다고 하더라도, 협력사의 협조 없이는 제대로 된 평가를 받기 어렵기 때문이다. 밤낮 없는 강행군 덕분에 놀라운 속도로 평가가 진행되었다. 프로젝트가 급물살을 타고 있다는 소문이 돌자, 부서 동료들의 전화가 잇따랐다. 진행 상황을 묻기도 하고, 격려의 말을 전하기도 했다. 처음에는 그런 관심이 고맙기만 했는데, 점차 사람들이 이제야 자신의 진가를 알아보는 것 같아서 우쭐한 마음이 들기 시작했다. 지금까지의 고생을 생각하면, 이 정도 인정은 받을 자격이 있다고 생각했다. 머지않아 회사 내 스타 영업사원이 될 순간을 상상하느라, 피로를 느낄 틈조차 없었다. 하루라도 빨리 프로젝트를 끝내고 싶다는 생각뿐이었다. 정신없이 프로젝트를 챙기다 보니, 내부 보고를 챙길 겨를도 없었다. 상사와 팀원들이 진행 상황을 궁금해한다는 걸 뻔히 알면서도, 일일이 공유하는 게 귀찮게 느껴지기도 했다. 내부 회의에 끌려다니느라 시간만 버릴 뿐 프로젝트 진척에는 도움이 될 게 없다고 생각했기 때문이다. 프로젝트만 잘 마무리하면 팀원 모두가 내 마음을 이해해 줄 거라 믿었다.

영업사원 B가 의자를 당겨 앉았다. 책상 위에는 200개가 넘는 고객 연락처 리스트가 적힌 출력물이 놓여 있었다. 오늘은 분기에 한 번씩 날을 잡아 종일 전화를 돌리는 일명 '콜드콜 데이(Cold-call day)'였다. 누가 시켜서 하는 게 아니었다. 시장 동향을 파악하고 비즈니스 개발을 하기 위해 스스로 정한 날이다. 막상 전화를 걸면 담당자와 전화 연결은커녕 고객 상담실 문턱조차 넘지 못하는 경우가 많았다. 운 좋게 담당자와 통화가 닿더라도, 대부분의 반응은 시큰둥했다. 이미 다른 회사 제품을 잘 사용하고 있어서 관심이 없다거나, 스팸 전화 취급하며 전화를 끊는 경우도 허다했다. 괜히 콜드콜(Cold-call)이라고 부르는 게 아니구나며 차가운 고객 반응을 마주해야만 했다. 이런 모습을 지켜보는 동료들은 본사 영업사원이 굳이 그런 수모까지 겪으면서 전화를 돌릴 필요가 있냐고 고개를 갸웃했다. 대리점에 요청하면 될 일을 가지고 유난을 떤다고도 했다. B는 흔들리지 않았다. 숨을 고르고 다시 전화기를 들었다. 무엇보다 명색이 본사 영업사원인 내가 고객을 제대로 설득하지도 못하면서, 대리점에는 열심히 팔아보라고 떠밀고 싶지 않았다. 직접 몸을 던져 부딪혀가며 현실을 깨달아야 대리점도 제대로 이끌 수 있다고 믿었다.

　리스트 중에 한 회사 이름이 눈에 띄었다. 누구나 다 아는 대기업이었다. 담당자를 만나려면 먼저 고객센터 직원부터 잘 설득해야 했다.
　"개발팀 담당자와 통화를 하고 싶습니다. 꼭 소개하고 싶은 신제품이 있거든요. 귀사의 다른 경쟁사보다 먼저 검토해볼 좋은 기회가 될 거라고 믿습니다."

최선을 다해 설득했지만, 돌아온 건 소개 자료를 보내 주면 담당자에게 전달해주겠다는 말뿐이었다. 상황이 이렇게 되면 대부분은 담당자 연락을 받지 못하고 끝나기 때문에 아쉬움이 컸다. 안내받은 이메일 주소로 자료를 보내고 며칠이 지났을 때였다. 전화 한 통이 걸려 왔다.

"안녕하세요. A 사 개발팀 팀장 OOO입니다. 얼마 전에 우리 회사에 제품 소개 자료 보내셨죠? 긴히 논의하고 싶은 부분이 있는데, 언제 방문해 주실 수 있나요?"

놀란 마음을 가라앉히고 방문 일정을 잡은 후에 전화를 끊었다. 나도 모르게 입에서 환호성이 나왔다.

"예스!!!"

고객을 방문해서 상황을 들어보니 심각한 품질 이슈로 골머리를 앓고 있었다. 대규모 소비자 소송으로 번지기 전에 문제를 해결하라는 사장단의 지시가 떨어졌을 정도로 상황이 좋지 않았다. 기존 소재보다 가격이 비싸더라도 상황을 해결할 수 있으면 어떤 소재라도 수용하겠다고 할 정도였다. 예상 매출액이 상당했다. 순간 일을 어떻게 진행하면 내 성과가 더 빛나 보일 수 있을까 하는 얕은 생각이 고개를 내밀었다. 오랫동안 붙어 있던 '외로운 늑대'의 본능이 꿈틀거렸다. 정신을 차렸다. 고객은 영업사원 개인에게 문제 해결을 부탁한 게 아니었다. B가 몸담은 회사와 조직에 대한 높은 믿음과 기대를 바탕으로 부탁을 한 게 분명하다. 그러니 솔루션 제안도 B의 개인적 판단이 아니라, 조직으로부터 나와야 합당하다는 생각이 들었다. 고객에게 심각한 사안이니 더더욱 그렇다. 곧바로 내부 미팅을 소집하고, 고객 상황을 투명하게 공유했다. 한국지사는 물론, 미국 본사까지 여러 팀이 참여해 논의가 활발히 진행됐다. 마침내 고객의 문제를 해결할 수 있는 최적의 솔루션을 제안했다.

영업사원 A와 B는 사실 동일 인물이다. 그렇다. 바로 나다. 운명처럼 찾아온 이 두 경험을 차례로 겪으면서 나는 완전히 다른 영업사원이 되었다. 과거에는 모든 정보를 혼자 품고, 혼자 판단하려 했다. 큰 실패를 겪고 나서야 그게 얼마나 편협하고 위험한 생각이었는지를 알게 되었다. 이후로는 프로젝트를 시작할 때마다 가장 먼저 팀원들과의 소통부터 챙겼다. 고객 상황을 투명하게 공유하고, 각자의 전문성을 어떻게 활용할지 함께 논의했다. 소통을 위해서라면 직설적인 표현도 마다하지 않았다. 조금은 투박하더라도 내용을 명확하게 전달하는 게 더 중요하기 때문이다. 프로젝트가 성공하면 성과를 나누는 일도 알뜰하게 챙겼다. 큰 역할이든 작은 역할이든 모든 기여가 인정받을 수 있도록, 유관부서에 모두 공유했다. 회의에서 당사자 이름을 언급하든, 감사 메일을 보내든 큰 수고 없이 팀원들의 노고를 빛나게 하는 방법은 많았다. 조직의 도움 없이는 고객도 도울 수 없고, 성과도 낼 수 없다는 걸 뼈저리게 깨달았기 때문이다. 성과를 내는 B2B 솔루션 세일즈의 접근법, 바로 '팀 세일즈'에 눈을 떴다. 조직과 소통하며 함께 뛰는 영업사원과 그렇지 않은 영업사원, 앞으로 이 둘 사이의 격차는 되돌리기 어려울 만큼 커질 게 분명하다. 여러분은 어느 쪽을 원하는가?

영업 성과를 높이는 지름길, 콜드콜

    콜드콜이란 영업사원이 사전 접점이 전혀 없는 직접 잠재고객에게 전화를 걸어 비즈니스 기회를 만드는 기법이다. 예고 없는 제품 소개 전화를 받는 고객의 반응은 대부분 차갑기 크기 때문에 '콜드콜(Cold call)'이라고 부른다. 반면, 사전 접점이 있거나 최소한의 관심을 표한 고객에게 거는 전화는 '웜콜(Warm call)'이라고 한다. B2B의 콜드콜 성공률은 통상 2~5% 수준으로 알려져 있다. 100개의 잠재 고객사에 전화를 걸면 기껏 2~5개 정도만 방문 약속이 성사된다는 말이다. 성공률이 높지 않다. 그럼에도 콜드콜을 시도해야 하는 이유가 있다.

- 타깃팅이 가능하다. 자신이 목표로 하는 고객을 집중적으로 개발할 수 있다.
- 즉각적인 고객 피드백을 받을 수 있어 빠르게 잠재 요구를 파악할 수 있다.
- 비용 대비 효과가 높다. 전시회, 디지털 광고 등의 대형 캠페인보다 ROI(투자 대비 산출)가 높다.
- 시장 동향 파악, 업체 정보 수집과 같은 사전 준비 활동을 통해 전문성이 향상된다.
- 고객 상담 기술을 훈련할 기회가 된다.

이렇게 큰 효과에도 불구하고 여전히 콜드콜을 부담스럽게 생각하고 어려워하는 영업사원이 많다. 실패 확률이 높다 보니 종일 전화를 돌려도 성취감을 느끼기 어렵기 때문이다. 무엇보다 실패와 거절에 대한 두려움이 가장 큰 적이다. 고객의 냉랭한 반응을 마주할 생각만 하면 겁부터 난다. 스팸 전화 취급받는 것 같은 기분이 들 때면 자존심이 상해서, 이어서 전화를 돌리기 어렵다.

성공적인 콜드콜을 위해서는 심리적 장벽을 극복하는 게 우선이다. '거절은 당연한 것'이라는 마음가짐을 갖고, '작은 승리'(이메일 주소 획득, 다음 통화 약속 등)에 초점을 맞추자. 고객의 확고한 거절 표현은 진짜 고객을 찾기 위한 시간과 물리적 기회비용을 줄여주는 셈이니, 감사할 일이라고 받아들이고 다음 고객과의 통화 준비에 집중하자. 이 밖에도 콜드콜 성과를 높이는 데 도움이 되는 몇 가지 방법을 소개한다.

1) 철저한 사전 준비와 명확한 방문 목적

콜드콜 성공은 철저한 사전 준비와 지속적인 시도에 달려 있다. 아무런 준비도 계획 없이 무작정 전화부터 걸어 "XX팀 담당자와 통화하고 싶다."라고 말해서는 성과를 낼 수 없다. 기업 웹사이트, 산업 정보, 링크트인(Linkedin) 등 고객 관련 정보를 충분히 사전 조사한다. 사전 조사 내용을 바탕으로 고객이 관심을 가질만한 내용 중심으로 가치 제안서를 기획한다. 예상 질문과 반론에 대한 답변 스크립트도 준비한다. 통화를 마친 후 곧바로 발송할 후속 자료(이메일, 안내서, 제안서)

를 미리 준비하는 게 중요하다. 통화 내용을 보충하는 자료나 바쁘다는 이유로 우선 제안서를 검토하고 싶다고 했을 때, 바로 자료를 보내면 '준비된 영업사원'이라는 인상을 남길 수 있기 때문이다. 통화 전 5분간 성공 장면을 상상하며 긴장을 완화한 후, 마음이 정돈된 상태에서 전화를 거는 것도 좋은 방법이다. "오늘 나는 최고의 고객과의 약속을 잡는다."와 같은 1분 긍정 확언 시간도 자신감을 끌어 올리는 데 도움이 된다. 산업마다 다를 수 있지만, 고객이 전화 받기 좋은 시간대를 선택하는 것도 좋은 요령이다. 보통 수요일이나 목요일 오후가 월요일 오전이나 점심시간보다 연결 가능성이 크다. 하지만, 이것도 어디까지나 확률이기 때문에 전화를 거는 용기를 내는 게 가장 중요하다. 망설이지 말고, 통화 버튼을 누르시라. 통화가 연결되면 처음 30초~1분 사이의 통화 분위기가 가장 중요하다. "친환경 소재로 생산 공정 및 사후 폐기 과정에서 재활용이 가능한 신제품을 통해 귀사에서 최근 화두로 삼고 계신 ESG 목표 달성에 도움이 되고자 연락을 드렸습니다."처럼 제품의 핵심 가치가 구체적으로 드러나는 스크립트가 준비되어 있어야 설득력이 높아진다. 중언부언하면 스팸 전화 취급받기 십상이다.

2) 전문적이고 신뢰감 있는 대화 전개

막상 콜드콜을 하게 되면 평소보다 급한 톤으로 말하기 쉽다. 상대방이 금방 전화를 끊을지도 모른다는 두려움 때문에 조급해지기 때문이다. 속사포처럼 떠드는 영업사원의 목소리는 고객을 불안하게 만들 뿐이다. 차분하고 절제된 톤으로 말할 수 있어야 상대방이 신뢰를 느낀다. 자칫 생기가 없는 톤이 되어서는 설득력이 떨어지기 때문에, 차분함 속에서 전문성과 진솔함이 느껴지는 전화 연습이 필요하다.

3) 명확한 후속 단계 설정

통화를 마치기 전에 명확한 후속 단계를 설정하자. 고객이 지금은 바빠서 통화가 곤란하다고 해서 쫓기듯 전화를 끊어서는 안 된다. 차분하게 언제 다시 전화를 걸면 좋을지를 물어 구체적인 시간을 약속하자. 만약 고객이 방문 일정을 허락하기 전에 소개 자료를 먼저 검토하고 싶다고 할 때는 통화를 마치는 즉시 또는 최소 당일 이내에는 이메일을 보내야 한다. 이메일에는 솔루션의 핵심 가치 제안과 함께 샘플 신청, 현장 데모 요청, 기술 상담 신청하기 등 고객 행동 유도 제안(Call To Action, CTA)이 포함되어야 한다. 대면 상담을 부담스러워하는 고객을 위해 화상회의 제안으로 초기 접근 장벽을 낮추는 것도 좋은 방법이다.

회사에 콜드콜을 전담하는 ISR(내근직 영업사원) 조직이 있고, 마케팅 대행업체도 있는데 굳이 영업사원이 콜드콜까지 해야 하느냐고 반문할지도 모른다. 이는 직접 콜드콜의 효과를 체감하지 못해서 하는 말이다. 위에 설명한 여러 효과는 물론, 콜드콜로 만난 고객 방문이 비즈니스 기회로 이어져 클로징까지 되었을 때의 성취감과 자신감은 이루 표현할 수 없다. 마치 직접 낳아 기른 새끼가 날갯짓하며 비상하는 것을 보는 것과 같은 벅찬 감동을 한다. 아무리 바쁘더라도 분기별 하루는 콜드콜 데이로 정해보자. 오전에는 시장 조사, 스크립트 및 이메일을 간단히 준비하고, 오후에는 집중적으로 전화를 돌린다. 직접 해보면 얻는 게 한둘이 아니라고 자신한다. 콜드콜을 잘하는 사람이 필드 영업도 잘한다.

• 효과적인 오프닝 문장:

"최근 '관련 업계 동향'에 관해 귀사에서는 어떤 준비를 하고 계시는지 궁금합니다."

"귀사가 가진 '과제 또는 이슈'와 관련해서 도움이 될 만한 정보를 공유하고자 연락드렸습니다."

"최근 출시한 신제품에 대한 업계 전문가 의견을 듣고자 합니다. 참고로 귀사 경쟁사에서도 많은 관심을 보이는 제품이니, 관심을 한번 가져 보시기를 권합니다."

• 거절에 대한 대응 스크립트:

"지금 통화가 어려운 상황이라면, 언제 다시 연락드리는 것이 편하실까요?"

"통화가 어려우시면, 소개 자료를 이메일로 보내드려도 될까요? 보시고 문의 사항을 남겨 주시면 후속 상담을 드리겠습니다."

"다른 이슈가 우선이군요. 해당 내용을 조금 더 들어볼 수 있으실까요? 저희 솔루션으로 도움을 드릴 수 있는 부분이 있는 것처럼 들려서요."

• 방문 약속 성사를 위한 대화 예시:

"시간을 내주시면 저희 솔루션을 어떻게 적용할 수 있는지 더 구체적으로 설명하겠습니다."
"동종 업계의 실제 적용사례들을 바탕으로 조금 더 깊은 내용을 부연 설명하고자 합니다."
"직접 시연을 보시면 명확하게 이해하실 수 있을 거라고 믿습니다."

2장

팀 세일즈가 답이다

1
협업이 일어나지 않는 이유

협업은 선택이 아닌 필수다.

—새티아 나델라(마이크로소프트 CEO)

"이번 달 수율이 낮아서 생산을 멈출 수 없습니다. 에칭(식각) 설비 점검을 연기합니다."

"직장님, 이번 설비 점검하면서 신공정 평가도 함께 진행하기로 예정되어 있어서 곤란합니다."

"지금 신공정이 중요한 게 아니잖아요. 물량 부족하다고 운영팀에서 난리입니다."

첫 직장에 입사해 잠시 제조팀의 생산관리 업무를 배울 때였다. 신입사원이었던 나는 생산관리팀이든 공정개발팀이든 모두 한 지붕 아래 한 가족이라고 생각했다. 하지만 실제 현장은 부서 간에 날 선 긴장

감으로 가득했다. 생산과 개발 중 무엇이 먼저인지를 두고 매일 충돌했다. 당시에는 생산이 수요를 못 따라가는 상황이라 대체로 생산관리팀 의견대로 가는 경우가 많았다.

생산관리팀의 눈에 공정개발팀은 수율을 떨어뜨리는 걸림돌 같은 존재였다. 생산관리팀에서 OJT를 받던 나 역시 자연스럽게 같은 시각을 갖게 되었다. 그런데 얼마 후, 내가 공정 개발팀 엔지니어로 현업 배치를 받으며 상황이 달라졌다. 매일 아침 회의마다 전날 평가 결과를 분석하고 새로운 공정 설계 아이디어를 찾기 위한 열띤 토론이 이어졌다. 생산관리팀에 있을 때는 전혀 보지 못했던 모습이었다. 그제야 공정개발팀이 얼마나 큰 사명감으로 일하고 있었는지 알게 됐다. 처지가 바뀌고 나니 오히려 이런 사정을 몰라주는 생산관리팀이 서운하게 느껴졌다.

상황이 이러다 보니, 공정개발팀은 주로 다른 공정으로 전환을 준비하는 시간이나 설비 정기점검 일정에 맞추어 평가 계획을 세워야 했다. 간혹 설비 오류로 인한 긴급 점검을 위해 설비 엔지니어들이 급히 라인으로 들어갈 때가 있는데, 공정 엔지니어도 퇴근을 미루고 함께 설비로 향했다. 이 기회를 틈타 간단한 평가라도 진행하기 위해서다. 이렇듯 일정 변동이 잦다 보니 식사 시간을 놓치기 일쑤였고, 야근과 주말 출근도 잦았다. 생산관리팀의 사정을 잘 알면서도, 고된 일정 속에서 묵묵히 버티는 공정 개발팀 동료들을 볼 때면 늘 안타까운 마음이 들었다. 내용은 조금씩 다르지만, 어느 조직에서나 비슷한 모습을 볼 수 있다. 서로의 입장을 헤아리지 못한 채, 마치 방해꾼이나 경쟁자처럼 대하며 반목하는 이유는 무엇일까?

정보 비대칭과 소통 부재

결론부터 말하자면, 문제의 핵심은 정보 비대칭과 소통 부재다. 부서별 담당자가 보유한 정보의 양과 질이 다른 데, 서로 소통조차 하지 않으니, 협업이 일어나지 않는다. 조직 규모가 커지고 직무가 세분될수록, 바로 옆 칸막이에 앉은 동료가 무슨 일을 하는지도 모르는 경우가 많다. 한번은 식당 앞에서 우연히 만난 다른 팀 동료가 "그 프로젝트 성공했다면서요? 정말 축하합니다."라며 인사를 건넸다. 정작 그 프로젝트는 고객사 사정으로 이미 한참 전에 취소된 상태였기 때문에 당혹스러울 수밖에 없었다.

같은 날, 같은 고객을 만나고도 참석자마다 주목한 부분이 달라 상황을 전혀 다르게 해석하는 일도 흔하다. 예를 들어, 고객이 신제품에 관심을 보이면 연구소는 후속 평가를 기대하지만, 영업팀은 검증에 많은 예산이 들고 의사결정 요인이 분명치 않다는 이유로 부정적으로 판단할 수 있다. 같은 정보를 두고도 해석이 엇갈리니, 제때 소통하지 않으면 자원만 낭비하고 성과는 내기 어렵다.

부서별 KPI 및 보상 체계의 미통합

부서마다 서로 다른 핵심 성과 지표(KPI, Key Performance Indicator)와 보상 체계를 운영하다 보니, 부서 이기주의가 커지는 것도 문제다. 각자 쫓는 목표가 달라서 협업할 유인이 줄어든다. 예를 들어, 생산팀은 효율성 KPI 때문에 영업팀의 긴급 생산 요청을 거부하거나, 물류 팀은 운송비 절감이 우선이라며 즉시 배송 대신 일괄 배송을 고집하기도 한다. 각자의 KPI에 집중하는 사이, 고객과의 약속을 지켜야 하는 영업사원은 발을 동동 구른다. 마케팅 캠페인 기획안에 대해 영업팀이 부정적인 반응을 보일 때도 있다. "영업팀한테 당장 필요한 건 잠재 고객이 아니라 지금 당장 매출로 이어지는 고객이라고요. 이거 결국 마케팅팀 실적만 챙기는 캠페인 아니에요?"와 같은 불만이 터져 나온다. 서로의 목표만 쫓다 보니 협업은커녕 갈등만 깊어진다. "우리 팀 일이 아니다."라며 책임을 미루거나, 다른 부서 성과에 대해 "우리와 상관없는 일이다."와 같은 차가운 반응을 보이기 일쑤다.

리더십 및 경험의 부재

과거 우리나라의 고도 경제성장기에는 과정보다는 결과를 중시하는 성과지상주의가 만연했다. 세일즈도 예외가 아니었다. 고객과의 관계 구축이 성과에 큰 영향을 주었기 때문에 영업사원 개인 역량에 대한 기대치가 높았고, 단독 의사결정에도 비교적 관대했다. 성과만 내면 모든 것이 용납되던 시절이었다.

이런 분위기에서는 성취욕이 강하고 독립심이 뛰어난 영업사원이 두각을 나타냈다. 협업보다는 자기 방식을 신뢰하는, 이른바 '외로운 늑대' 유형이다. 이들은 지도자가 되어서도 같은 방식을 고수했다. 실적과 권위를 중시하는 '카리스마형 리더' 유형이 많았고, 공감을 중심에 둔 '코칭형 리더'나 협업을 주도하는 '동반자형 리더'는 드물었다. 그러다 보니 영업사원들은 자연스럽게 과정보다 실적을, 협업보다 개인 성과를 우선시했다.

그러나 시대가 바뀌었다. 이제는 문제를 풀어가는 과정 자체를 평가하고, 새로운 시도와 협업을 격려하는 환경이 되었다. 실패를 성공의 발판으로 여기고, 오히려 실패를 통한 학습을 권하는 리더도 늘었다. 하지만 협업에 대한 긍정적인 기억이나 성공 경험이 없는 조직에 갑자기 "새로운 시도를 해라.", "협업으로 문제를 풀라."는 식의 요구는 의심과 불안만 불러일으킨다. 누군가 앞장서 협업의 효과를 몸소 경험하는 작은 시도를 해야 한다. 그게 바로 영업사원이다. 고객과 조직을 잇는 접점에 있는 영업사원이야말로 협업을 주도하기에 가장 좋은 위치에 있기 때문이다.

협업은 말처럼 쉽지 않다. 실제로 함께 일해보려 하면 부딪히는 게 한두 개가 아니다. 나와 다른 의견과 입장을 가진 사람의 생각을 읽고, 업무를 조율하는 일은 생각보다 큰 노력과 인내를 요구한다. 다양한 이해관계와 복잡한 절차를 거치다 보면 일이 느리게 진행되는 경우도 많다. 협업에 드는 시간과 노력은 당장에는 비용처럼 느껴지기 쉽다.

그러나 성공적인 협업의 효과는 상상 이상으로 크다. 쏟아부은 시간과 노력을 상쇄하고도 넘칠 정도다. 반면 협업이 고되고 성가시다는 이유로 혼자 문제를 해결하려 할수록, 성과를 내기가 점점 어려울 게 불 보듯 뻔하다. 지금의 비즈니스 환경에서는 협업을 가로막는 요인을 이해하고, 지속적인 협업 시도를 해야만 답이 찾아지기 때문이다. 혼자서 실적을 끌어오던 독불장군형 세일즈 리더십을 버리고, 협업을 이끌고 성과를 함께 만드는 '팀 세일즈' 리더십으로의 변화만이 살길이다.

2

직무 세분화 시대의 명암

조직이 세분화될수록 협업의 가치는 더욱 중요해진다.

−래리 보시디(前 GE 부회장)

"이번에 새로 생기는 팀 이야기 들었어? 종일 사무실에서 전화만 돌리는 영업팀이래."

몇 해 전 한 신설 조직이 생길 때였다. 현장에서 고객을 만나야 할 영업사원이 사무실에서 전화만 돌린다는 말이 선뜻 이해되지 않았다. 말이 좋아 신설 영업팀이지, 사실상 고객센터로 보내지는 거 아니냐 며 수군거리는 직원들도 있었다. 그 조직은 바로, 내근 영업팀(Inside Sales Team)이었다. 당시만 하더라도 생소한 한 조직이었다.

바야흐로 직무 세분화의 시대다. 전통적인 분업 구조로는 빠르게 변하는 시장과 까다로워지는 고객의 요구 수준을 맞추기 어렵다. 기업들이 생산성과 전문성 향상을 위해 조직과 직무를 잘게 쪼개는 이유다. 지금까지 없던 부서와 직무가 생겨난다. 마케터만 해도 브랜드 마케터, 퍼포먼스 마케터, SNS 마케터, 콘텐츠 마케터, 데이터 마케터, 그로스 마케터 등 이름만 들어서는 무슨 일을 하는지 가늠조차 어려울 지경이다.

B2B 솔루션 세일즈도 마찬가지다. 전화 상담이나 이메일을 통해 잠재고객을 개발하는 내근 영업사원(Inside Sales Rep.), 현장에서 직접 고객 상담을 하며 비즈니스 기회를 찾는 필드 영업사원(Field Sales Rep.), 다양한 유통채널을 개발 및 관리하는 채널 영업사원(Channel Sales Rep.), 특정 지역을 집중적으로 담당하는 지역 영업사원(Territory Sales Rep.), 대형 고객을 전담하는 주요 고객 관리자(Key Account Manager), 지역이나 고객에 상관없이 주요 프로젝트에 참여하는 프로젝트 스페셜리스트(Project Specialist), 디지털 채널에 집중해 비즈니스를 개발하는 디지털 영업사원(Digital Sales Rep.)까지. 과거 '마당쇠'라 불리며 고객 개발부터 생산 일정, 재고 관리, 출고 관리, 대금 결제, 품질 이슈 관리 등 수많은 일을 동시에 챙겼던 전통적인 영업사원의 역할과 비교하면 놀라운 변화다.

과거에는 납기 차질이나 품질 이슈에 대응하고 월말 마감을 챙기다 보면 한 달이 훌쩍 지나갔다. 사무실에 앉아 차분히 전화를 돌릴 여유가 좀처럼 생기지 않았다. 하지만 내근 영업팀이 생기면서 상황이 크게 달라졌다. 이제 고객 방문 일정을 잡는 콜드콜은 내근 영업사원이 맡는다. 필드 영업사원은 전화 상담 내역서를 전달받아 어떤 대화가 오갔는지 확인하고, 약속 일정에 맞춰 고객을 방문한다. 비로소 고객 상담 준비에 온전히 집중할 수 있는 환경이 만들어졌다. 콜드콜에 매달렸던 시간을 고객사 동향을 살피거나 부족한 신제품 공부를 하는 데 쓸 수 있게 되었으니, 상담 수준도 높아지고 방문 성과도 눈에 띄게 좋아졌다. 마치 구둣방에서 찍새가 닦을 구두를 가져오면 딱새는 구두 닦는 일에만 몰두하듯, 세일즈 업무를 잘게 나눠 맡으니 업무 생산성과 전문성이라는 두 마리 토끼를 동시에 잡을 수 있게 되었다.

하지만 이런 세분화는 새로운 문제를 낳았다. 부서마다 역할이 잘게 나뉘다 보니 "이건 우리 일이 아니다."라며 업무 경계 영역에서 생기는 책임을 떠넘기는 상황이 늘어났기 때문이다. 부서 간 협업이 느슨해지고, 불필요한 내부 경쟁에 빠져 의도적으로 정보를 차단하는 일도 일어난다. 곡물 저장고처럼 부서마다 높은 벽을 세우고 소통하지 않는다. 이른바 사일로(Silo) 현상이다. 가장 큰 문제는 부서끼리 옥신각신하는 사이에 정작 고객의 문제 해결을 위한 의사 결정은 뒷전으로 밀린다는 점이다. 주인집 부부싸움으로 매장을 찾은 고객이 방치되는 셈이다. 나쁜 경험을 한 고객은 실망을 감추지 못하고 다른 매장으로 발걸음을 옮긴다.

프로젝트 스페셜리스트로 일할 때의 일이다. 어렵게 성사한 비즈니스를 채널 영업팀으로 이관한 지 얼마 되지 않았을 때였다. 고객이 화가 난 채로 전화를 걸어왔다. 품질 문제가 발생했는데 왜 아무도 관리하지 않느냐며 거칠게 항의했다. 이미 비즈니스가 채널 영업팀으로 넘어갔으니, 사후 관리 업무도 당연히 채널 영업팀에서 담당해야 한다고 생각했던 터였다. 상황을 정리해서 바로 연락하겠다고 약속한 후에 곧바로 채널 영업사원에게 연락했다. 고객 불만이 발생했는데 왜 챙기지 않고 있느냐고 따져 물었는데, 돌아온 답변에 할 말을 잃었다. 지금까지 한 번도 비즈니스에 대한 자세한 내용을 공유받은 적이 없는데, 지금 와서 어떻게 품질 문제를 바로 챙길 수 있겠냐는 입장이었다. 말을 듣고 나니 그의 입장도 충분히 이해되었다. 불분명한 직무 범주와 소통 단절로 인해 직원은 직원대로 힘들고, 고객은 고객대로 불만인 최악의 상황이었다. 이런 상황이 지속하면 고객 신뢰는 무너질 수밖에 없다. 관련 부서가 모두 모여 급히 상황은 수습했지만, 이후에도 비슷한 시행착오를 몇 번 더 겪고 나서야 비로소 업무 체계가 안정화되었다.

직무 세분화의 목적은 결국 고객을 더 잘 돕기 위함이다. 그런데 세분화로 인해 오히려 고객 불만이 늘어나니, 직무 세분화는 양날의 검이라 할 수 있다. 내부에서 "왜 우리가 이걸 해야 하냐?"라며 힘겨루기를 하는 동안 고객은 소리 없이 경쟁사로 옮겨간다. 따라서 직무 세분화가 성공하려면 몇 가지 선결 조건이 필요하다. 먼저 누가 어떤 일을 하고, 누가 최종 책임을 져야 하는지에 대한 명확한 역할과 책임을 명시한 매뉴얼이나 문서가 있어야 한다. 부서와 직무 간 상호 의존성을 유지하기 위한 정기적인 회의체도 필요하다. 이 회의체가 일군 성과를 보상하거나 인사 평가에 반영하는 것도 좋은 방법이다.

무엇보다 세분된 조직의 업무를 조율하는 구심점이 필요하다. 오케스트라에서 각 파트 연주자가 아무리 실력이 뛰어나도 지휘자 없이는 제대로 된 곡을 연주하지 못하듯, 세분된 현대의 세일즈 조직에서도 전체를 조율하는 사람의 역할이 중요하다. 별도의 프로젝트 매니저를 둘 수도 있지만, 고객을 직접 담당하는 영업사원에게 구심점 역할을 맡길 수 있다. 영업사원은 내부 조직과 고객 사이를 오가며 업무를 조율하는 코디네이터이자 협업을 유도하는 최적의 위치에 있기 때문이다.

이때 영업사원에게 기대하는 구체적인 역할이 있다. 고객 요구사항을 정확히 파악한 영업사원이 마케팅팀과는 타깃 고객 정보를, 개발팀과는 제품 개선 아이디어를, 생산팀과는 납기 일정을 조율하며 각 부서를 하나의 목표로 묶어낸다. 부서 간 정보 공유가 활발해지고, 고객 중심의 의사결정이 빨라진다. 무엇보다 고객이 여러 부서를 전전하며 같은 설명을 반복할 필요 없이 영업사원 한 명을 통해 모든 문제를 해결할 수 있으니, 만족도가 크게 높아진다. 결과적으로 세일즈 성과도 좋아지고, 고객 이탈률도 현저히 줄어든다. 영업사원이 고객만 담당하는 게 아니라 조직 전체를 하나로 묶는 리더의 역할을 해야 하는 이유다.

직무 세분화 시대에 영업사원은 '혼자 뛰는 선수'가 아니라 '팀을 이끄는 주장' 역할을 해야 한다. 주장은 골만 잘 넣는 선수가 아니라 그라운드의 사령관이 되어 팀을 움직일 줄 아는 선수다. 세분된 조직들 사이에서 소통의 다리 역할을 하고, 고객을 중심으로 모든 부서를 하나의 방향으로 이끌어가는 협업의 리더십. 이것이야말로 영업사원이 갖춰야 할 가장 중요한 역량이다.

3

고객이 진짜로 원하는 것

고객은 당신의 제품을 사는 것이 아니라, 당신의 조직을 선택하는 것이다.

—피터 드러커(경영학자)

몇 해 전 일이다. 한 고객이 전화를 걸어와 불같이 화를 냈다.

"차장님하고 이미 협의가 끝난 내용을 가지고 방금 대리점 영업사원이 찾아와서 다른 설명을 하는데요. 이게 무슨 경우입니까? 본사랑 대리점 사이에 소통이 제대로 되는 거 맞아요? 지금 저희 기만하시는 거 아니죠? 앞으로 어떻게 차장님 회사를 믿고 거래를 이어갈 수 있겠습니까?"

자초지종을 들어보니, 이미 본사 영업사원과 공급 조건에 대한 협의를 마친 상태였는데, 대리점에서 다시 검토해달라고 요청한 것이었다. 비즈니스 결례가 분명했다. 면목이 없었다. 상황을 조속히 정리하겠다고 약속했다.

"두 번 다시 이런 일 없도록 하세요."

고객의 차가운 목소리와 함께 전화가 끊겼다.

해당 대리점을 찾아갔다. 고객에게 겪은 곤욕을 생각하니 시작부터 화가 났다. 대리점 영업사원을 보자마자 상황을 왜 이렇게 만들었는지 따져 물었다. 한참을 머뭇거리던 그가 어렵게 입을 열었다.

"사실 차장님이 협의하신 조건에 납품하면, 저희는 앞뒤로 다 까지고 남는 것이 하나도 없습니다."

분명 고객과 협의 전에 대리점과 먼저 논의를 마친 내용이었다. 왜 진즉에 설명하지 않았는지 물었다. 대답을 듣는 순간 방망이로 한 대 얻어맞은 것처럼 정신이 번쩍 들었다.

"차장님이 저희 처지를 이해해 줄 거로 생각하지 않았어요. 말 꺼내봤자, 괜히 한 소리만 들을 것 같았거든요. 일단 거래부터 성사하고, 이후에 제 방식대로 풀어보려고 했습니다."

그동안 반드시 이 비즈니스를 성사하겠다고 안달이 났던 내 모습이 떠올랐다. 고객사 챙긴답시고 동분서주하는 사이, 정작 대리점 입장은 충분히 헤아리지 못했다. 그의 말처럼 나와 다른 대리점 의견을 들었더라면 역정을 내며 내 의견을 관철했을지도 모를 일이었다. 당시에는 영업사원이 고객사만 관리하면 되는 줄 알았다. 하지만 B2B 세일즈는 달랐다. 공급업체부터 대리점까지, 연결된 모든 파트너와 소통하고 협력하지 않으면 일이 제대로 돌아가지 않는다는 걸 잘 알지 못했다. 결국, 고객 불만은 내가 자초한 셈이었다.

다음 날 불만을 제기했던 고객사를 직접 방문했다. 담당자는 대기업 품질팀 소속으로, 협력업체를 대하는 태도가 강압적인 것으로 유명했다. 자기보다 나이가 많든 적든, 직급이 높든 낮든 예외가 없었다. 미팅 중에 조금이라도 마음에 들지 않는 부분이 있으면, 대놓고 인상을 찌푸리며 면박을 줬다. 심지어 회의실 밖으로 쫓아낸 적도 있다고 하니 보통 성격이 아닌 건 분명했다. 버럭 화를 낼지도 모른다는 생각에 잔뜩 긴장한 채로 정리된 상황을 설명했다. 잠자코 듣던 그가 마침내 입을 열었다. 며칠 전 통화할 때 화를 많이 내서 미안하다고 했다. 역정을 낼 거라고만 생각했지, 사과받을 줄은 몰랐다.

"차장님, 제가 왜 협력사를 빡빡하게 대하는지 아세요? 제가 맡은 일은 자동차에 들어가는 부품 품질을 철저하게 관리하는 일입니다. 만약 제가 하는 일에 조금이라도 실수가 생기면, 이게 인명 사고로 이어질 수 있어요. 운전 중에 핸들이 갑자기 움직이지 않거나, 브레이크가 들지 않으면 큰일 아닙니까. 우리끼리 불량 내서 미안하다, 다음부터 잘하겠다고 약속하고 끝낼 일이 아니란 말입니다."

그의 말에서 진심을 느꼈다.

"저는 협력사 현장을 방문하면 정말 꼼꼼하게 점검합니다. 협력사 대표가 했던 말이랑 현장이 일치하는지, 직원들이 어떤 마음가짐, 어떤 자세로 일하는지까지도 살핍니다. 공급업체의 본사와 대리점을 보는 관점도 같아요. 자기들끼리도 소통하지 않는 모습을 보더라도, 아무리 좋은 제품이라도 승인하는 게 망설여집니다. 대리점과 소통도 하지 않는 공급업체가 무슨 수로 고객한테 한 약속을 지키겠다는 건지 저는 도무지 이해가 안 되거든요. 저는 그런 업체랑 일할 수 없습니다."

그는 영업사원의 일하는 모습을 잠깐만 보면, 혼자서 일하고 있는지 조직과 함께 일하고 있는지 훤히 다 보인다고 했다. 앞으로는 대리점과 제대로 소통하며 일을 해달라는 당부를 받았다. 그동안 '갑질'로만 보였던 그의 모습이 새삼 다르게 보였다. 협력업체를 대하는 그의 거친 행동은 결코 '갑질'이 아니었다. 담당자의 성격이 괴팍해서도 아니었다. 영업사원 혼자가 아닌, 공급업체 전사적으로 일 처리를 도와달라는 심심한 당부였던 셈이다. 실로 큰 울림이 있던 순간이었다.

이 일이 있고 난 뒤 얼마 지나지 않아 비슷한 이야기를 다른 고객에게서도 들을 기회가 있었다.

"저는 공급업체를 선택할 때 가장 먼저 그들의 내부 소통 방식을 살핍니다. 무엇보다 영업사원에게 요청한 내용이 기술팀, 생산팀, 고객지원팀까지 제대로 전달되는지를 확인합니다. 공급업체의 소통 부재로 생긴 내부 혼선으로 납기나 품질에 문제가 생긴다면 결국 타격을 입는 건 우리 쪽이니까요."

공급업체에 대한 절대적인 신뢰와 확신 없이는 최종 의사결정을 하기 어려운 그의 입장을 알고 나니, 고객이 평가하는 것은 영업사원 개인이 아니라 조직 전체의 협업 능력이라는 사실이 분명해졌다.

아무리 사전 검증을 많이 했다고 하더라도, 예상 밖의 일들이 일어나는 게 B2B 비즈니스다. 협의 결과가 제대로 전달되지 않거나, 영업 사원과 나눈 대화가 한 다리만 건너도 다른 내용으로 둔갑해서 고객을 곤란하게 하는 경우도 많다. 반면 고객의 불편 사항을 해결하기 위해 최선을 다하고, 파트너사들과 완벽한 호흡을 선보이며 적극적으로 대응하는 회사도 많다. 만약 당신이 고객이라면 어느 업체와 일하고 싶을지 묻지 않아도 답은 뻔하다.

제아무리 큰 대기업이라고 하더라도 협력사 없이는 성공할 수 없다. 제품 하나가 고객에게 도달하기까지 수많은 협력사의 손길이 필요하다. 그래서 많은 대기업이 협력사를 '파트너사' 또는 '비즈니스 공동체'로 부르며 상생을 강조한다. 한화 에어로스페이스는 2012년부터 상생 펀드를 만들어 협력사가 낮은 금리로 자금 지원을 받을 수 있도록 돕고 있다. 이 회사는 '협력사의 경쟁력이 곧 우리 기업과 산업의 경쟁력'이라고 말한다. 삼성전자, 포스코, 현대제철 등 다른 기업들도 마찬가지다. 대기업과 협력사가 함께 기술 개발을 하기 위한 협력체를 구성하거나, 대기업이 협력사에 신기술을 이전하는 박람회를 열기도 한다. 구시대적인 갑과 을의 관계가 아닌, 상생과 협력의 비즈니스 관계로 진화하는 중이다. 영업사원의 역량이 아무리 뛰어나더라도, 개인의 역량만으로는 이런 비즈니스 공동체에 진입할 수 없다. 조직의 역량을 동원해야만 가능한 일이다.

영업사원이 고객 앞에서 문제 해결을 위해 최선을 다하겠다고 약속하면서도, 자기 조직과의 협업을 등한시하는 것은 모순이다. 고객은 우리 조직이 협업을 잘하는지, 불협화음을 내는지 단번에 알아차린다. 설령 영업사원이 가진 전문성이 특출나더라도, 공급업체 조직 전체에 대한 확신을 갖기 전까지는 최종 결정을 미룬다. 영업사원의 약속이 공급업체의 모든 접점에서 일관되게 지켜질 때 비로소 신뢰가 만들어진다. 고객이 진정으로 원하는 것은 제품에 적용된 뛰어난 기술력만이 아니다. 영업사원부터 기술팀, 생산팀, 고객지원팀까지 하나의 목소리로 소통하며 한 팀으로 똘똘 뭉쳐 높은 수준의 신뢰를 제공하는 업체다. 그 모든 것을 하나로 묶어내는 구심점이 바로 영업사원이다.

4
'나 혼자 판다.'와의 결별

개인의 천재성보다 팀의 협력이 더 큰 혁신을 만든다.

－팀 쿡(애플 *CEO*)

지금 우리는 그 어느 때보다 빠른 변화의 소용돌이 속에 있다. 개인의 역량 개발이 여전히 중요하지만, 혼자만의 능력으로는 경쟁에서 살아남기 어려운 시대다. 특히 동료에게 동기 부여를 하고 팀을 주도적으로 이끄는 협업 능력이야말로 로봇에게는 기대할 수 없는 인간만의 고유 능력으로 그 중요성이 더 커지고 있다.

누구보다 성실하게 일하는 영업사원 A는 고객의 일을 마치 자기 일처럼 챙긴다. 고객의 요청 업무를 신속하게 수행하는 것은 물론 고객도 미처 생각하지 못한 아이디어를 제안한다. 그의 성실한 태도와 전문성을 한 번이라도 경험한 고객이라면 누구든 그의 열렬한 팬이 된다. 하지만 동료들의 평가는 조금 달랐다. 항상 예의 바르고 성실하다는 점은 인정했지만, 함께 일하기에는 왠지 어렵다고 말하는 동료들이 많았다. 가만히 지켜보니 실제로 주변 동료들이 A에게 선뜻 의견을 개진하지도, 도움을 주지도 못하며 우물쭈물했다. 평소 본인 주장이 워낙 강하고, 모든 일을 혼자 처리하려는 A의 업무 스타일 때문이었다. 그의 업무 스타일에 굳이 이름 붙이자면 '나 혼자 판다.'가 아닐까 싶었다.

A의 업무 스타일에 전환점이 될 만한 일이 생겼다. 대형 고객사로부터 발주를 받았는데, 초도 납품 일정을 맞추기가 빠듯한 게 문제였다. 미국 본사에 긴급 생산 요청을 했지만, 기존 주문을 처리하기도 바쁠 정도로 생산에 여유가 없다는 회신이 왔다. 영업팀, 마케팅팀, 연구소 직원이 한자리에 모여 머리를 맞대었다. 본사에 생산 일정을 당겨달라고 요구하면서도, 동시에 고객사에 공급하기로 약속했던 제품과 동일한 성능을 내는 대체 제품을 검토하기로 했다. 마케팅팀은 매일 밤낮으로 본사의 생산 일정을 챙겼고, 연구소는 대체품 개발로 분주히 움직였다. 그 시간 영업사원 A는 고객사와 협력사를 찾아 서울, 화성, 대전, 부산을 오가는 강행군을 했다.

고객사 방문을 마치고 대전에서 화성으로 함께 이동하던 날이었다. A에게 요즘 힘들지 않은지 넌지시 물었다. 납기 걱정과 정신없이 전개되는 여러 상황을 동시에 챙기느라 마음과 몸이 지쳤을 게 분명했다.
"전혀 힘들지 않습니다. 사실, 새로운 경험입니다."
A의 답변이 의외였다.

"그동안 영업사원이니까 당연히 제가 모든 일을 혼자 책임져야 한다고 생각해 왔던 것 같습니다. 그런데, 팀원들이 이렇게 도와주니 진척도 빠르고 정말 큰 힘이 됩니다. 평소 보지 못했던 동료들의 전문성도 발견했고요. 무엇보다 팀에 속해 있다는 안정감이 들어서 덜 외롭고, 덜 힘듭니다. 진작부터 이렇게 일할 걸 그랬습니다. 하하하."

그의 호쾌한 대답에서 그가 비로소 팀과 함께 협업하는 이유를 깨달은 것 같아 다행이라는 생각이 들었다.

한계 인정이 협업의 시작점

과거 함께 일했던 한 팀장은 "제가 이걸 정말 잘 몰라서 그러는데요. 조금만 더 가르쳐 주실 수 없나요?"라는 말을 입에 달고 살았다. 모든 걸 잘 알고 있는 것처럼 굴거나, 실무는 실무자가 챙기는 거라며 업무를 떠넘기는 이전의 겪었던 팀장들과는 다른 모습이었다. 거침없이 허점을 드러내는 그의 모습을 보며 '명색이 팀장이 저 정도도 모르는 게 말이 되나?'라며 문제 삼는 사람은 없었다. 그가 팀원들과 투명하게 소통하고, 진정성을 가지고 일을 지원하는 모습을 일관되게 보인 덕분이었다. 그의 진솔한 모습에 신뢰를 느낀 팀원들이 자발적으로 그를 돕기 시작했다. 솔직하고 진지한 대화가 이어졌고, 협업의 분위기가 자연스럽게 만들어졌다. 팀원끼리 거침없이 도움을 청하고, 서로에게 배우려는 열린 자세를 보이기 시작했다. 서로의 강점을 알아차리기 시작하면서 강한 유대감과 신뢰가 만들어진 덕분이다.

팀 세일즈는 팀원이 저마다 가진 전문성과 강점을 바탕으로 고객의 문제 해결을 돕는 일이다. 하지만 팀원의 역량을 모으기 이전에 중요한 과정이 있다. 바로 각자 자신의 한계를 인정하는 것이다. 아무리 뛰어난 영업사원이라도 혼자 힘으로는 다양한 고객의 요구를 충족시키는 솔루션이나 서비스를 제공할 수 없다. 결국 개인의 역량은 조직을 떼놓고는 절대로 빛날 수 없다. 혼자만의 힘으로는 할 수 있는 게 별로 없다는 한계를 인정하는 현실 자각과 겸손함을 가져야 하는 이유다. 팀원 모두가 자신의 한계를 인정할 때 비로소 상대방의 강점을 발견하고, 주장을 수용하는 열린 태도가 시작된다. 자기 한계 인정이 곧 협업의 시작이자, 혼자서 파는 세일즈에서 벗어나는 첫걸음이다.

솔직함이 협업을 일으킨다

동료에게 먼저 다가가 "저는 지금 당신의 도움이 필요해요."라고 솔직하게 말해본 적이 있는가? 마음은 있는데, 실제로는 입이 잘 떨어지지 않았을지도 모른다. 모든 걸 다 알아야 한다는 강박 때문일 것이다. 자신의 부족함을 드러내는 건 절대로 나약한 모습이 아니다. 문제를 해결하고 목표를 달성하고자 하는 의지를 드러내는 용기이며, 협업을 끌어내는 첫걸음이다.

위키피디아의 성공 비결은 협업과 공유의 '위키 정신(Wiki Spirit)'에 있다고 한다. 내가 아는 것을 동료와 기꺼이 나누고, 모르는 것은 먼저 배워서 다시 공유하겠다는 마음가짐을 말한다. 오늘날 B2B 비즈니스 환경에서 생존의 핵심 전략 역시 협업이다. 많은 기업 리더가 투명하고 개방적인 시스템을 구축하고, 팀원들과 정보를 공유하며, 함께 토론하며 해결책을 모색하는 양방향 학습 구조를 강조하는 이유다.

물론, 개인 역량을 키우는 노력도 중요하다. 각자의 전문성과 실력이 탄탄해야 시너지를 키울 수 있기 때문이다. 마케팅 전문가는 마케팅 역량을, 기술자는 기술 역량을 지속적으로 발전시켜야 한다. 하지만 그 개인 역량이 빛을 발하려면 반드시 협업이라는 무대가 필요하다. 협업은 단순히 경쟁력 확보를 위한 선택 요소가 아닌 생존을 위한 필수 요소다.

이제 우리에게 필요한 건 용기다. "저 이거 잘 몰라요."라고 한계를 솔직하게 밝히는 용기. "당신의 도움이 필요해요.", "우리 한번 해봅시다."라고 동료에게 손을 내밀 용기. 그래서 혼자가 아닌 팀으로 고객의 문제를 해결해 나갈 용기 말이다.

5

팀 안에 답이 있다

성공적인 비즈니스는 언제나 팀워크의 결과물이다.

—손정의(소프트뱅크 CEO)

영업사원으로 내가 담당한 제품은 자동차, 통신기기, 가전제품 산업부터 건축 및 일반산업까지 폭넓게 적용될 수 있는 산업용 접착 솔루션이다. 다양한 산업의 많은 고객사에 제품을 소개하는 일은 여전히 매력적인 일이었다. 공급망 하나하나를 따라가다 보면 산업 전체가 보이고, 부품업체부터 최종 고객까지 만나면서 자연스럽게 제조업 생태계를 이해할 수 있기 때문이다. 기업체를 방문해 열심히 솔루션을 소개하며 나만의 인적 네트워크를 만드는 일도 보람이 크다.

다만 동시에 여러 고객사를 챙겨야 하니 항상 바쁜 게 문제였다. 전국을 누비며 1년에 5만km 가까이 운전을 했다. 가끔 택시기사님께

이야기하면, 운수업에 종사하느냐고 물을 정도다. 덕분에 퇴근하면 소파에 누워 리모컨 들 힘도 없을 만큼 지치는 날도 많았다. 그렇다고 마냥 쉴 수도 없다. 그날그날 처리해야 할 메일과 보고 자료도 많고, 진행 중인 프로젝트를 점검하고, 후속 미팅도 준비해야 하기 때문이다. 무거운 몸을 겨우 일으켜 노트북 앞에 앉는다. 몸이 열 개라도 부족할 정도로 열심히 일했지만, 풀리지 않는 갈증이 있었다. 바로 전문성이다. 고객으로부터 "전문가시네요."라는 말 한마디를 듣고 싶었다. 밤낮 없이 공부하고 현장을 뛰어다녔지만, 고객 앞에만 서면 여전히 부족함을 느꼈다. B2B 영업 전문가가 아니라, 어깨너머로 보고 듣는 것만 많은 '잡식성 영업사원'이 되어가는 기분이었다.

뜻밖의 프로젝트 제안

어느 날, A 팀장이 뜻밖의 프로젝트를 제안했다. 팀원 전체가 시장 전략집(Market Playbook)을 만들어 보면 좋겠다고 했다. 영업사원 각자가 따로 움직이면 성장에 한계가 있다는 문제의식에서 나온 제안이었다.

시장 전략집은 산업 분석부터 고객사 정보, 솔루션 제안까지 담은 일종의 세일즈 가이드북이다. 팀 전체의 전문성을 끌어올리고, 신입사원도 빠르게 업무에 적응할 수 있도록 돕는 안내서 역할도 한다. 좋은 취지임에도 불구하고 팀장의 제안에 의문을 품는 영업사원도 많았다. 가뜩이나 현장 일로 바빠 죽겠는데, 문서 하나 만들자고 모든 직원이 달라붙어야 하는 게 말이 되냐는 불만을 토로했다. 현장 상황이 고객사마다 다르고, 변수도 많아서 전략집 활용에 한계가 크다는 의견도 나왔다. 팀장은 아랑곳하지 않았다. 그때 그가 꺼낸 카드가 '집단 지성'이었다. 이 프로젝트가 우리의 집단 지성을 끌어올리는 장이 될 수 있다고 강조했다. 집단 지성은 구성원끼리 서로 협력하거나 선의의 경쟁을 통해 쌓은 지적 능력의 결과로 얻어진 지성이나 집단적 능력을 말한다. 그때까지만 하더라도 모두에게 다소 생소한 단어였다.

떠밀려 맡게 된 프로젝트 리더

누군가 나서서 하겠거니, 적당히 조사해서 정리하면 되겠거니 하다가 문제가 생겼다. 팀장이 나를 프로젝트 리더로 지정한 것이다. 어디서부터 어떻게 시작해야 할지, 동료들이 얼마나 협조해 줄지 걱정이 밀려왔다. 주말 내내 고민을 했지만, 좀처럼 감이 잡히지 않았다. 팀장이 언급한 집단 지성이 정확히 무엇을 말하는지 몰랐지만, 그 말을 믿기로 했다. 우리 팀 구성원 각자의 전문성이 뛰어나다는 건 분명했기 때문이다. 팀장의 지원도 확실하고 동료들의 역량도 뛰어나니, 결과는 당연히 좋을 수밖에 없다는 생각에 용기가 나기 시작했다. 나는 동료들이 지식과 경험을 최대한 끄집어낼 수 있는 판을 짜는 데 집중했다.

목표 시장을 하위 산업 6개로 나누고, 이에 맞춰 팀을 6개 그룹으로 편성했다. 각 그룹에는 영업팀, 마케팅팀, 연구소 팀원을 최대한 골고루 배정했다. 그룹장으로 담당 산업에 대한 경험과 지식이 가장 많은 팀원을 지정했다. 그룹장의 조율하에 모든 팀원이 시장조사와 사례 연구, 고객 방문 등 활동 계획을 세우기 시작했다. 특히, 매월 그룹별 진행 상황을 공유하는 회의를 열었고, 어떤 주제든 자유롭게 토론할 수 있는 난상토론의 장을 유도했는데 이게 신의 한 수가 되었다.

예상을 뒤엎은 팀원들의 열정

한 발 빼고 멀리서 지켜보기만 할 거라고 생각했던 선배 영업사원들이 예상을 깨고 적극적으로 의견을 개진했다. 자기 경험을 공유하고, 아이디어를 제안했다. 이게 마중물 역할을 했다. 고참 선배들의 적극적인 참여 덕분에 다른 팀원들도 하나둘 목소리를 내기 시작했다. 마케팅팀, 연구소 팀원들까지 토론에 가세하며 프로젝트 참여 열기가 뜨거워졌다. 여태까지 어떻게 참아왔을까 싶을 정도로 많은 아이디어가 쏟아졌다. 선배 직원들의 다양한 경험과 후배 직원들의 신선한 아이디어가 서로 어우러지기 시작했다. 열정적으로 참여하는 동료들을 지켜보면서 '아, 우리도 마음을 열고 머리를 맞댈 수 있는 사람들이었구나!', '모두가 소통하며 서로에게 배우기를 바라고 있었구나!', '이게 집단 지성의 힘이구나!'와 같은 깨달음이 밀려왔다.

놀라운 결과와 더 큰 수확

팀원들의 열띤 참여 덕분에 장장 6개월에 걸친 프로젝트가 마무리되었다. 부서원 모두가 참여하다 보니 혼자서 시장 공부를 할 때보다 체계적인 결과물이 만들어졌고, 이를 통해 많은 통찰을 얻을 수 있어서 좋았다는 피드백이 많았다. 다른 조 발표를 듣는 것만으로도 큰 공부가 되었다는 의견도 많았다. '이게 제대로 진행이 될까?'라는 초반 걱정이 무색할 정도로 만족스러운 결과였다. 다른 부서는 물론, 다른 나라 지사에서도 관심을 보일 정도로 높은 수준의 시장 전략집을 우리 손으로 직접 만들어냈다는 생각에 큰 보람을 느꼈다. 한동안 신입사원 바이블로 활용되었고, 시간이 한참 지난 지금도 그때 만든 시장 전략집을 참고하여 영업 전략을 세우고 있다.

무엇보다 큰 소득은 이 프로젝트를 계기로 우리 부서에 협업의 기반이 다져졌다는 점이다. 자기만의 세계에 갇혀 일하던 사람들이 각자의 벽을 깨고 나와 서로 머리를 맞대는 것이 훨씬 효과적이라는 걸 모두가 경험했기 때문이다. 각자의 몸에 숨겨진 협업 DNA가 발현되기 시작했고, 이후의 현업 과제를 풀어가는 데에도 고스란히 이어졌다. 마치 오래전부터 협업에 익숙한 사람들처럼 투명하고 진정성 있게 소통하고 정보를 공유하는 모습을 자주 목격했다. 직급이나 부서를 떠나 열린 마음으로 상대의 의견을 경청하고, 오직 문제 해결과 공동의 목표 달성을 위해 일사불란하게 돌아가는 촘촘한 조직으로 변했다.

협업은 단순히 업무를 분담하는 차원을 넘어, 서로의 지식과 경험을 융합하여 개인의 역량을 뛰어넘는 결과물을 만들어내는 과정이다. 이 과정에서 우리는 자신도 몰랐던 잠재력을 발견하고, 함께 성장하는 기쁨을 경험한다. A 팀장의 의도를 몰랐던 직원들은 쓸데

없는 문서 작업으로 오해했다. 협업의 가치를 제대로 경험해 본 적이 없었기 때문이다. 그의 진짜 의도는 전략집 자체가 아니라 프로젝트를 계기로 강력한 협업 조직으로 거듭나는 것이었다. 혼자만의 힘으로는 해결하기 어려운 문제에 직면해 있다면, 주변을 먼저 둘러보기를 바란다. 그 문제를 해결할 수 있는 지식과 경험을 가진 동료들과 함께라면 해결이 가능한 일들이 대부분이다. 답은 멀리에 있지 않다. 바로, 팀 안에 있다.

6

팀 세일즈로 돌파하라

최고의 팀은 공동의 목표를 위해 개인의 영광을 포기할 수 있는 팀이다.

−필 나이트(나이키 공동창업자)

　내가 이 책을 통해 강조하려는 '팀 세일즈'의 본질은 결국 협업이다. 혼자만의 힘으로 세일즈를 했던 과거를 돌아보면, 제약, 한계, 무지, 두려움 같은 부정적인 감정과 늘 싸워야 했다. 반면, '팀 세일즈'를 시도하면서부터 지식, 자신감, 자부심, 안정감 같은 긍정적인 감정이 내게 자리 잡았다. 세상을 바라보는 시야도 넓어졌다. 이전에는 보이지 않던 동료의 성실함, 전문성, 창의성이 눈에 들어오기 시작했다. 나자신의 한계를 인정하는 게 두렵지 않게 되자, 닫힌 마음과 오만함에서 벗어나게 되었다.

　몇 해 전, 미국 본사로부터 새로운 글로벌 캠페인 계획이 내려왔다. 전 세계 여러 나라의 성공 사례를 공유하고, 이와 유사한 비즈니스 사례를 빠르게 복제하는 대규모 세일즈 캠페인이었다. 주요 참가국에 한국도 포함되었다. 한국지사 특유의 전문성과 빠른 실행력을 높게 평가받은 덕분이다. 그런데도 이 캠페인을 못마땅해하는 팀원들이 많았다. 다른 나라의 성공 사례를 한국에 그대로 적용하기에는 한국 비즈니스의 특수성이 크다고 생각했기 때문이다. 내 생각도 같았다. 해외 성공 사례를 한국 시장에 그대로 적용하려다가 실패한 경험이 있기 때문이다. 팀 전체가 참여한다고 결과가 달라질 거라고는 크게 기대하지 않았다. 한 가지 문제라면 이번에도 내가 캠페인 리더를 맡게 된 것이었다.

가뜩이나 프로그램에 대해 삐딱하게 생각하던 차라 앞이 더욱 컴컴했다. 어떻게 프로그램을 구성할지를 놓고 고민에 고민을 거듭했다. 머리를 싸매고 이런저런 생각을 하던 순간에, 시장 전략집 프로젝트에서 보았던 동료들의 열정적인 모습이 떠올랐다. 우리 팀에는 협업이라는 강력한 무기가 있었다. 팀이라는 든든한 뒷배가 있는데, 뭐가 걱정이고 두렵단 말인가. 이를 깨닫자마자 '이게 가능하겠어?'라는 의심과 두려움이 '어쩌면 해낼지도 몰라!'라는 호기심과 용기로 바뀌었다.

팀원들과 모여 아이디어를 정리했다. 글로벌의 수많은 성공 사례를 하나하나 살펴보면서, 우리나라에는 어떤 비즈니스 기회가 있을지를 따져봤다. 이건 왜 안 되고, 이건 왜 가능성이 있는지 저마다의 의견을 내놓았다. 의견을 종합해 비즈니스 복제 확률이 높은 사례만 추렸다. 선별 작업을 막상 끝내고 보니, 실행만 제대로 하면 좋은 결과물이 나올 수 있겠다는 자신감이 생겼다. 팀원들의 생각도 같았다. 다 같이 모여 사례 연구를 하는 과정을 통해 가능성과 확신이 커진 덕분이다. 혼자서 공부하고 시장조사를 했을 때는 경험해 보지 못한 일이었다.

팀원들과 함께 한국형 프로그램 개발을 착수했다. 역할을 나누고, 단계별 프로세스를 꼼꼼하게 설계했다. 마케팅팀은 잠재 고객 수요를 일으키기 위한 캠페인 계획을 세우고 다양한 영업 도구를 준비했다. 연구소는 영업사원을 대상으로 신제품 교육과 데모 훈련을 맡았고, 내근 영업사원은 집합교육 전에 미리 콜드콜을 시작해 방문 일정을 잡아 놓기로 했다. 교육으로 고조된 영업 열기가 휘발되기 전에 최대한 많은 고객을 만나도록 돕기 위해서였다.

집합 교육에 참석한 영업사원의 피드백은 긍정적이었다. 시장을 깊이 있게 이해하게 되었고, 제품 특성을 직접 체험하면서 솔루션에 대한 자신감이 커졌다고 했다. 몇몇 영업사원은 하루라도 빨리 고객을 만나고 싶다고 할 정도였다. 본격적인 세일즈 활동이 시작되었고, 각자 맡은 고객 방문 내용이 그룹 채팅방에 실시간으로 올라왔다. 서로의 경험을 공유하는 소통 창구이자, 시장 감각을 빠르게 키우기 위한 장치였다.

의도는 적중했다. 처음에는 방문 보고서처럼 딱딱하게 글이 올라오더니, 점차 질문에 질문이 이어지면서 자연스러운 토론 분위기가 형성되었다. 더운 날씨에 고생하는 영업사원들을 격려하고 서로 아이스커피를 선물로 주고받는 따뜻한 모습도 연출되었다. 영업사원들은 채팅방의 실시간 정보 공유도 도움이 되었지만, 다른 동료의 활동 모습을 보면서 '나도 할 수 있다!'라는 의지를 다질 수 있었다고 했다. 무엇보다 혼자 고객을 찾아다니며 느꼈던 외로움과 고독감이 많이 달래져서 힘이 되었다는 말이 가장 인상적이었다.

캠페인 기간이 종료되고, 모든 영업사원으로부터 그동안의 활동 내용을 취합했는데 결과를 믿을 수가 없었다. 목표를 한참 뛰어넘는 놀라운 결과가 집계되었다. 그동안 수없이 영업했던 시장임에도 불구하고 새롭게 알게 된 고객의 잠재 요구와 신규 비즈니스 기회가 수없이 쏟아져 나왔다. 신규 비즈니스 기회가 없던 것이 아니라, 전문성과 적극성이 부족했던 게 문제였던 셈이다. 놀라운 성과의 일등 공신은 단연 협업이었다. 전 세계 지사 중에서 한국팀의 활동이 최우수 사례로 언급될 만큼 프로그램 준비 과정과 결과물이 탁월하다는 평가를 받았다. '이게 정말로 될까?' 하는 자기 의심을 깨고 최선을 다한 팀원들 덕분에 이룬 또 하나의 성과이자, '팀 세일즈'가 만들어 낸 쾌거였다.

이 캠페인은 지금까지도 부서의 핵심 캠페인으로 매년 진행되고 있고, 대리점 영업팀까지 규모가 확대되어 신규 비즈니스 발굴 기회의 대표 프로그램으로 자리 잡았다. 한국지사의 성공 사례를 배우려는 다른 지사의 요청을 받아 프로그램을 소개하는 자리도 종종 생겼는데, 발표를 마칠 때마다 내가 항상 강조하는 말이 있다.

"이 캠페인의 핵심은 프로세스 자체가 아닙니다. 프로세스만 따라 해서는 성과가 저절로 일어나지 않습니다. 무엇보다 가장 중요한 것은 팀 차원의 협업과 적극적인 참여입니다. 아무리 좋은 프로세스를 구축했더라도, 협업 없이는 좋은 결과를 기대할 수 없습니다. 어떻게 해야 팀원들이 이 프로그램이 유익하다고 느끼고, 진지한 태도로 참여할 수 있는지를 많이 고민하시면 좋겠습니다. 그리고 그 고민과 준비 또한 팀과 함께하세요."

세일즈 파이프라인 관리, 누구나 할 수 있다

세일즈 파이프라인 관리란 사전에 정의한 영업 단계에 따라 영업 기회(Sales Opportunity)를 체계적이고 전략적으로 관리하여 생산성을 높이는 활동이다. 파이프라인을 표준화하고 관리하면 다음과 같은 효과를 기대할 수 있다.

1) 비즈니스 현황 파악 및 소통 용이

영업 기회와 활동 현황을 한눈에 파악할 수 있다. 파이프라인 공유를 통해 조직과 원활히 소통하고, 필요한 지원을 받아 생산성을 높일 수 있다.

2) 미래 예측 가능성 향상

B2B 세일즈는 고객마다 상황과 구매 사이클이 달라 예측이 어렵다. 파이프라인을 관리하면 영업사원의 감에 의존하는 리스크를 줄이고, 보다 객관적인 예측과 자원 배분이 가능하다.

3) 우선순위 기반의 선제 대응

파이프라인 리뷰를 기반으로 영업활동의 우선순위를 재조정할 수 있어 효율적 자원 활용과 선제 대응이 가능하다. 즉, 앞으로 무엇을 해야 할지가 명확해진다.

#. 세일즈 파이프라인 관리의 중점 요소

ㄱ) 고객 중심적 사고와 코칭

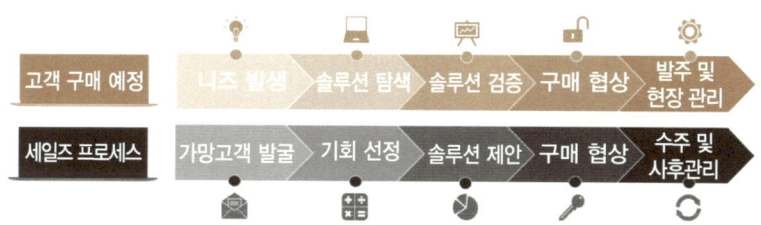

파이프라인은 매출 관리 도구가 아니다. 고객의 니즈, 예산, 비즈니스 상황을 이해하고 그에 맞춰 영업 전략을 조정하는 도구다. 따라서 파이프라인 리뷰를 할 때는 질책보다 고객 구매 여정 중심의 코칭이 중요하다. 예를 들어 "요즘 활동이 부족한 것 같네요?"와 같은 질책보다는 "파이프라인 상황이 어때 보이나요?", "파이프라인 개선을 위해 지금 우리가 할 수 있는 일은 무엇일까요?"처럼 함께 고민할 수 있는 열린 질문이 바람직하다.

ㄴ) 파이프라인 설계 및 관리 3대 지표
파이프라인 설계는 목표 매출을 기준으로 한다.

예를 들어:
목표 매출액: 10억 원
전환율(클로징 승률): 20%
클로징 실매출 기여도: 50%

이 경우 필요한 전체 파이프라인 크기는 매출 목표로부터 역산하여 세운다. 클로징 목표 금액은 20억(10억÷0.5)이 되고 클로징 전환율을 반영하면 파이프라인 크기는 100억(20억÷0.2)이 되어야 한다. 목표한 파이프라인을 채운 후에는 다음 세 가지 지표를 중점적으로 관리한다.

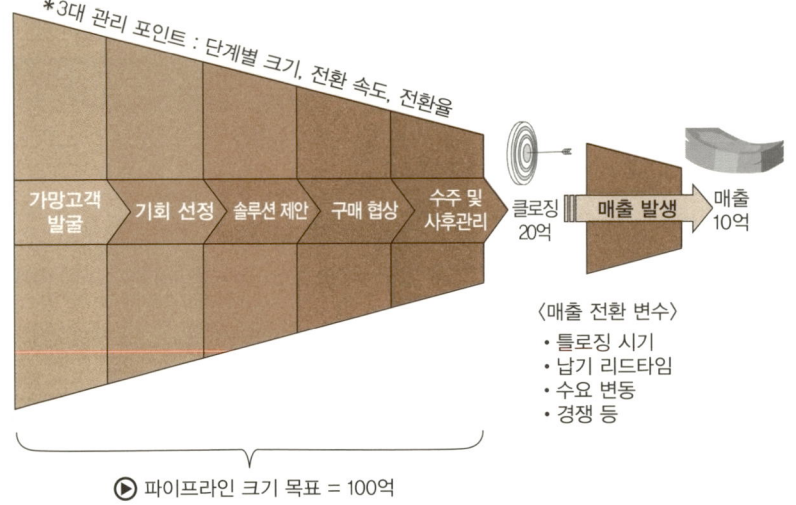

＊3대 관리 포인트 : 단계별 크기, 전환 속도, 전환율

* 파이프라인 크기: 충분한 기회가 유지되고 있는가? 어떻게 키울 수 있는가?
* 전환 속도: 단계별 체류 기간이 적절한가? 어떻게 빨리 전환할 수 있는가?
* 전환율(클로징 승률): 다음 단계로 얼마나 전환하는가? 어떻게 더 많이 전환할 수 있는가?

위와 같은 관점으로 문제를 진단하고, 후속 조치와 지원 방향을 함께 논의해야 한다. 다시 한번 강조하지만, 파이프라인 리뷰는 실적 평가

나, 책임 추궁의 시간이 아니다. 비즈니스 현황 파악과 세일즈 활동 방향을 파악해 비즈니스 미래를 예측하는 도구다. 관리자와 영업사원이 함께 구덩이를 채우는 건설적인 논의와 문제 해결 중심의 협업 시간이어야 한다. 파이프라인 리뷰를 할 때의 열린 대화와 상호 신뢰가 쌓일수록 영업사원의 정보 입력 정확도와 파이프라인 신뢰도가 향상된다.

#. 스프레드시트 활용법

세일즈포스나 허브스팟과 같은 CRM 시스템이 아직 구축되어 있지 않다고 하더라도 엑셀과 같은 스프레드시트만으로도 충분히 파이프라인 관리가 가능하다.(기회당 평균 매출액을 1억 원으로 가정)

구분	구분	기회 개수(개)	기회 크기(억원)	평균 체류기간(일)
운영 목표	상세 목표	100	100	180
파이프라인	운영 현황	85	120	190
	목표 대비	−15	20	−10
파이프라인 상세	기회발굴	40	65	40
	검증 계획 수립	20	15	70
	검증 및 평가	10	10	35
	사양 확정	10	10	30
	구매협상	5	5	15
클로징	클로징 성공	9	10	155
	클로징 실패	6	5	195
	클로징 승률	9%		
리뷰	크기(금액)	목표 대비 20억 초과 중이므로 전환속도, 전환을 관리에 중점		
	전환 속도	장기체류 비즈니스 점검 및 액션플랜 수립		
	전환율(승률)	성공 및 실패사례 분석 / 성공확률 높은 비즈니스 집중		

3장

팀 세일즈를 일으키는 기본 자질

1

B2B 영업사원의 기본기

당신의 태도가 당신의 고도를 결정한다.

−제프리 이멜트(前 GE CEO)

손흥민 선수의 아버지 손웅정 씨는 "공을 제대로 다루지도 못하면서 어떻게 제대로 된 축구 시합을 하겠느냐."라며 기본기의 중요성을 강조한다. 영업사원도 마찬가지다. 탄탄한 기본기가 있어야만 협업이든, 성과든 일으킬 수 있다. 제품과 시장에 대한 전문성을 키우기 이전에 기본적인 업무 태도와 비즈니스 에티켓을 갖추는 게 우선이다. 기본기가 없는 영업사원은 성과의 기복이 심하고 오래 버티기 어렵기 때문이다. 그런데도 많은 초보 영업사원이 현장 경험만 중시한다. 기본기 없이 링 위에 올라서 봤자, 백전백패다.

비즈니스 에티켓이 먼저다

B2B 솔루션 영업사원이 갖춰야 할 세 가지 핵심 역량은 다음과 같다.

첫째, 충분한 제품 지식이다. 솔루션의 특성과 가치를 정확히 알아야 고객을 설득할 수 있다. 단순 암기가 아닌, 고객 상황에 맞춰 유연하게 대처할 수 있는 전문가 수준을 목표로 공부해야 한다.

둘째, 고객에 대한 이해와 공감 능력이다. 전략적 질문과 적극적 경청으로 고객의 잠재 니즈를 발견하고, 맞춤형 솔루션과 비즈니스 인사이트를 제공해야 한다.

셋째, 시장 현황과 경쟁사에 대한 이해다. 시장 동향과 트랜드를 제대로 파악하고, 경쟁 제품과의 차별점을 명확히 설명할 수 있어야 한다. 시장 흐름에 맞는 차별화된 솔루션을 제안할 수 있어야 한다.

그리고 이 세 가지 핵심 역량은 양질 전환 효과를 기대할 수 있다. 이 세 가지를 목표로 열심히 노력하면 누구든 어느 정도의 전문성을 갖춘 영업사원이 될 수 있다는 말이다. 여기에 한 가지 꼭 더해야 하는 게 있는 데 바로 '비즈니스 에티켓'이다. 완성형 영업사원이 되기 위한 기본 바탕이다. 앞선 세 가지가 지식 습득과 영업 기술 영역이라면 비즈니스 에티켓은 의식과 태도의 영역이라서 양질 전환이 나타나지 않는 대신 처음에 어떻게 배우고 익혔는지가 중요하다. 초기에 제대로 된 비즈니스 에티켓을 익히지 못하면 그대로 굳어져 고치기 어렵다. 비즈니스 에티켓은 비즈니스에 적합한 옷차림과 소지품, 명함 교환법, 이메일 작성법, 협상 예절이나 접대 예절 등을 포함하는데 이는 '알아두면 좋은 팁'이 아니라 '반드시 익혀야 하는 기본기'이다. 올바른 비즈니스 에티켓을 익히지 않으면 앞선 세 가지 핵심 역량도 무용지물이라고 할 정도로 중요하다.

고객사 핵심 담당자에게 후배 영업사원을 소개하는 자리였다. 그런데 뜻밖의 일이 일어났다. 후배가 한 손으로 명함을 건네며 인사를 한 것이다. 전혀 예상하지 못한 상황에 낯이 뜨거웠다. 당혹스러운 건 고객도 마찬가지였는지 씁쓸한 표정을 감추지 못했다. 정작 후배는 아무것도 모르는 눈빛이었다. 후배도 잘 보이고 싶은 마음에 옷차림을 꽤 신경 써서 나왔지만, 정작 좋은 인상을 남기는 데 실패하고 말았다. 인사를 마친 후, 명함을 왜 한 손으로 건넸는지 물었다. 배운 적이 없어서 몰랐다는 말에 할 말을 잃었다. 전 직장에서 해외 영업을 담당한 경력사원이었기 때문이었다. 그동안 많은 고객을 만나왔을 텐데, 어떤 인상을 남겼을지 생각만 해도 아찔했다.

다음 날, 최근 입사한 다른 경력사원 둘을 회의실로 불러 가상으로 고객 인사 상황을 연출해 봤다. 한 명은 명함 방향을 자신 쪽으로 맞췄고, 다른 한 명은 명함을 받자마자 바닥에 겹쳐 내려놓았다. 상대방이 글씨를 읽기 쉽게 방향을 맞추어 두 손으로 공손히 전달하고, 받은 명함은 부서, 이름, 직함 등을 천천히 살펴 읽으며 상대방 착석 위치에 맞춰 내려놓아야 한다고 가르쳤다. 하지만, 비단 명함 교환하는 방법 말고도 가르쳐야 할 게 산더미처럼 많을 거라는 생각에 불안한 마음을 지울 수 없었다.

누군가는 이런 교육을 시대에 뒤떨어진 꼰대 문화라 생각할지도 모른다. 하지만 아무리 제품을 많이 알고, 시장을 잘 알아도 제대로 된 비즈니스 에티켓을 갖추지 못하면 좋은 인상을 남기기도, 신뢰를 얻기도 어렵다. 비즈니스 에티켓을 갖추지 않은 영업사원은 마치 "나는 아직 준비되어 있지 않습니다."라고 말하고 다니는 것과 같기 때문이다.

얼마 전 집에서 사용하는 정수기가 연거푸 고장 나서 정비 기사가 몇 차례 방문한 적이 있다. 첫 번째 정비 기사는 늘어난 티셔츠에 엉겨 붙은 머리로 나타나서는 정비를 하겠다며 제대로 된 인사도 없이 불쑥 주방으로 향했다. 몇 주 뒤 또다시 고장이 발생했다. 두 번째 정비 기사는 단정하게 유니폼을 차려입고는 공손히 명함부터 건네며 인사를 했다. 주방에 들어가서 정수기를 살펴도 되겠냐고 묻고는 정비를 시작했다. 당신이라면 어떤 정비 기사에게 높은 점수를 주겠는가? 두 번째 기사가 방문한 이후부터 정수기에 문제가 없는 건 우연일까? 실력은 없이 에티켓만 좋은 영업사원이 돼서도 안 되겠지만, 실력은 있지만 에티켓이 없는 영업사원도 문제다.

땡볕 더위 아래 배웅의 진짜 의미

　내가 비즈니스 에티켓의 중요성을 깨닫게 된 특별한 계기가 있다. 아무리 더워도 긴 팔 와이셔츠에 넥타이를 고집할 정도로 에티켓을 중요하게 생각하던 선배와 함께 외국에서 방문한 고객을 배웅하고 있었다. 뒷자리에 고객을 태운 차가 출발하는 걸 보고, 사무실로 향하려던 순간 선배의 불호령이 떨어졌다.

　"흐트러지지 말고, 똑바로 서 있어."

　한여름 땡볕에 와이셔츠 등판이 금세 축축해졌지만, 선배는 미동도 하지 않았다. 고객을 태운 차가 저 멀리 지평선 아래로 완전히 사라지고 나서야 발걸음을 뗄 수 있었다. 당시엔 이런 선배의 모습이 고지식하고 답답하게만 느껴졌다.

　얼마 후 선배가 왜 그렇게 행동하는지 깨닫게 된 일이 있었다. 고객과 저녁 식사를 하던 중이었다. 고객이 뜻밖의 말을 꺼냈다.

　"전 대리님, 지난번 방문하고 돌아갈 때 끝까지 서서 배웅하던 모습을 봤습니다. 인상적이었고, 감사했습니다. 그와 같은 모습으로 우리 회사를 끝까지 잘 도와주시리라 생각했습니다."

　차 안에서 고객이 우리를 지켜봤다는 말에 한 번 놀랐고, 그 모습에서 신뢰를 느꼈다는 말에 두 번 놀랐다. 선배 눈치 보며 억지로 서 있던 그 모습이 고객에게 신뢰를 줄 것이라는 생각을 전혀 못 했다. 깊은 뜻도 모르고 속으로 불평불만만 쏟아냈던 내 모습이 떠올라 민망함을 감출 수 없었다. 그때 옆자리에 앉아 조용히 대화를 듣던 선배와 눈이 마주쳤다. 선배는 살며시 윙크 한번 하더니 술잔을 들었다.

내부 협업에서도 빛나는 에티켓

비즈니스 에티켓이 고객에게만 필요한 것은 아니다. 프로젝트를 마칠 때마다 결과 보고서를 정리해 실무에 참여했던 모든 팀원과 공유하는 영업사원이 있었다. 함께 일한 팀원의 직속 상사에게 노고와 성과를 상세히 알렸다. 프로젝트가 크든 작든 중요하지 않았다. 매번 보고서를 정리하고 이 사람 저 사람 챙기는 게 귀찮지 않냐고 물었다. "귀찮기는요. 함께 일한 내용과 결과를 정리해서 공유하는 게 저를 도운 팀원들에 대한 최소한의 예의이자 배려라고 생각하는데요."라는 그의 말을 듣고 나니, 왜 동료들이 그와 함께 일하기를 주저하지 않는지 절로 고개가 끄덕여졌다.

비즈니스 에티켓의 본질은 상대방에 대한 배려이자 최소한의 예의 표현이다. 시간 약속을 철저히 지키고, 상대방에게 더 편한 자리를 양보하고, 명함을 읽기 쉽게 건네고, 단정한 복장을 유지하고, 예의 바른 태도와 겸손한 말투를 익히고, 신속하고 정확하게 응답하는 등의 작은 배려가 쌓여 결국 신뢰의 기반을 만든다. 상대방 중심으로 사고하고 행동한다는 상징이기 때문이다.

벌은 향기가 좋은 꽃을 찾아서 모인다. 보기에 아무리 화려한 꽃이라고 해도, 향기가 없으면 벌은 날아들지 않는다. 비즈니스 에티켓을 갖춘 영업사원은 주변에 그와 함께 일하려는 동료들이 가득하다. 그들은 조직 안에 좋은 향기를 퍼트리는 꽃이다. 반면, 아무리 뛰어난 영업 실력을 갖췄다고 해도, 기본적인 에티켓이 부족하면 동료든 고객이든 상대방의 신뢰를 얻기 어렵다.

어느 날 아이가 학원 시험 문제가 어렵다고 애꿎은 사람들에게 투정을 부리는 모습을 보았다.

"시험 잘못 봤다고, 문제가 어렵다고 해서 예의 없이 행동해서는 안 돼. 점수는 다음에 올릴 수 있기 때문이야. 공부 가르쳐 주신 선생님께 예의 있게 인사를 꼭 해야 해."

학생의 기본예절은 선생님에 대한 인사라고 생각하기 때문이다. 세일즈도 마찬가지다. 약속 시간보다 일찍 도착해서 기다리기, 고객과의 미팅 후 귀한 시간 내주셔서 감사하다는 메시지 보내기, 동료가 도와준 일에 감사 인사하기처럼 상대에 대한 배려와 감사의 태도를 담은 작은 행동들이 모두 에티켓이다. 실적을 쫓기보다 기본기를 먼저 갖추는 영업사원이 되는 게 우선임을 잊지 말자.

2 어떤 신념을 가지고 있는가

신념은 행동을 만들고, 행동은 결과를 만든다.
―리드 헤이스팅스(넷플릭스 공동창업자)

얼마 전 TV 프로그램 유퀴즈에 배우 최민식 씨가 출연했다. 그는 여전히 촬영 현장에 최소 1시간 전에 도착해 대본 연습을 한다고 한다. 심지어 촬영 하루 전에 현장에 가는 날도 많다고 한다. "왜 그렇게 현장에 일찍 가시나요?"라는 질문에 "당일에 이동하다가 차가 막혀서 늦을지도 모를까 봐서요."라는 최민식 씨의 답변이 인상적이었다. 대배우의 반열에 오른 지금도, 맡은 캐릭터를 완벽히 소화해 관객과 제대로 소통해야 한다는 신념이 그를 움직이고 있었다. 인기를 얻었다고 촬영 스태프에게 무례하게 구는 일부 배우들과의 클래스 차이가 분명히 드러나는 대목이다.

신념 없는 세일즈의 한계

　세일즈를 하다 보면 뜻대로 되지 않는 일이 정말 많다. 판매 가격을 조금만 낮추면 실적을 낼 수 있을 것 같은데 마케팅팀은 꿈쩍도 하지 않는다. 재고를 넉넉히 비축하면 납기 걱정 없이 편하게 판매할 수 있을 것 같은데, 생산운영팀은 최소한의 재고 관리를 통해 운영 효율을 높이려고 한다. 고객만 만나면 자신 있게 제품을 소개할 자신이 있는데, 정작 고객은 바쁘다는 핑계로 미팅 시간 한번 내주지 않는다. 고지가 눈앞에 보이는데, 가는 길이 온통 넘어야 할 고갯길로 가득한 게 현실이다. 돌부리에 걸려 비틀거리고, 가파른 비탈에 주저앉으며 실망하고, 때로는 잔뜩 화가 난다. 애꿎은 회사, 동료 탓을 하며 분통을 터트릴 때도 있지만, 그렇다고 해결되는 건 하나도 없다.

　과거 나는 제대로 된 신념 없이 세일즈를 했다. 땅 소리가 나면 앞만 보고 전력 질주하는 경주마처럼, 실적이라는 결승점만 보고 내달렸다. 기계적으로 고객을 만났고, 반사적으로 상담을 했다. 고객의 문제가 정확히 무엇인지도 모르고, 상황을 멀리 내다보지도 않았다. 속된 표현으로 '이 고객 아니면 말고.' 식으로 고객을 만났다. 발주를 받느냐 못 받느냐, 이달 마감 목표를 맞추느냐 못 맞추냐가 유일한 관심사였다. 고객의 신뢰를 얻기도, 내부 지원을 얻기도 어려웠다. 실적도 좋을 리 없었다. 마감 못 맞춰서 꾸중 몇 번 들었다고 만사 시큰둥하게 굴고, 성과급이 적다고 불평불만만 늘어놓고 다녔다. 돌이켜보면 확고한 신념이 없는 게 가장 큰 문제였다.

영업사원이 가져야 할 세 가지 신념

누구나 실패를 한다. 얼마나 빨리 일어서느냐가 관건인데, 이를 극복하지 못하고 슬럼프에 빠지는 건 확고한 신념이 없어서다. 영업사원이라면 끊임없이 공부해서 고객을 도와 보다 나은 세상을 만드는 데 일조하겠다는 신념 정도는 있어야 한다. 그래야만 목표 실적에 못 미치든, 기대했던 프로젝트 수주에 실패하든 훌훌 털고 일어설 수 있다. 반면, 신념이 없는 영업사원은 당장의 매출을 만들기 위해 팔기 쉬운 저가 제품, 창고에 재고가 잔뜩 쌓인 제품만 소개하는 데 혈안이 된다. 실적이 나지 않으면 선적 기간이 길어서, 안전 재고가 없어서, 판매 가격이 비싸서라는 이유로 온갖 핑계를 둘러댄다. 이는 적당히 촬영을 마치고 출연료만 챙기려는 배우와 다를 게 없다. 역할을 제대로 소화하겠다는 신념이나 작품 결과물에 대한 애정이 없으니, 촬영 현장이 춥고 불편하다며 스태프한테 짜증만 부리는 셈이다.

첫 번째 신념: 고객을 돕겠다

B2B 솔루션 세일즈는 고객의 문제 해결을 돕는 일이다. 그게 본질이다. 발주서도, 실적도, 성과급도 모두 고객의 문제를 해결할 때 저절로 따라오는 부산물이다. 반대로 고객의 문제 해결을 돕지 못하면, 성과도 보상도 없다. 고객을 돕겠다는 신념이 중요한 이유다. 적당히 도와서도 안 된다. 고객이 겪고 있는 문제와 잠재 문제를 내 일이라고 받아들이고, 끝까지 파고들어야 한다. '이걸 해결하지 못하면 고객도 나

도 끝이다.'라는 절박한 심정으로 매달려야 겨우 답이 보이기 시작한다. 고객의 문제 해결에만 정신을 쏟다 보면 한 달 수천 킬로미터를 운전해도 힘들 줄을 모른다. 잠자리에 누워서까지 문제 해결을 위한 아이디어로 씨름을 해도 마찬가지다. '이렇게 하면 어떨까.', '저렇게 하면 어떨까.' 하는 고민으로 밤잠을 줄여도 피곤하지 않다. 고객을 돕겠다는 신념의 힘 덕분이다.

팀원 한 명이 정신없이 바빠 보였다. 이유를 물으니, 고객이 우리 회사에서 취급하지 않는 제품을 찾아 달라고 해서 그걸 알아보고 있었다고 했다. 그 일에 시간을 써서 우리한테 남는 게 뭐냐고 물었다.

"그야 고객이 제 도움을 절실하게 필요로 하니까요. 이번 일로 신뢰를 얻으면, 그걸로 충분히 만족합니다. 고객을 도울 때 가장 행복하고, 그러다 보면 더 좋은 비즈니스 기회로 돌아올 거라고 믿습니다."

확고한 신념이 담긴 그의 답변을 듣고는 더는 따져 묻지 않았다. 실제로 얼마 지나지 않아, 그 고객은 팀원에게 좋은 프로젝트를 제안했다. 고객을 진심으로 돕는 신념이 가져다준 선물이었다.

두 번째 신념: 나를 성장시키겠다

세일즈를 하다 보면 애매한 일까지 떠맡는 경우가 많다. 품질 문제가 생긴 제품을 골라내기 위해 창고에 쌓인 상자를 일일이 뜯어서 실물을 확인해야 할 때도 있고, 협력사 업무까지 대신해 멀리 출장을 가야 할 때도 있다. 이런 수고가 제대로 인정받는 것도 아니니 '내가 이런 것까지 해야 해?'라는 고민이 드는 게 당연하다. 그럴 때마다 '이번 기회에 고객 창고 운영 현황을 파악해 두면 앞으로 고객 대응이 한결 쉬워질 게 분명해. 새로 알게 되는 게 많을 테니까, 분명 나한테 좋은 경험이 될 거야.'와 같은 긍정적인 생각을 가지면 자기 성장의 기회가 된다. 피할 수 없는 일은 즐기기라도 해야 답답한 속이라도 좀 풀리니까 말이다.

한 제약회사 영업사원이 병원 창고 정리를 도우면서 의약품 관리 시스템의 문제점을 발견했는데, 그냥 넘기지 않고 고민을 거듭해 의약품 관리 솔루션을 개발해 회사의 핵심 상품으로 만들어 크게 성공했다는 이야기는 큰 통찰을 준다. 남들이 불평만 하며 놓친 기회를 자기 성장의 기회로 만든 사례이기 때문이다. 모든 경험을 성장의 기회로 바라보는 신념을 가진 영업사원은 같은 일을 해도 훨씬 많은 것을 얻는다. 제안서 작성, 샘플 배송, 품질문제 처리까지 사소한 일이란 없다. 하찮아 보이는 일, 꺼려지는 일까지 성장의 디딤돌로 삼는 영업사원과 그저 처리해야 할 일로 보는 영업사원의 격차는 시간이 지날수록 걷잡을 수 없이 벌어진다. "나도 그 일 해봤는데 별거 없던데?"라고 말하는 동료들을 볼 때가 있는데 몰라서 하는 말이다. 중요한 건 경험의 유무가 아니라 어떤 태도로 어떻게 일을 대했느냐는 질적인 차이이기 때문이다. 묻고 싶다. 당신은 경력을 쌓는 사람인가? 경험을 쌓는 사람인가?

세 번째 신념: 팀을 성장시키겠다

　고객과 동료를 돕는 방법을 고민하는 평판 좋은 영업사원에게는 주변에서 먼저 손을 내민다. 하지만 매출 숫자만 쫓으며 책임을 돌리기 바쁜 사람 곁에는 아무도 남지 않는다.

　언젠가 최선을 다했는데도 불구하고 원하던 결과가 나오지 않아 풀이 죽어있던 내게 한 선배가 이렇게 말했다.
　"지금처럼 고객을 위한 고민과 노력을 아끼지 않다 보면, 언젠가는 충분한 보상을 받는 날이 올 거야. 그게 언제가 될지, 어떤 모습일지 모르지만, 분명히 오게 되어있어."
　그의 진심 어린 격려가 영업 신념을 지키는 데 큰 힘이 되었다. 만약 그때 주변의 누군가가 회사에서 보상받는 만큼만 적당히 일하는 게 상책이라는 식의 조언을 했더라면, 신념을 잃고 방황했을 게 분명하다. 시간이 지나 선배 영업사원이 된 지금의 나 역시 당시 경험을 통해 후배들에게 같은 조언을 한다.
　"고객을 돕겠다, 보다 나은 세상을 만드는 일에 일조하겠다는 신념으로 세일즈를 하면 언젠가 합당한 보상을 받을 거야."

흔들리지 않을 나만의 이유

드라마 〈중증외상센터〉의 백강혁 교수는 말한다. 아무도 알아주지 않는 외상센터에서 버티려면 '절대 변하지 않을 자기만의 이유'를 찾아야 한다고. 그 한마디가 묵직하게 다가온다. 영업사원도 마찬가지다. 롤러코스터를 타는 것처럼 수없이 천국과 지옥을 오가는 세일즈 세계에서 중심을 잃지 않으려면, 타인의 인정이 없더라도 스스로 인정할 수 있는 확고한 신념이 필요하다. 실적이 바닥일 때, 동료들이 외면할 때, 고객이 문전박대할 때도 다시 일어서려면 세일즈에 대한 흔들리지 않는 신념을 가져야 한다.

잠시 읽기를 멈추고, 조용히 자신에게 물어보자.
"나는 지금 어떤 신념을 가지고 세일즈를 하고 있는가?"
절대로 흔들리지 않을 자신만의 이유를 꼭 찾기를 바란다. 그 답이 명확할 때, 영업인으로서의 진짜 여정이 시작되기 때문이다.

3

긍정 마인드

> 긍정적 마인드셋은 혁신의 전제조건이다.
>
> *—새티아 나델라(마이크로소프트 CEO)*

세일즈를 하다 보면 생각지도 못한 일들이 시도 때도 없이 벌어진다. 평소 한산하던 도로가 사고로 꽉 막혀 고객 미팅에 늦을 것 같아 마음을 졸여야 할 때가 있고, 가까스로 시간에 맞춰 고객사에 도착했는데 엘리베이터가 수리 중이라 고층을 뛰어 올라가야 할 때도 있다. 평가에 필요한 준비물을 잔뜩 챙겨서 현장에 도착했는데, 갑작스러운 비로 일정이 미뤄진 적도 있다. 내가 다져놓은 프로젝트를 다른 영업사원에게 넘겨야 할 때도 많다. 일이 꼬일 때마다 지치고, 때론 화도 난다.

지친 마음을 추스르기 위해서는 주어진 상황에 집중하는 대신 어떤 반응을 선택할지를 고민해야 한다. '이미 벌어진 일은 되돌릴 수 없다.', '내가 선택할 수 있는 것은 오직 어떻게 반응하느냐 뿐이다.'라는 생각을 재빨리 떠올리려야 한다. 상황을 되돌릴 수는 없지만, 어떻게 반응할지는 내가 정할 수 있기 때문이다. 어떤 선택을 하느냐에 따라 같은 일도 기회가 될 수도 있고, 재앙이 될 수도 있다. 짜증 나는 일이 반복될 된다면 어떻게 더 좋은 상황을 만들 수 있을까를 고민하자. 잦은 지각이 문제라면 스케줄을 조금 여유 있게 설계하든가, 약속 장소에 일찌감치 도착해서 고객 상담 계획서를 쓰면 스트레스도 줄고 생산성도 더 높아질 수 있다.

선택의 기로

"야, 이제 우리 회사 경쟁력 없어. 괜히 인생 낭비하지 말고, 너희들도 다른 길 찾아."

오랫동안 함께 근무했던 한 선배가 회사를 떠나며 팀 동료들에게 남긴 말에 종일 마음이 뒤숭숭했다. 경기는 예전 같지 않은 데 갈수록 경쟁은 치열해지니 실적을 올리기 쉽지 않은 게 사실이었다. 매년 성장하던 사업부 매출이 뒷걸음치기 시작하자 회사는 특별한 조치로 몇 차례 희망퇴직을 단행했다. 위로금이라도 받을 수 있을 때 다른 기회를 찾아 나서야 할지, 이참에 미뤘던 개인사업에 도전해 볼지를 두고 고민하는 동료들도 많았다. 뒤숭숭한 분위기에 흔들리는 건 나도 마찬가지였다. 심란한 마음 때문에 좀처럼 일이 손에 잡히지 않았다.

분위기가 어수선한 그때, 영업팀 팀장이 새로 부임했다. 어딘지 모르게 활력이 넘쳐 보였다. 회사의 변화 방향과 기대치를 분명하게 설명하고, 우리가 나아가야 할 방향을 명확하게 제시했다. 그의 강력하고 긍정적인 리더십이 풀 죽었던 팀원들의 사기를 진작시켰다. 에너지를 얻은 영업사원들이 하나둘 다시 뛰기 시작했다. 얼마 지나지 않아 팀 사기가 완벽히 살아났고, 매출도 덩달아 회복하기 시작했다. 조직을 떠나며 선배가 남겼던 '남은 자에 대한 저주'는 보기 좋게 사라졌다. 긍정적인 사고가 조직의 성패에 얼마나 큰 영향을 주는지를 깨달은 소중한 경험이었다.

변화는 위기가 아니라 기회다

"경기가 예전 같지 않아서 힘들어 죽겠습니다."

연말 연초에 고객사나 대리점을 만날 때마다 듣는 단골 멘트다. 새해에는 전망이 좋아 설레는 마음을 감출 수 없다는 식의 희망찬 말을 들어 본 기억이 별로 없다. 영업사원이 나타나기만 기다렸다는 듯 죽는 소리를 쏟아낸다. 실제로 매년 우리나라 경기 성장률이 둔화했고, 여전히 불확실한 경기 전망만 쏟아지니 틀린 말도 아니다. 그런데 막상 한 해가 지나면 어두운 경기 전망이 무색할 정도로 큰 성과를 낼 때도 있었고, 덕분에 성과급을 두둑하게 받은 해도 적지 않았다. 결과는 까봐야 아는 것이고, 영업성과는 해봐야 아는 것이기 때문이다.

그러니, 경제성장률이 2%에도 못 미칠 거라는 뉴스에 동요하지 말자. 긍정적으로 생각하면 상황을 얼마든 다르게 볼 수 있기 때문이다. 우선, 2%라도 성장한다고 하지 않는가? 적어도 마이너스 성장은 아니니까, 여전히 기회가 있는 게 분명하다. 경제 전망이 가진 평균의 함정도 따져봐야 한다. 산업생산지수(IPI)는 전체 산업의 평균적인 생산량 변화를 보여줄 뿐이지, 개별 산업이 모두 동일하게 성장한다는 말은 아니다. 역사적으로 모든 불확실성 속에는 항상 위기와 기회가 공존했다. 반도체든, 배터리든, 인공지능이든, 데이터센터 등 새롭게 태어나고 성장하는 산업은 반드시 있기 마련이다. 그러니 경기 전망이 조금 어둡다고, 불확실성이 크다고 해서 주눅 들거나 뒷걸음치지 말자. 그 시간을 아껴 한 사람이라도 더 많은 고객을 만나는 게 현명하다.

"하지만 현실은 녹록지 않아요. 업체마다 실제로 주문량이 줄었어요."라고 반론을 제기할지도 모른다. 인정하겠다. 그러나 그게 진짜면 경쟁사 또한 힘든 상황에 놓여 있을 게 분명하다. 그러니 우리가 할 일은 상황이 좋지 못하다고 말하는 대신에, 주어진 상황과 변화에 어떻게 반응하고 행동할지를 선택하는 것뿐이다. 부정적인 생각에 사로잡히면 눈앞의 기회조차 알아보지 못하지만, '반드시 기회가 있다.', '고객이 우리를 기다리고 있다.', '고객이 우리 솔루션의 진가를 알아볼 수 있는 절호의 시기다.'와 같은 긍정적인 생각으로 경쟁사보다 한 걸음 더 빨리 움직이는 게 남는 장사다.

언제라도 '좋아'를 외칠 수 있는 영업사원

2022년 통계청의 전국사업체 조사에 따르면 국내에 등록된 제조업체 수가 대략 43만 개라고 한다. 이 많은 회사들의 사업환경과 성장 전략이 각기 다르다는 게 문제다. 동종업계라고 하더라도 어떤 회사는 가격 경쟁력을 가장 중요시하고, 어떤 회사는 제품 디자인 경쟁력으로 승부를 건다. 소재를 달리하거나, 부가 기능을 달리하는 회사도 많다. 어떤 회사는 대규모 자동화 설비 투자를 하지만, 어떤 회사는 투자 여건이 좋지 않아 다른 방식으로 생산성을 높이는 고민을 한다. 회사마다 처한 상황이 다르다는 건, 그만큼 다양한 비즈니스 기회가 존재한다는 말이기도 하다.

전직 미국 해군 특수부대 대원이자 작가, 팟캐스트 진행자로 유명한 조코 윌링크는 실패할 때마다 '좋아(Good)!'를 외치는 것으로 유명하다. 훈련 중 팀원이 부상을 당하면 이에 의기소침한 대신, 잠시 휴식을 취할 기회라고 바꿔서 생각한다. 그리고 다시 훈련을 시작하며 그가 외치는 말이 바로 '좋아!'였다. 영업사원도 마찬가지로 맡았던 프로젝트가 실패로 끝났다고 좌절하는 대신 '좋아!'를 외쳐보면 어떨까? 성공이든, 실패든 프로젝트가 끝났다는 건 동시에 다음 프로젝트에 착수할 기회가 주어진 것이 아닌가.

긍정적인 사고는 현실을 부정하거나, 적당히 타협하고 넘어가는 태도가 아니다. 오히려 현실에 당당히 마주하는 자세다. 나는 해내기 어려울 것 같은 일을 이미 완료한 것처럼 메모지에 쓰고 읽을 때가 있다. 반드시 과거형으로 써야 한다. 예를 들면, "나는 오늘 지난주 지적받은 부분을 완벽하게 개선해서 최고의 보고서를 제출했다.", "내가 한 달 동안 공들였던 프로젝트 결과물로 인해 영업사원이 고객을 만날 때 큰 도움이 되고 있다는 감사의 메시지를 수없이 받았다."처럼 이미 완료한 것처럼 쓰면, 그날 해야 할 일을 기꺼이 끌어안는 긍정적인 에너지가 솟아나고 때로는 이미 끝낸 것 같은 착각이 들어 일에 대한 부담감을 내려놓는 데 도움이 되기 때문이다.

유능한 영업사원은 항상 긍정적인 눈으로 세상을 바라본다. 동료들이 동요한다고 해서 같이 동요하지 않는다. 경기 전망을 크게 신경 쓰지 않는다. 회사의 지원이 부족하다고 불평하지 않는다. 실패 몇 번 했다고 시큰둥해지지 않는다. 분명히 어디선가 자기의 도움이 필요한 고객이 기다리고 있다는 생각에 집중할 뿐이다. 어떤 상황에서도 긍정적인 태도를 유지하며 "까짓것, 한번 해보자고!"라고 외칠 수 있는 준비가 되어있는가?

4 집념, 기필코 해내는 힘

> 성공은 포기하지 않는 사람의 것이다.
>
> —하워드 슐츠(스타벅스 창업자)

전 국가대표 야구선수 양준혁은 아웃이 될 게 뻔한 땅볼을 치고도 1루까지 전력 질주를 하는 모습으로 많은 팬들의 사랑을 받았다. 그는 "공이 불규칙하게 튈 수도 있고, 수비수가 실수할 수도 있다. 최종 아웃 선언 전까지는 죽기 살기로 뛰어야 하는 게 선수다."라며 프로선수라면 누구나 목표를 향한 강한 집념을 가져야 한다고 강조했다. 실제로 그의 질주에 당황한 수비수들이 실수를 범한 적도 있었다고 한다. 그가 남긴 뛰어난 성적의 비결은 바로 포기를 모르는 집념이었다. 열두 번이나 출판사의 거절을 당했던 해리포터 작가인 J.K. 롤링, 투자자를 구하지 못해 자비로 스타워즈를 제작해야만 했던 조지 루커스처럼 집념 하나로 성공한 사례는 무수히 많다. B2B 세일즈도 마찬가지다. 100명의 고객에게 제안하면 90번을 거절당하는 게 세일즈다. 이 많은 실패를 견디는 힘은 어디서 나올까? 바로 목표를 포기하지 않는 집념이다.

포기하지 않을 때 얻는 것

어렵게 만난 대형 고객사 담당자는 지금 사용 중인 경쟁사 제품에 문제가 없다며 우리 회사 솔루션에 관심을 보이지 않았다. 첫 미팅은 그렇게 소득 없이 끝났다. 그래도 포기하지 않았다. 매달 신제품 소개와 적용 사례를 카드뉴스 형태로 만들어 이메일을 보냈다. 메일을 열어보는지조차 알 수 없는 상황이었지만, 그렇다고 수신 거절 메시지를 받은 것도 아니니까 멈출 이유도 없었다. 고객이 관심을 가질 만한 제목을 연구하며 이렇게도 고쳐보고 저렇게도 고쳐서 메일을 보냈다. 소득 없는 일에 괜한 힘 빼는 거 아닌가 싶다가도, 언젠가는 기회가 올 거라는 생각으로 마음을 다잡았다.

그렇게 몇 달이 지났을 때였다. 그 고객으로부터 전화가 걸려 왔다. 사실은 팀장이 경쟁사 제품을 고집해 다른 업체 제품을 검토하기 어려웠는데, 최근 팀장이 퇴사하며 연락할 기회가 생겼다고 했다. 현재 공급업체의 부실한 서비스와 무책임한 대응에 불만이 쌓여 있었다는 것도 알게 되었다. 무엇보다 그동안 보냈던 메일을 잘 받아보고 있었는데, 최근 소개한 신제품에 관심이 크다는 말이 가장 반가웠다. 곧바로 고객사를 방문해 솔루션 제안을 하고, 제품 평가부터 발주까지

순식간에 마무리할 수 있었다. 이 소식을 들은 팀장은 "거길 계속 연락하고 있었어? 나였다면 진작 포기했을 텐데, 독하다 독해."라며 연실 싱글벙글했다.

집념은 무슨 일이 있어도 목표를 달성하겠다는 태도다. 어떤 실패와 좌절에도 굴하지 않겠다는 자기 다짐이다. B2B 영업사원에게 도움이 되는 집념 강화 방법 다섯 가지를 소개하고자 한다.

1) 목표를 세분화하고 작은 성취 축적하기
실행 난이도: ★★★☆☆ | 효과: 단기/장기 모두

한 번에 큰 성과를 기대하지 말자. 목표를 분기, 월, 주 단위로 나누고 작은 성취를 쌓는 태도로 긴 여정을 소화하는 것이 현명한 자세다. 제품 소개 메일 한 통 보내고 회신을 기다리며 조바심내기보다는, 어떻게 하면 더 관심을 끌 만한 내용을 만들 수 있을지에만 생각을 집중하자. 지금 고객의 고민은 무엇인가? 어떤 문제와 씨름하고 있는가? 내가 어떻게 도울 수 있을까? 깊게 고민하면 할수록 제안서의 내용이 뾰족하고 분명해진다. 그러니, 당장 고객의 회신이 없다고 실망할 필요가 없다. 고객이 내용을 기억했다가 언제 갑자기 연락해 올지도 모르고, 무엇보다 이런 고민과 노력 자체가 당신의 전문성을 키워주는 과정이기 때문이다. 작은 성취가 충분히 축적되어 비로소 큰 성과로 발산하는 게 B2B 솔루션 세일즈다.

2) 정기적인 셀프 피드백 시간 갖기
실행 난이도: ★★★☆☆ | 효과: 단기/장기 모두

지난 한 달 동안 자신이 한 업무에 대해 아래 세 가지 질문에 답을 정리해 보자.

* 무엇이 잘되고 있는가?(Going well)
* 무엇이 안 되고 있는가?(Not going well)
* 어떻게 개선할 수 있는가?(How to improve)

생각을 정리해 답을 해보면 현재 상황이 분명하게 보인다. 본인이 생각했던 것보다 많은 성과를 내는 부분도 알게 되고, 반대로 전략 수정이 필요한 부분도 알게 된다. 어떤 쪽이 되었든 자기 피드백을 주기적으로 하는 영업사원은 일에 대한 분명한 의미를 부여할 수 있고, 목표 달성을 위한 더 좋은 방법을 모색하는 시간을 갖는다. 개선이 필요한 부분을 발견했음에도 불구하고 해결책이 떠오르지 않는다면, 상사나 동료에게 조언을 구하는 것도 좋은 방법이다. 자기 점검을 진지하게 할수록 더 수준 높은 조언을 구할 수 있다.

3) 창의적 아이디어 개발 시간 확보
실행 난이도: ★★★★☆ | 효과: 단기/장기 모두

꾸준히 공부하며 새로운 시도를 해보자. 나는 매달 한 번 2시간 정도를 오직 아이디어 고민에만 집중하는 소위 '아이디어 집중 시간(Idea Focus Time)'을 갖는다. 이 시간을 통해 신규 비즈니스 아이디어를 떠올리거나 기존에 시도하지 않았던 일을 기획한다. 아이디어가 잘 나오지 않으면 산업 동향 리포트나 책을 읽으며 굳어진 뇌를 자극한다. 2시간 내내 빈 종이에 끄적이거나 산책하며 생각에 잠길 때도 있다. 매번 특출난 아이디어가 나오는 건 아니지만, 무릎을 칠 만한 아이디어가 떠오를 때면 종일 싱글벙글할 정도로 만족도가 높다.

우리 회사에는 업무 시간의 15%를 창의적인 아이디어 개발에 활용하도록 권장하는 '15% 룰'이 있다. 일반 소비자에게 잘 알려진 접착식 메모지인 '포스트잇(Post-it)'도 이 제도를 통해 탄생했다고 한다. 내가 정기적으로 아이디어 집중 시간을 갖는 것도 이 '15% 룰'의 연장선 덕분이다. 이런 제도가 없다고 낙담하지 말자. 점심시간이나 잠깐의 휴식 시간을 이용하는 것만으로도 머릿속에 잠든 아이디어를 깨우기에 충분하기 때문이다.

4) 실패를 배움의 기회로 활용하기
실행 난이도: ★★★☆☆ | 효과: 장기

실패 경험을 '흑역사' 취급하며 꼭꼭 숨기려는 사람들이 있다. 실패는 성장통이자, 성장의 발판이다. 성과를 원한다면 실패를 환영하고, 실패로부터 배우는 시간을 반드시 가져야 한다. 실패에 민감하게 반응했던 후배가 있었다. 프로젝트 실패 사실을 몰랐던 팀원들이 진행 현황을 물을 때면, 마치 큰 죄라도 지은 듯 고개를 푹 숙였다. 비난이나 질책이 두려워 실패를 숨기려는 순간, 진짜 '완벽한 실패'가 될 뿐이다. 성공이냐 실패냐를 떠나 최선을 다했다면, 누구에게든 당당할 수 있어야 한다. "이런 노력을 했는데도 불구하고 실패로 끝났다. 대신 이런 것들을 배웠고, 이번에 배운 걸 바탕으로 다음부터는 다르게 접근해보기로 했다."라고 당당히 말할 수 있어야 한다. 다른 사람은 당신이 어떻게 실패했는지 자세한 내막을 잘 알지 못한다. 그러니 실패에 어떻게 반응하는지 민감하게 반응하지 않아도 된다. 사람들은 당신이 실패에 대해 어떤 모습을 보이는지를 기억할 뿐이다. 실패를 잡아 붙들고 속속들이 뜯어 보며 두 번 지지 않으려고 애써야 하는 이유다.

실패에 대한 두려움은 마치 맹수 같다. 등을 보이면 더 무섭게 쫓아온다. 맹수에 한 번 쫓기기 시작하면 영원히 쫓기는 신세가 된다. 의욕이 사라지고, 포기를 생각하게 된다. 반면 성과를 내는 영업사원은 웬만한 시련에 쉽게 굴복하지 않는다. 설령 실패했다고 하더라도 위축되지 않는다. 마치 야생곰에 맞서 양팔을 벌려 소리를 지르듯 실패를 정면으로 마주한다. 반드시 성과를 내겠다는 일관된 태도를 유지한다. 프로젝트 실패 원인을 정확하게 알게 되고, 그 경험을 다음 성공의 발판으로 삼는다. 그들에게 실패는 돌부리에 잠시 걸려 멈칫한 것일 뿐이다.

5) 꾸준한 독서로 정신력 강화

실행 난이도: ★★☆☆☆ | 효과: 장기

독서는 집념을 키우고 유지하는 가장 강력한 무기다. 몸소 경험했기 때문에 자신 있게 말할 수 있다. 책을 읽으면 지식과 지혜가 쌓이고 생각이 촘촘해지고, 마음이 단단해진다. 그럼에도 주변에 책을 가까이하는 영업사원은 드물다. 오히려 책으로 어떻게 세일즈를 배우냐고 묻는다. 책만으로 세일즈를 배울 수는 없지만, 책을 읽으면 더 빨리 성장하고 더 큰 성과를 낼 수 있다.

독서의 효과는 비단 세일즈 성과를 내는 것에 머물지 않는다. 더 나은 인생을 살도록 돕는다. 책 속 거인들의 가르침을 통해 문제 해결의 아이디어와 용기를 얻을 수 있기 때문이다. 작은 방에 천 권 가까운 책을 쌓아놓고 잡히는 데로 읽는데, 마치 천 명의 위인이 나와 우리 가족의 삶을 지켜주는 것처럼 든든하다. 책은 ChatGPT나 유튜브와 같은 디지털 매체보다 깊이 있는 지식과 검증된 정보를 제공하며, 학습 효과도 가장 오래 지속된다. 성장하고 싶고, 성과를 내고 싶다고 말하면서도 독서하지 않는다는 것은 모순이다. 풀리지 않는 문제가 있다면 사람에게서 답을 찾지 말고, 책에서 찾아라. 같은 주제로 열 권의 책을 읽으면 대부분 답이 찾아진다. 몇 번을 강조해도 아깝지 않다. 부디 독서하는 영업사원이 되시라.

5
주저 없이 실행하기

우리는 첫째 날부터 그냥 행동에 뛰어들어요. 경쟁사들이 '어떻게 계획할지'를 두고 몇 달에 걸쳐 계획을 세우는 동안에 말이죠.

－마이크 블룸버그, 전 뉴욕시장

실행 중심의 접근이 얼마나 효과적인지 보여주는 흥미로운 실험이 있다. 캘리포니아 대학교 심리학과 베니트 켈리 교수의 연구팀은 도자기를 만드는 학생들을 두 그룹으로 나누었다. A 그룹에는 최대한 많은 작품을 제출할수록 높은 점수를 주기로 했고, B 그룹에는 만든 여러 작품 중 하나만 골라 제출하면 이를 평가하기로 했다. 결과는 놀라웠다. A 그룹의 결과물이 B 그룹보다 작품성이 뛰어났다. A 그룹은 시행착오를 거치며 작품의 완성도를 높였지만, B 그룹은 완벽함에 갇혀 실험과 실패의 기회를 놓쳤기 때문이다.

B2B 솔루션 세일즈도 마찬가지다. 아무리 역량이 뛰어나더라도

실행으로 옮기지 않으면 성과를 낼 수 없다. 그럴듯한 영업 계획서를 만들겠다며 사무실에 앉아 인터넷만 뒤적이는 것보다, 현장에 나가 고객의 목소리를 듣는 게 성과를 내는 지름길이다. 그렇다고 해서 아무런 준비도 없이 무작정 뛰어드는 게 능사라는 말은 아니다. 비즈니스를 개발하고자 한다면, 최소한 업계 현황과 화두, 고객사 정보와 관련 뉴스 정도는 사전에 파악하고, 현장에서만 파악할 수 있는 부분은 직접 발로 뛰며 보완하는 게 가장 효과적이다.

실행력이 높은 영업사원이 더 빠르게 성장하고 더 큰 성과를 내는 이유는 세 가지다.

첫째, 실행력은 파이프라인을 키우는 핵심 동력이다. 실행력이 높다는 것은 머뭇거림 없이 행동한다는 뜻이다. 시장조사, 고객 상담, 콜드콜, 방문 등 행동량이 많아질수록 스스로 만들어내는 기회가 많아진다. 두 영업사원의 역량이 비슷하다면, 실행을 더 많이 한 쪽이 성과가 클 수밖에 없다.

둘째, 실행력이 높은 영업사원은 경쟁에서 앞선다. 빠르게 돌아가는 B2B 현장에서 고객은 '빠른 사람'과 일하고 싶어 한다. 속도가 곧 경쟁력이라는 말이다. 경쟁자가 고민만 하느라 시간을 버리는 사이, 실행력이 높은 사람은 이미 제안을 마치고 수주 준비에 들어간다. 과거 한 고객이 팀원 한 명을 유독 아끼고 좋아했는데, 높은 전문성만큼이나 요청 사항을 일사천리로 처리하는 모습을 만족스러워했다.

셋째, 실행력이 높은 영업사원은 실패에 대한 두려움이 적다. 빠르게 실행하다 보면 남들보다 빨리 실패를 경험한다. 빠른 시행착오를 발판삼아 더 빨리 해결방법을 찾는다. 'Speed over perfection.'이라는 표현처럼, 세일즈 세계에서는 완벽보다 속도가 성과를 만들 때가 많다.

예전에 인터넷을 검색해서 찾은 자료와 다른 지사의 성공 사례를 짜깁기해서 제법 그럴듯하게 제안서를 냈다가 망신을 당한 적이 있다. 제안서를 쭉 훑어본 고객이 물었다.

"우리 회사 제품이 어떻게 생산되는지 모르시는 것 같네요? 맞죠?"

나는 아무 대답도 못 한 채 얼굴만 붉혔다. 당황한 내 모습을 보고 고객은 실소했다. 마음씨 좋은 고객의 배려 덕분에 생산 현장을 직접 둘러보고 나서야 고객의 반응이 이해되었다. 내 제안 내용은 현장의 현실과 전혀 맞지 않았다. 말이 제안서지, 소설이나 다름없었다. 쥐구멍에라도 숨고 싶은 심정이었다.

현장에서 보고 들은 것을 바탕으로 제안서를 다시 만들었다. 고객은 이제야 좀 말이 되는 제안서 같다며 긍정적인 반응을 보였다. 이렇게 배운 걸 바탕으로 다른 고객에게도 제안서를 제출했는데, 고객은 어떻게 이렇게 현장 상황을 잘 알고 있냐며 치켜세워주기까지 했다. 이 경험을 계기로 나는 사전 준비에 최소한의 시간만 쓰고 있다. 기본적인 조사를 마치면 바로 고객을 만나서 현장에서 배운다. 그 후에 부족한 공부를 채운다. 현장을 방문하면, "솔직히 아는 게 많지 않습니다. 다만, 현장 상황을 가르쳐주시면 최선을 다해 돕겠습니다."라고 고객에게 정직하게 부탁한다. 이런 솔직하고 적극적인 태도를 싫어하는 고객은 없다. 지금까지 운이 좋았던 건지, 친절히 가르쳐 주고 더 많이 도와주려는 고객이 대부분이었다. 이 과정에 고객과 친밀감까지 쌓이니, 얻는 게 하나둘이 아니다. 진정한 실행력은 불완전한 상태에서도 시작할 용기와 현장에서 배우며 개선해 나가는 지속적인 학습 능력을 말한다.

일반적인 업무 순서는 Plan(계획)-Do(실행)-See(검토)다. 이 중 실행 단계인 Do를 앞으로 당겨서 Do-See-Plan으로 바꾸면 성과가 커질 수 있다. 초기 아이디어를 현장에서 빠르게 실행으로 옮겨 피드백을 얻고 계획을 구체화해서 성과를 내는 것이 핵심이다. 실행 중심의 접근법은 완벽히 하려다 실행을 놓치는 '분석 마비 현상'을 예방한다. 계획 중심의 접근법으로는 빠르게 변하는 시장 상황을 따라가기 어렵고, 그만큼 기회만 놓칠 뿐이다.

그럼에도 실행을 가로막는 장벽들이 있다. 첫 번째는 완벽주의다. 모든 변수를 고려한 완벽한 계획을 세우려다 보면 실행 타이밍을 놓치기 쉽다. 이를 극복하려면 '최소한의 준비가 되었으면 실행한다'라는 원칙을 세워야 한다. 두 번째는 실패에 대한 두려움이다. 실패를 무능함이 아닌 학습 과정으로 받아들이는 마음가짐이 필요하다. 앞서 언급한 Do-See-Plan의 접근법이 한 예다. 실패 끝에 성공한 이야기에 사람들이 열광한다는 걸 잊지 말자. 세 번째는 과도한 분석이다. 분석은 실행을 위한 수단이지 목적이 아니다. 분석에 매몰되지 않고 실행에서 실질적인 답을 얻는 접근이 중요하다.

　미국의 대표 강연 에이전시 WSB의 공동 창업자 버니 스웨인은 "사업의 성패는 성공에 대한 열정과 실행력에 따라 판가름 난다. 지식은 필요할 때 배우면 된다."라며 실행의 중요성을 강조했다. 내가 존경하는 한 팀장도 말했다. "실패한 영업사원을 욕할 이유는 없다. 정말 욕먹어야 할 사람은 아무런 시도도 하지 않는 영업사원이다."

　다시 한번 강조하지만, 세일즈 사전에 완벽한 준비란 없다. 빠른 실행이 완벽한 계획을 이기고, 성과를 만드는 것이 B2B 솔루션 세일즈다. 고민 중인 아이디어가 있다면, 망설이지 말고 지금 바로 실행하시라. 그게 가장 빠른 길이다.

6

역지사지(공 : 경 : 상)

공감 능력은 현대 리더십의 핵심이다.

−메리 바라(*前 GM CEO*)

"팀장님, 담당자의 관심을 끌 방법을 모르겠습니다."

팀원 한 명이 좀처럼 비즈니스 기회를 찾지 못하고 고전 중이라며 하소연했다. 열심히 안부 전화도 걸고, 방문 인사도 하는데 아직 이렇다고 할 진척이 없어 고민이 많아 보였다. 잠자코 이야기를 들어 주다가 한 가지를 물었다.

"혹시 올해 그 담당자 부서나 개인 KPI(Key Performance Indicator, 핵심 성과 지표)가 뭔지 알고 있어?"

정곡을 찔린 듯한 표정을 지을 뿐 아무 대답도 하지 못했다.

하버드 비즈니스 스쿨 연구에 따르면, 고객 관점에 공감하는 영업 사원의 성공률이 23% 더 높다. 성과를 내려면 고객의 상황과 입장, 감정, 생각을 이해하려는 노력이 필요하다는 말이다. 바로 역지사지다. 이성 관계를 떠올려 보면 쉽다. 좋은 인상을 남기려면 우선 상대방의 관심사를 파악해야 한다. 상대방이 여행에 관심이 많다면, 최근에 다녀온 특별한 여행지나 독특한 경험을 대화의 주제로 삼으면 절반은 성공한 셈이다. 세일즈도 마찬가지다. 비즈니스 제안에 앞서 고객의 상황이나 관심사를 파악해야 한다. 고객의 KPI나 핵심 과제 등이 그 예다. 고객이 가장 많이 시간을 쓰는 관심사이기 때문이다. '내가 고객 입장이라면 어떤 고민을 할까?'와 같은 생각을 거듭하다 보면, 어떤 제안을 준비해야 할지 감이 잡히기 마련이다.

세일즈포스(Salesforce)의 2023년 조사 결과에 따르면 고객이 신뢰하는 영업사원의 84%가 고객의 상황을 먼저 이해하는 노력을 한다는 공통점을 보였다고 한다. 성과가 뛰어난 영업사원은 '공감왕'이라는 말이다. 그들은 고객의 입장을 파악하고 공감대를 형성하는 게 본격적인 비즈니스 이야기보다 먼저라는 걸 잘 안다. "제가 듣기에도 정말 쉽지 않은 목표로 들리네요. 마침, 비슷한 상황의 고객을 도운 경험이 있는데요. 설명 한번 드릴까요?"라며 먼저 고객의 상황에 공감을 표현한 후에 자연스럽게 제안을 이어간다. 반면, 고객의 상황이나 고민은 이해하지도 못한 채 "이번에 신제품이 나왔습니다. 성능이 정말 탁월합니다."라며 자기 이야기부터 늘어놓는다면 고객의 신뢰를 얻기 어려울 게 뻔하다. 잊지 말자. 칭찬은 고래도 뛰게 하지만, 공감은 고객을 움직인다. 제안보다 공감이 먼저다.

역지사지의 태도를 강화하는 방법

역지사지의 태도는 몇 가지 의식적인 노력으로 충분히 개선할 수
있다.

첫째, 공감 연습이다. 직속 상사에게 개인적인 고민을 털어놓은 적
이 있다. 조언도 구하고 싶고, 위로도 받고 싶은 마음에 용기를 내었는
데, 상사의 반응이 뜻밖이었다.

"아, 그래? 그 정도 고민은 누구나 있는 건데, 뭘 그렇게 심각해?"

무심한 반응에 겉으로는 태연했지만, 평소 존경하던 마음마저 흔
들릴 정도로 섭섭했다. 고객도 마찬가지다. 고객의 고민을 듣고도 "아,
그러시군요. 그럼 이 제품 어떠세요? 이 제품은 말이지요."라며 공감
없는 태도로 제품 팔기에만 급급하다면 고객의 마음을 얻기 어려울 게
뻔하다. "말씀 듣는 내내, 저희 제품 중 두 가지를 계속 고민하고 있었
습니다. 솔직히 두 제품 특성이 조금 달라서, 지금 고객님 상황에 일장
일단이 있을 것 같거든요. 제 설명 한번 들어보신 후에, 의견 듣고 같
이 고민을 이어가고 싶습니다."처럼 진지하게 고객의 관점으로 상황을
바라보고 공감하는 태도를 보일 때 비로소 고객의 신뢰를 얻을 수 있
다. 고객 방문 상담 계획서 작성을 하는 이유 중 하나도 '공감이 있는
상담'을 준비하기 위한 노력이라 하겠다.

둘째, 적극적 경청이다. 흔히 경청하라 하면, 고객의 말을 끝까지 조용히 듣는 것이라고만 생각할 때가 많다. 그건 경청이 아니라 침묵이다. 영업사원에게 필요한 경청은 '적극적인 경청'이다. 말을 끝까지, 있는 그대로 듣고, 호응하는 것뿐만 아니라 표면적으로 드러나는 말의 이면에 깔린 감정, 의도, 맥락까지 읽으려는 자세다. 얼마 전 한 TV 프로그램에 통역사 두 분이 출연해서 통역사가 되기 위해서는 뛰어난 외국어 능력이 아니라 경청 능력이 중요하다고 말했다. 정상 외교나 외국인 재판 같은 상황에서 자칫 말 한마디라도 잘못 통역하면 예상치 못한 상황으로 전개될 수 있어서 '어떻게든 말의 의도를 정확하게 이해하고 말겠다.'라는 적극적인 경청 자세가 중요하다고 한다. B2B 솔루션 세일즈도 마찬가지다. 진지한 경청 자세 없이는 고객을 이해할 수도, 공감할 수도, 문제 해결을 도울 수도 없다.

셋째, 상상력 훈련이다. 고객의 입장을 이해하려는 노력은 결국 나의 세계를 고객의 세계로 바꾸어 상상하는 일이다. 고객의 모든 것을 직접 경험할 수는 없지만, 상대방의 처지가 되어 상황을 바라보고 해석하려는 풍성하고 창의적인 상상력을 가진 영업사원일수록 더 깊은 공감을 나누기 마련이다.

"부장님, 노트북에 인텔인사이드라고 적힌 스티커 보신 적 있으시죠? 이 노트북은 사양이 높고 신뢰할 수 있는 부품을 썼다고 드러내는 거잖아요. 덕분에 소비자로서는 노트북 가격이 조금 비싸도 수긍할 수 있고요. 이번에 그거랑 똑같이 해보면 어떨까요? 우리 회사 브랜드는 소비자에게 잘 알려져 있거든요. 그러니까 부장님 회사 완제품에 저희 회사 브랜드 스티커를 붙이는 거예요. '이 회사는 좋은 소재를 사용하네?'라고 좋은 인상을 남기지 않을까요? 제품 신뢰도가 높아진 만큼 판매 가격도 인상하실 수 있을 테고요."

몇 년 전 대기업 고객사에 실제로 제안했던 내용인데, 우리 부서에서 전에 없던 브랜드 협업 모델을 만들어 낼 수 있어 보람이 컸다. 상상의 나래를 펼친 덕분이었다.

공감이 만든 팀워크

전시회 출품을 준비하던 중, 우리 회사에 디자인팀이 있다는 것을 알게 되었다. 일관된 대외 브랜드 메시지 전달을 통해 회사 브랜드 이미지를 강화하기 위해 제품이나 대외 행사 등에 필요한 디자인 업무를 지원하는 신설 부서였다. 외주업체와 일해도 큰 문제는 없었지만, 조직 내 지원을 받는 이점이 있을 거로 생각해서 미팅을 요청했다. 그런데 첫 미팅부터 삐거덕거렸다. 시작부터 디자인팀 담당자가 부스 디자인 결정에 대한 전권을 요구했기 때문이다. 비즈니스의 성향과 고객 관심사에 대한 이해도 없이, 다짜고짜 자기가 하고 싶은 데로 일하겠다고 하니 기가 찼다.

"우리 비즈니스를 알지도 못하시면서 어떻게 부스 디자인 결정권을 달라는 겁니까?"

불편한 심기를 숨기지 않고, 그의 제안을 단박에 거절하고 자리에서 일어섰다.

사실 외주업체와 일하면 그만인데, 이상하게 그가 그런 요구를 한 배경을 차분하게 더 들어봤어야 한 게 아니었나 싶어 마음이 찜찜했다. 며칠 후 그를 다시 만났다. 역시나 이유가 있었다. 그가 이전에 다른 부서와 일하면서 겪은 크고 작은 고충을 털어났다. 그도 비즈니스팀의 요구를 최대한 반영하려 노력했지만, 회사의 디자인 정책과 충돌하는 부분에서는 양보가 어려웠다. 비즈니스팀에 내부 정책을 설명할 때마다 돌아온 건 싸늘한 반응뿐이었다. 같이 일하기 어렵다는 불만을 수없이 들어야 했다. 특히 비즈니스팀이 예산을 가지고 있다는 이유로, 자신을 마치 외주업체 직원처럼 대할 때 많은 상처를 받았다.

그는 이번에도 같은 상황이 반복될지 모른다는 두려움을 갖고 있었다. 디자인 결정권을 달라는 그의 요구는 사실 비즈니스팀이 회사 디자인 정책에 대해 적극적으로 협조를 해주고, 자신을 팀원으로 동등하게 대해주기를 바라는 호소였던 셈이다. 그가 처한 상황에 공감하고 요구사항의 의도를 정확하게 이해할 수 있게 된 나는 생각을 바꾸어 그의 요구사항을 모두 수용하기로 했다. 의사결정을 주도할 수 있는 위치를 얻은 그는 아낌없이 전문성을 발휘하며 적극적으로 프로젝트를 지원했다. 턱없이 부족한 예산에도 불구하고, 다른 회사를 압도하는 부스 디자인으로 수많은 방문객의 관심을 받았다. 당시 현장을 방문했던 사업부장은 한정된 예산으로 거둔 놀라운 성과라며 극찬했다. 상호 공감으로 만들어 낸 성과였다.

얼마 전 SNS에서 영업사원의 역지사지 자세의 중요성을 잘 표현한 글을 발견했다. '신제품이 팔리지 않는 이유'라는 제목의 글이었는데, 바로 영업사원이 제품을 팔려고 노력하기 때문이라고 했다. 이어서 그럼 언제부터 신제품이 팔리기 시작하는지를 설명했는데, 영업사원이 제품을 팔려는 시도를 단념했을 때부터라고 답했다. 그때부터 비로소 영업사원이 고객의 목소리에 경청하고 진짜 문제를 파악하는 데 집중하기 때문이라고. 짧은 글이었지만, 절로 고개가 끄덕여졌다.

역지사지는 세일즈 기법이 아니다. 세상을 대하는 태도다. 상대방의 관심과 신뢰를 얻으려는 노력이다. 고객의 눈으로 세상을 보려는 노력이 당신을 일반적인 영업사원이 아니라 훌륭한 비즈니스 파트너로 인식하게 만든다. 고객은 당신이 얼마나 많이 아는지보다, 자기 문제에 얼마나 관심을 기울였는지를 기억한다는 사실을 잊지 말아야 하겠다.

큰물에서 놀고 싶다면, 링크트인

링크트인(Linkedin)은 전 세계 최대의 비즈니스 네트워크 플랫폼이다. 2023년 기준 사용자 수는 약 10억 명에 달하며, 해외 비즈니스 현장에서는 명함 대신 링크트인 프로필을 공유할 정도로 활용도가 높다. 그동안 사용률이 낮았던 한국과 일본 등 아시아 지역에서도 사용자가 빠르게 늘고 있으며, 국내 많은 기업이 링크트인을 활용한 마케팅과 리드 개발의 중요성을 인식하고 직원 교육 및 캠페인에 적극 투자하고 있다.

링크트인은 단순한 구직 플랫폼을 넘어 다양한 기능을 제공한다.

• 구인 및 구직 : 경력 사항이나 수상 이력을 수시로 업데이트하고 '구직 중' 상태를 설정하면, 관련 채용 공고가 자동으로 노출되어 헤드헌터의 구인 연락을 받을 수 있다.

• 글로벌 네트워킹 : 국내를 넘어 전 세계 다양한 업계 종사자와 연결될 수 있다. 특정 관심사를 중심으로 구성된 커뮤니티에 가입하면, 유의미한 인맥을 넓히는 데 도움이 된다.

• 리드 생성 : 네트워크를 맺은 상대에게 메시지를 보내거나, 인메일 기능을 통해 제안서를 전달할 수 있다. 유료 서비스인 Sales

Navigator를 활용하면, 원하는 지역·산업·직무의 고객을 효과적으로 찾을 수 있다.

- 퍼스널 브랜딩 : 링크트인 프로필 하나만 잘 관리해도 자신의 경력과 전문성을 대외적으로 어필할 수 있다. 꾸준한 포스팅을 통해 잠재 고객에게 자연스럽게 노출되며, 전문가로서의 신뢰를 쌓을 수 있다.

- 학습 및 역량 강화 : Linkedin Learning을 통해 마케팅, 세일즈, 데이터 분석 등 다양한 주제의 강의를 수강할 수 있으며, 수료 후 발급되는 인증서를 프로필에 표시할 수 있어 전문성과 신뢰도를 동시에 높일 수 있다.

링크트인은 프로페셔널한 플랫폼인 만큼, 격식을 갖춘 표현과 전문가다운 태도로 사용하는 게 중요하다. 특히 가장 신경 써야 할 부분은 바로 프로필이다. 링크트인의 프로필은 온라인 명함이자 이력서, 포트폴리오의 역할을 하기 때문이다. 경력과 성과를 구체적으로 기술하고, 각 항목이 나의 강점과 전문성을 잘 드러낼 수 있도록 구성해야한다. 추천서 기능도 유용한데, 2~3개의 추천 글만 대외 신뢰도가 크게 높아진다. 구직 중이라면 더욱 중요하다. 주변 사람에게 추천 글 작성을 적극적으로 부탁하자.

Justin(Hoseok) Jeon ☑   3M 3M
Asia Marketing Campaign & Auto E. Segment Leader | Industrial
Design & Assembly Solutions
Seoul, South Korea · Contact info
500+ connections

＊프로페셔널한 느낌의 프로필 사진을 사용하자.

＊ Linkedin Learning(좌)에서 수강한 강의 수료증은 프로필에 표시(우 하단)되어, 보는 이로 하여금 더 큰 신뢰를 갖게 한다.

Sales Navigator는 링크트인에서 제공하는 강력한 기능 중 하나다. 지역, 산업, 직무 등 다양한 필터를 통해 정확한 타깃 고객을 찾을 수 있고, 인메일을 통해 빠르게 비즈니스 제안을 보낼 수 있다. 무료 계정보다 훨씬 많은 리드를 단기간에 개발할 수 있다. 링크트인 사용자라면 꼭 한번 사용해보기를 추천한다.

네트워크 신청 시에는 간단한 자기소개와 요청 취지를 명확하게 전달하고, 소속/직무/연락처 등 서명을 남기는 게 좋다. 네트워크 수락 직후 바로 영업 제안을 하는 것은 피하고, 장기적 관점에서 신뢰를 쌓는 것이 바람직하다. 유익한 콘텐츠를 포스팅하며 관계를 유지하다 보면 자연스럽게 상담 기회로 연결될 수 있기 때문이다. 일주일에 한 번이든, 한 달에 한 번이든 꾸준히 포스팅하는 것을 추천한다.

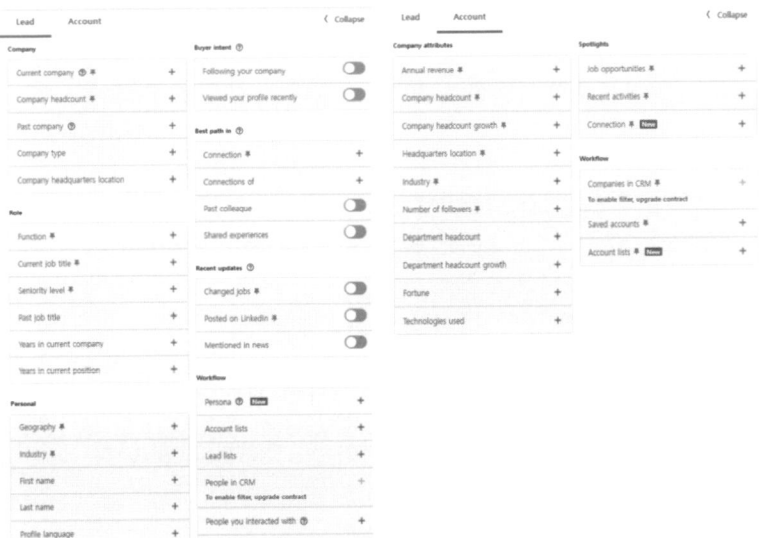

* Sales Navigator의 강력한 필터 기능과 네트워크 확대 기능을 꼭 한번 경험해 보자.

포스팅할 때는 노골적인 광고성 글보다는 고객에게 통찰이나 유익함을 주는 콘텐츠를 만들어 올리는 게 효과적이다. '고객은 어떤 고민을 하고 있을까.', '이 포스팅이 어떤 잔상을 남길 수 있을까.', '어떤 행동을 유도할 수 있을까.'와 같은 고민을 담아 포스팅하자. '@이름 또는 회사명' 태그, 3개 이상의 해시태그를 사용하면 노출 확률을 높일 수 있다고 한다. 또한, 기업에서 제작한 느낌의 포스팅보다는 조금은 사적이지만 전문성이 드러나는 글이 반응이 더 좋다고 하니 참고하길 바란다.

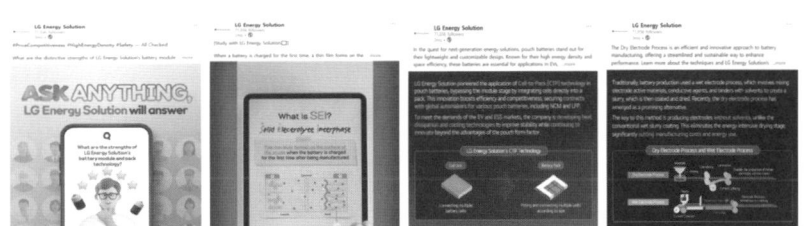

  ＊ 평소 궁금했던 자동차 배터리 관련 지식을 쉽게 설명하는 포스팅 때문에 자주 들여다보게 된다.

출처 : LG Energy Solution 링크트인 포스트

4장

팀 세일즈 빌드업

기버 마인드

진정성 있는 협력이 지속 가능한 비즈니스를 만듭니다.

—이태종(마켓컬리 대표)

A 부장의 발표를 들은 임원이 칭찬을 아끼지 않았다. 평소 프로젝트에 관심도 없었고, 아무런 도움도 주지 않았던 그였지만, 마치 자기가 프로젝트를 주도한 것처럼 발표했다. 실상은 팀원들이 이끈 프로젝트였다. 그가 한 일이라고는 자료를 모아다가 짜깁기 조금 한 게 전부였다. 팀원들의 노고가 컸다는 말 한마디 해도 크게 손해 볼 일도 없을 텐데, 아무런 말도 없이 단상에서 내려왔다. 어쩌다가 한두 번은 그럴 수 있다. 늘 같은 식인 게 문제였다.

"요즘 왜 이렇게 바쁜지 모르겠네. 혹시 그때 한다고 했던 프로젝트는 잘 되고 있어? 자료 좀 보내 줄 수 있어? 고마워."

자료를 쓸어 갈 때마다 하는 그의 단골 멘트다. 매번 같은 상황을 마주할 때마다 씁쓸한 마음을 눌러 참았지만, 가끔은 분이 치밀어 참기 힘들 때도 있었다. 더는 안 되겠다 싶었다. 여러 핑계를 대면서 자료를 보내지 않았다. 그도 더는 자료를 요구하지 않았다. 다른 동료에게 자료를 구하고 있을 테지만, 그것까지 막을 수는 없는 노릇이었다.

작가 애덤 그랜트의 '기브 앤 테이크'에는 기버(Giver, 기부자), 테이커(Taker, 수혜자), 매쳐(Matcher, 매칭자)의 세 가지 유형의 사람이 나온다. 기버는 상대방이 얻는 이득이 크다고 생각하면 기꺼이 돕는다. 테이커는 상대방에게 준 것 이상으로 받으려고 한다. 매쳐는 자기가 노력한 만큼의 이익을 받으려 한다. 쉽게 말해, 기버는 퍼주는 사람이고, 테이커는 받기만 하는 사람이며, 매쳐는 받는 것만큼만 주는 사람이다.

어떤 유형이 가장 성공할까? 바로, 기버다. 펜실베이니아 대학교의 연구 결과에 따르면 기버형 리더들은 평균 50% 이상 높은 성과를 보였으며, 포춘 500대 기업 CEO 중 85%가 기버형 특성을 가진 것으로 나타났다. 테이커는 자기 이익 챙기기에 급급해 부정적인 평판을 얻고, 매쳐는 손익계산적 관계를 따져 행동하기 때문에 관계의 폭과 정보망이 기버보다 좁아진다. 반면, 기버는 주변 사람들을 도움으로써 높은 신뢰와 넓은 네트워크를 형성하고 이를 통해 많은 정보와 기회를 얻기 때문에 결국에는 가장 큰 성공을 거둔다.

영업사원도 마찬가지다. 성공한 영업사원을 지켜보면 대체로 기버 마인드로 일한다는 것을 알 수 있다. 그들은 항상 동료와 파트너를 품고 간다. 기버 마인드 덕분에 상대방에게 늘 좋은 인상을 남기고, 깊은 신뢰와 높은 유대감을 형성한다. "저 친구는 남을 돕는 데 진심이야."라는 평가와 함께 동료들이 알아서 그를 돕고, 그를 중심으로 건전한 네트워크가 구축된다. 네트워크의 힘 덕분에 아는 것도 많아지고, 시야도 넓어진다. 어려운 문제를 창의적으로 해결할 수 있는 아이디어가 많아진다. 반면 매처나 테이커 마인드로 일하는 영업사원은 결국 자기 한계를 넘어서지 못한다. 주변에 미치는 영향력이 적어 지속적인 성과를 내지 못한다.

'기브 앤 테이크'를 읽은 후부터 자료를 요청받으면 고민 없이 보내준다. 어디에 쓸 건지 꼬치꼬치 캐묻지 않는다. 대략의 목적만 알면 그만이다. 아예 자료준비 할 때 사용했던 폴더를 통째로 보낼 때도 많다. 이런 행동이 가져다주는 이득이 적지 않다는 걸 몸소 깨달았기 때문이다.

첫째, 다른 사람이 내 자료가 필요하다는 건 그만큼 내 자료가 쓸 만하다는 증거다. 내 능력과 성과를 인정받는 셈이니 기쁜 마음으로 보낼 수 있다.

둘째, 아무리 좋은 자료라도 유통기한이라는 게 있다. 하드디스크 안에 가두어 놓고 썩히느니, 여러 사람이 사용하면서 유통기한이 연장되는 게 낫다. 남의 손을 거치면서 새로운 내용이 더해지고 가공되어 새로운 자료로 태어나는 걸 지켜보는 보람도 크다. 내가 일군 성과를 여러 관점으로 조망할 좋은 기회가 되기 때문이다. 덕분에 나도 새롭게 배우는 게 많다.

셋째, 다른 사람 덕분에 자기 성과가 저절로 알려질 기회도 많아진다. 철 지난 음악이 유명 인플루언서 덕분에 다시 조명받아 인기를 얻는 '역주행'처럼 말이다. 마치 원작 가수가 무대에 오를 기회를 얻듯이, 후속 발표 요청을 받기도 한다. 누이 좋고, 매부 좋은 일인데 자료 보내 주는 걸 망설일 필요가 없다.

그렇다고 무조건 퍼주는 게 항상 옳은 건 아니다. 하버드 비즈니스 리뷰의 연구에 따르면, 자신의 경계를 설정하지 못하는 '무조건적 기버'는 번아웃 위험이 41% 더 높은 반면에, 직무 만족도는 오히려 27% 낮은 것으로 나타났다. 애덤 그랜트는 '기브 앤 테이크'에서도 가장 성공한 유형이 기버이면서도 동시에 가장 실패한 유형 역시 기버라고 말한다. 경계 설정 없이 무분별하게 베푸는 성향 때문에 자신의 시간과 에너지를 소진하다 보면, 자칫 테이커의 먹잇감이 될 수 있기 때문이다. 이는 기버가 아니라 호구에 가깝다.

성공적인 기버가 되기 위한 세 가지 실천 전략이 있다.

첫째, '선택적 기버'가 되어야 한다. 모든 요청을 무조건 수용하는 대신, 진정성 있는 관계와 가치를 따져서 수용하는 게 필요하다. 특히 상대가 테이커 유형이라면 적당한 거리가 필요하다.

둘째, '10분 규칙'을 활용하면 좋다. 10분 이내에 도움을 줄 수 있는 일이라면 즉시 응하되, 그 이상 시간이 필요한 경우 자신의 우선순위와 일정을 고려해 결정하는 게 좋다.

셋째, '상호 호혜의 연결고리'를 만들 기회인지를 따져보자. 즉각적이고 직접적인 보상을 기대하지 않더라도, 도움을 주는 과정에서 네트워크가 넓어지고, 새로운 지식과 정보를 획득하는 간접적 이득이 있어야 한다. 요컨대, 자신의 성장을 희생하지 않는 선에서 타인과 조직에 도움이 되는 균형 잡힌 태도가 성공적인 기버가 되는 길이다.

고객을 대할 때도 마찬가지다. 본인이 어떤 식으로 고객을 대하는지 진지하게 고민해 볼 필요가 있다. 입으로는 고객의 성공을 돕겠다고 말하면서도 자기 성과에만 급급한 영업사원이 많기 때문이다. 고객의 문제 해결보다는 돈이 되는 고객인지 아닌지 계산기만 두드리기에 바쁘다는 말이다. 다시 한번 강조하지만, 고객은 영업사원이 진지한 태도로 일을 대하는지 단박에 알아차린다. 반면 고객의 문제를 마치 자기 문제처럼 진지하게 다루고, 문제 해결을 위해 최선을 다하는 영업사원은 고객의 신뢰를 얻는다. 고객과 한번 관계를 맺으면 누구든 열렬한 팬으로 만드는 영업사원들이 있는데, 그 비결이 바로 기버 마인드다. 그들은 자신이 가진 모든 것을 동원해서 고객의 문제를 해결하려고 노력한다. 적극적이고 헌신적인 서비스를 경험한 고객은 결국 새로운 비즈니스 기회를 제안하고, 오랫동안 파트너 관계를 유지한다. 결국, 기버 마인드는 판매 기술이 아니라 관계를 구축하고 함께 성장하려는 진정성 있는 철학이라 하겠다.

2
팀 지능을 높여라

집단지성은 개인의 천재성을 뛰어넘는다.

—에릭 슈미트(前 구글 CEO)

　　2023 AFC 아시안 컵에서 대한민국 축구 대표팀은 손흥민, 이강인, 황희찬, 김민재 등 화려한 유럽파 선수들을 중심으로 64년 만의 우승을 기대했다. 결과는 참담했다. 4강전에서 요르단에 0:2로 패배하며 결승 진출에 실패했고, 기대가 컸던 국민은 크게 실망했다. 특히, 시합 전날 선수단 사이에 벌어진 불미스러운 일까지 알려지며 약한 팀워크가 패배의 진짜 원인이었다는 분석이 쏟아졌다. 이와 대조적으로 2002년 한일 월드컵에서 거스 히딩크 감독이 이끈 한국 대표팀은 이름이 알려지지 않은 선수들을 중용해 4강 진출이라는 기적 같은 성과를 거뒀다. 그는 엄격한 위계질서를 깨고 선수 간 자유로운 소통을 장려했으며, 이를 통해 강한 팀워크를 만들어냈다. 존칭 없이 서로 이름

을 부르는 대신, 신속하고 정확한 의사소통으로 경기장에서 놀라운 호흡을 보였다. 팀워크에 따라 팀의 성패가 달라질 수 있다는 걸 보여주는 대표적인 사례가 아닐까 한다.

개개인이 지능이 있는 것처럼, 팀에도 지능이 있다. 그걸 '팀 지능' 또는 '집단 지성'이라고 부른다. 집단 지성은 팀 전체가 문제를 해결하는 '집단적 사고 능력'으로, 개인이 혼자 내리기 힘든 판단이나 해결책을 여러 사람이 함께 해결하는 접근법이다. 구글의 '아리스토텔레스 프로젝트' 연구 결과에 따르면, 팀 성과를 결정하는 가장 중요한 요소는 개인의 능력이 아닌 팀원 모두의 심리적 안전감과 효과적인 의사소통이었다. 집단 지성이 높은 조직은 구성원끼리 머리를 맞댈수록 높은 수준의 결과물이 나온다. 1 더하기 1로 3도 만들고 10도 만든다. 한 마디로 모일수록 강해지는 팀이다. 반면, 집단 지성이 낮은 조직은 1 더하기 1로 2조차도 만들지 못한다. 쉬운 문제를 가지고도 시간만 보내다 엉뚱한 결정을 내린다. 개인별 역량이 뛰어난데도 불구하고 성과가 나지 않는 조직이라면, 집단 지성이 제대로 발현되지 않을 확률이 높다.

대형 고객사 프로젝트를 맡고 있을 때였다. 어떤 솔루션을 제안할지를 두고 내부에서 갑론을박이 벌어졌다. 고객 요구에 맞는 솔루션을 제안하자니 경쟁사 진입이 쉬워지는 우려가 있었고, 기술적으로 차별화된 솔루션을 제안하자니 고객사 생산 수율이 낮아지는 게 문제였다. 나는 벌어질지도 모를 경쟁 상황을 따지느라 고객에게 더 좋은 솔루션을 제안하는 건 맞지 않는다고 의견을 냈다. 그때, 마케팅 담당 차장이 비아냥거리듯 말했다.

"그렇게 하면 얼마 팔지도 못하고 경쟁사 좋은 일만 시키게 될 게 뻔한데요. 큰 프로젝트라 다들 기대가 큰데, 과장님이 혼자서 감당할 수 있겠어요? 저는 괜찮은데, 과장님이 걱정스럽네요."

고심 끝에 낸 의견이었는데 세상 물정 모르는 생각이라는 듯 대하는 태도에 기분이 나빴다. 그렇다고 그의 의견이 아주 틀린 것도 아니니 딱히 뭐라고 반론할 수도 없었다. 그의 예상처럼 경쟁사에 비즈니스를 빼앗긴 후 쏟아질 질책을 상상하니 순간 두려움이 밀려왔다. 고객은 하루가 멀게 솔루션을 찾아 달라고 재촉하는데, 내부 검토 중이라는 핑계로 시간만 끌다가 결국 경쟁사에 비즈니스를 넘기고 말았다. 제안할 수 있는 솔루션이 있었음에도 벌어진 일이라, 지금까지도 아쉬움이 남는다. 집단 지성이 제대로 발현되었더라면 두고두고 회자할 만큼 큰 기회라 더더욱 쓰라리다.

이 경험을 계기로 팀이 제대로 뭉치지 못하면 아무리 크고 좋은 기회를 찾더라도 허사라는 걸 깨닫게 되었다. 그렇다면 집단 지성을 높이려면 어떻게 해야 할까? 세 가지가 중요하다.

첫째, 팀원 모두가 심리적 안정감을 가져야 한다. 실패와 실수를 비난하지 않고, 학습과 성장의 기회로 삼는 문화가 필요하다. 성공 사례만큼이나 실패 사례도 긍정적인 태도로 분석하고 앞으로 같은 실패를 반복하지 않으려는 방법을 다 함께 고민할 수 있어야 한다. 특히 실패에 대한 두려움을 떨칠 수 있는 분위기가 건설적인 집단 지성이 발현되는 필수 요건이다. 앞서 예를 들었던 상황에서 만약 "누구보다 고객 상황을 잘 아시니 그만큼 충분히 고민했을 거라 믿습니다. 이 선택을 팀 전체의 결정이라 생각하고, 한번 제안해 봅시다."라는 건설적인 분위기가 있었다면, 좋은 결과를 얻었을지도 모를 일이다.

둘째, 솔직하고 투명한 의사소통 문화가 필요하다. 질문하고 의문을 제기하는 게 자연스러운 조직이 성과를 낸다. 리더가 모든 것을 결정하고, 그 결정에 반대할 수 없는 조직에서는 집단 지성을 기대할 수 없다. 주어진 업무에만 몰입했던 때를 떠올려 보면 내가 놓치는 일들을 알려주고, 조언을 아끼지 않던 동료들이 있었다. 다수의 의견이 일치한다고 하더라도 "다른 의견 있으신가요?"라고 소수 의견도 묻고, 소수라도 반대 의견이 있으면 회의록에 있는 그대로 기록할 수 있는 열린 문화가 필요하다.

셋째, 서로에 대한 신뢰가 우선되어야 한다. 어떤 조직이 상호 신뢰가 있는지 없는지를 보려면 협업하는 분위기를 살펴보면 된다. 서로의 역량을 믿고 의지하는 팀에는 심각한 상황도 놀이처럼 다루는 분위기가 있기 때문이다. 반면, 신뢰가 없는 조직은 미팅 분위기가 잔뜩 경직되어 있다. 협업을 '진지한 놀이'로 다룰 수 있는 조직이 진짜 강한 조직이다.

함께 일했던 한 팀장은 팀원들이 쉽게 결정을 못 하고 망설일 때마다 "한번 해봅시다.", "제가 다 책임질게요."라는 말을 입에 달고 살았다. 사실 그도 회사 직원일 뿐이었는데, 뭘 어떻게 책임지겠다는 건지 도통 알 수 없었다. 상황이 얼마나 심각한지 제대로 인지하고 있기는 한 건지조차 의문이 들 정도였다. 이건 이래서 위험하고, 저건 저래서 위험하다고 설명해도 개의치 않았다. 직원들은 털끝 하나 피해 볼 일 없도록 할 테니, 다른 걱정은 말고 임무 완수할 생각이나 하시라며 너털웃음만 지었다. 그의 대범함이 무모해 보여 걱정되었지만, 일관된 모습을 지켜보니 차차 안도감이 들었다. 그렇게 조금씩 걱정하는 마음이 사라지자, 그 자리에 용기가 자리 잡기 시작했다. 나뿐만이 아니었다. 주변을 둘러보니 어느새 팀원 모두가 이글거리는 눈빛이 되어있었다. 마치 막혔던 혈이 뚫린 것처럼 아이디어가 쏟아지고, 열렬히 토론하며, 일사불란하게 움직였다. 차츰 눈빛만 봐도 서로의 마음을 읽을 수 있는 느낌이 들 정도가 되었다.

당시 팀장이 보여주었던 리더십은 마이크로소프트의 사티아 나델라 CEO가 추구한 '성장 마인드 셋' 문화와도 일맥상통한다. 그는 취임 후 "실패를 두려워하지 말고, 배움의 기회로 삼자."는 철학으로 회사 문화를 혁신했고, 시가총액을 세 배 이상 성장시키는 원동력이 되었다고 한다. 애플의 스티브 잡스 역시 '다양한 분야의 창의적 재능이 모인 팀'을 중시했으며, 다양성과 집단 지성을 바탕으로 아이폰과 같은 혁신적 제품을 탄생시킬 수 있었다.

거듭 강조하지만, B2B 세일즈는 단체전이다. 개인의 역량에만 의지해서는 성과를 낼 수 없다. 반면 개별 역량이 부족하더라도 집단 지성을 높이면 얼마든 성과를 낼 수 있다. 팀원의 의견을 경청하고 포용하려는 시도, 동료들의 감정 상태까지 읽으려는 배려를 갖춘 팀은 어떤 힘든 과제도 쉽게 해결하기 때문이다. 실제로 내가 성공했던 프로젝트들을 돌아보면, 그 중심에는 언제나 강력한 팀워크와 집단 지성이 있었다. 혼자 힘으로 했다면 단 하나도 성공하지 못했을 게 분명하다.

이제는 당신 차례다. 내일부터 팀의 집단 지성을 높이는 작은 실천을 시작해 보자. 동료가 실수했을 때 아쉬움을 드러내거나 비난 대신 "괜찮아, 다음엔 어떻게 하면 좋을까?"라고 말해보자. 회의에서 침묵하는 동료에게 "다른 관점도 들어보고 싶은데요."라고 넌지시 물어보자. 누군가 좋은 아이디어를 냈을 때는 진심으로 인정해 주자. 이런 작은 변화들이 쌓여 팀의 DNA를 바꾸고, 마침내 개인의 한계를 뛰어넘는 집단 지성의 힘을 경험하게 될 순간이 찾아온다.

3 입이 아파야 소통이다

'이렇게까지 설명하고 반복해야 하나, 지겹다.'라고 느낄 즈음에야
구성원이 알아듣기 시작한다."

―제프 와이너, 링크트인 수석 회장

많은 리더들이 소통을 강조하는 이유는 역설적으로 팀원과 원활히 소통하는 게 그만큼 어렵기 때문이다. 대만의 디지털 담당 정무위원인 오드리 탕은 "당신의 생각을 명확하게 설명할수록 더 많은 사람이 참여할 수 있다."라며 협업을 이끌기 위한 소통 노력의 중요성을 강조했다.

소통이 잘되지 않는 조직은 마치 전장에서 작전명령이 제대로 전달되지 않는 부대와도 같다. 어떤 전투도 이길 수 없다. 세일즈도 마찬가지다. 제대로 된 소통 없이는 성과를 낼 수 없다. 며칠 동안 열심히 자료를 준비해서 상사에게 보냈는데, "내가 지시한 건 이게 아니었는

데요?"라는 말을 들을 때 밀려오는 허탈함을 한 번쯤은 경험해 본 적이 있을 것이다. 부하직원은 "제가 이해한 게 이게 맞나요?"라고 묻고, 상사는 "다시 한번 쉽게 설명해 드리지요."와 같은 상호 소통 노력이 있어야만 같은 일을 두 번 해야 하는 불상사를 충분히 피할 수 있다.

점점 더 소통이 어려운 시대

사람들은 우리가 생각하는 것보다 상대방이 하는 말에 관심이 없다. 자기 고민이 우선이다. 몸은 회의실에 앉아 있지만, 마음은 퇴근 후 데이트, 술자리, 취미 생활, 재테크, 여행 계획으로 꽉 차 있다. 회의 시간에 발표자 이외는 모두 고개 숙여 휴대전화와 노트북을 만지작거리는 모습을 점점 더 많이 보게 된다. 메일을 확인하고, 답신하느라 온통 정신을 빼앗긴다. 너무 잦은 회의와 불필요하게 많은 참석자, 불분명한 회의 목표도 문제다. COVID-19를 계기로 일상화된 비대면 화상회의의 편의성 때문에 더 많은 회의가 잡힌다. 회의 피로도만 쌓일 뿐, 업무 효율은 떨어진다. 화상회의는 대면 미팅에 비해 참가자들의 집중력이 낮고, 표정이나 몸동작 등 비언어적인 소통에도 한계가 많기 때문이다. 이런 물리적 제약은 협업에 필요한 세밀한 소통을 더욱 어렵게 만들 뿐이다. 결국 소통의 질이 떨어지게 되어 업무의 정확성과 효율성 모두 저하되는 악순환이 반복된다.

소통은 저절로 일어나지 않는다

'개떡같이 말해도 찰떡같이 알아듣는다.'라는 말이 있다. 상대방의 말이 서툴러도 듣는 사람이 그 뜻을 정확하게 알아듣는다는 뜻이다. 안타깝지만, B2B 비즈니스 현장에서만큼은 이런 일이 있을 거라 기대해서는 안 된다. '이 정도면 알아들었겠지.'라는 기대를 버려야 한다. 대신, '지난번 내가 했던 설명에 부족한 부분이 있을 수 있어.', '누군가는 내용을 잊어버렸을 수도 있어.'라는 생각을 가지고 집요하고도 적극적으로 소통해야 한다. 의도가 온전히 전달될 수 있도록 반복해서 떠들고, 의도한 데로 전달이 잘 되었는지를 재차 확인해야 한다. 경험상 조금은 과하지 않나 싶을 정도가 되어야 비로소 정확한 의도가 전달된다. 입만 조금 아프면 될 뿐이다. 반면 소통이 제대로 이뤄지지 못하면, 재실행을 하거나 의사결정을 되돌리기 위해 큰 기회비용을 들일 수도 있는 게 B2B 비즈니스다.

자신의 요청 사항이 해결될 때까지 끊임없이 말하던 팀원이 있었다. 그날도 마찬가지였다. 그전까지만 하더라도 무슨 말을 하는지 몰랐는데, 그날 유심히 다시 듣고 나서야 생각보다 상황이 심각하다는 것을 알아차리게 되었다. 회의를 마치자마자 유관부서에 업무 지원 요청 메일을 급하게 보냈다. 만약 그가 '지난번에 한 번 말했었으니까, 상황을 잘 알고 계시겠지? 알아서 잘 챙겨 주시겠지?'라는 생각을 가졌더라면, 일을 그르쳤을 터였다. 평소 말이 많아서 상대하는 게 힘들다고만 생각했었는데, 포기를 모르고 상황을 알려준 그의 노력이 얼마나 고마웠는지 모른다. 상사의 귀에 딱지가 앉을 정도로 알리고 또 알린, 그 팀원이야말로 소통의 달인이다.

친절하게, 그리고 쉽게

유독 무슨 말을 하는지 요지를 파악하기 어려운 사람들이 있다. 말의 의도를 파악하는 데에 에너지를 쓰느라, 업무 착수가 늦어질 정도다. 만약 팀원들 사이에서 "어제 마케팅팀 메일 봤어? 우리보고 뭘 하라는 거야?", "어제 팀장님이랑 미팅을 그렇게 오래 했는데, 결론이 뭐였던 거야?"라는 대화가 오간다면, 소통에 실패하고 있다는 신호가 분명하다.

소통은 상대방에 대한 배려와 친절에서 나온다. 중학교 1학년이 이해할 수 있는 정도의 쉽고 분명한 표현이 효과적이다. 상대방의 머릿속에 확실한 그림을 그려 넣는다는 상상을 가지고 하나하나 친절히 설명해야 한다. 내가 즐겨 쓰는 소통 방법은 '드라마 연출법'이다. 회의 서두에 지난 회의의 배경부터 최근 논의된 내용까지를 요약한다. 일종의 '지난 줄거리편'이다. 본론을 이야기하기 전에 지난 줄거리를 짧게 언급해 기억을 상기하기 위해서다. 회의 목표를 분명히 하고, 모든 사람이 동일한 이해를 하고 회의에 참여할 수 있도록 돕는다. 회의를 마칠 때도 마찬가지다. 오늘 회의 내용을 요약하고, 다음 회의에서 점검할 내용을 정리한다. '예고편'인 셈이다.

예를 들어 "수석님, 지난번에 제가 A 제품과 B 제품의 두 가지 솔루션을 제안 드렸었는데요, A 제품은 내구성이 약점으로 생각되고, B 제품은 가격이 부담된다는 의견을 주셨었습니다. 오늘은 B 제품의 가격 부담을 줄일 수 있는 몇 가지 아이디어에 대해 논의 드리려고 합니다."처럼 '지난 줄거리'로 상담 주제를 분명하게 잡고 들어간다. "오늘 주신 의견을 바탕으로 B 제품의 구체적인 평가 계획을 세워 보도록 하겠습니다. 평가 당일 업무를 도와주실 수석님 측 엔지니어 섭외가 끝나면 연락처 공유를 부탁드립니다"처럼 후속 단계를 예고한다. "방금 내용을 좀 더 쉽게 이야기하자면", "지금까지 설명에 동의하시나요?", "오늘 다룬 회의 내용을 세 가지로 정리하자면"과 같이 회의의 시작, 중간, 마무리 단계마다 고객의 머릿속에서 둥둥 떠다니는 생각을 깔끔하게 정리해 주는 노력이 소통의 지름길이다.

경청을 통한 비언어적 반응 읽기

소통은 말하기뿐 아니라 듣는 태도도 중요하다. 매켄지 컨설팅의 연구에 따르면, 소통에 탁월한 영업사원은 일반적인 영업사원보다 상대방의 말을 듣는 시간이 평균 2배 정도 길다고 한다. 그들은 고객의 말 이면에 숨은 진짜 요구와 감정을 파악하는 데 집중한다. 눈을 마주치고, 고개를 끄덕이며 고객의 말에 적극적으로 호응할 뿐만 아니라 고객의 미묘한 반응까지 살핀다. 고객의 목소리 톤, 말의 속도, 제스처, 표정 등 비언어적 요소에 숨은 메시지까지 놓치지 않는다.

선배와 함께 고객 미팅을 마치고 나올 때였다. "오늘 만난 고객은 친절하기도 하고, 저희 제품에 긍정적인 것 같아요."라고 하자, 시큰둥한 표정으로 말했다.

"그랬어? 혹시 마지막에 품질 보증 이야기할 때 입술 살짝 깨무는 모습 봤어? 내가 볼 때는 만족스러워하지 못한 부분이 많아 보였어."

선배의 예상처럼 고객은 우리 제품을 끝내 검토하지 않았다.

예전에 함께 일하던 한 팀장은 "소통만 잘해도, 우주의 기운 절반이 모인다."라는 말로 소통의 중요성을 강조했다. 업무의 중심을 소통에 두고 일하라는 말이다. 상대방이 이해할 수 있도록 명확하게 말하고, 상대방의 말을 주의 깊게 들으며, 서로의 의도가 정확히 전달됐는지 확인하는 게 소통이다. 소통이 되지 않고는 팀 세일즈도, 성과도 기대할 수 없다.

4

북극성(True North)을 가진 세일즈

명확한 비전이 혁신을 이끈다.

−일론 머스크(테슬라 CEO)

중견기업에서 나와 건설 현장에서 기술을 배우며 사업가로 성장했다. 특유의 실행력과 꼼꼼함으로 성공 궤도에 올랐고, 유튜브로 알려지며 급성장했다. 그러나 초심을 잃으면서 붕어빵 찍어내듯 시공한다는 비난을 받기 시작했다. 전환점은 한 업계 대표의 제안이었다. "돈만 버는 삶이 의미가 있어? 세상을 바꾸는 디자인 한번 만들어 보자."라는 말에 영감을 받아 양산형에서 맞춤형 고급 디자인으로 방향을 전환했다. 새로운 기술을 배우기 위해 공부하고 새로운 포트폴리오를 만들었다. 이런 노력이 통했다. 고객 찬사가 이어졌고, 마침내 연 매출 100억을 달성했다. 책 '디깅'의 저자 박치은 대표의 이야기다.

방향성이 우선이다

  북극성(True North)은 단기적 매출 목표나 성과를 넘어, 궁극적으로 추구하는 가치이자 방향성을 가리킨다. 박치은 대표는 더 나은 고객 경험과 가치 제공이라는 북극성을 설정한 덕분에 잃었던 경로를 다시 찾았고, 마침내 반전에 성공할 수 있었다.

  영업사원도 마찬가지다. 자신의 방향을 잡아줄 확고한 북극성을 가지고 세일즈를 해야 한다. 과거 나는 매월 실적과 성과급만 쫓으며, 한 달 한 달을 숫자의 노예로 살았다. 대리점, 고객을 숫자로만 바라봤다. 성과를 낼 때도 있었지만, 시간이 지날수록 일에 대한 회의감만 커졌다.

  그러던 어느 날이었다. 평소 별 감흥 없이 봤던 회사 비전이 눈에 들어왔다. 한 줄 한 줄 그 뜻을 곱씹으며 읽어 보았다.

- 우리의 비전 : 우리는 현대인의 삶의 질을 향상시키기 위해 필수적인 제품을 만들고, 인류의 발전을 촉진하고, 3M 과학을 통해 더 밝은 미래를 만들고자 합니다.

  그제야 내가 단순히 실적을 올리는 기계가 아니라, 미래를 밝히는 데 일조하는 위대한 일을 하고 있다는 것을 깨달았다. 영업사원은 단순히 제품을 파는 사람이 아니라 고객의 문제를 해결하여 인류의 발전을 돕는 파트너다. 실적은 고객을 진심으로 도울 때 자연스럽게 따라올 뿐이다. 그걸 모르고 세일즈를 하니 보람도 적고, 공허함만 느꼈다. 이를 계기로 매출을 쫓는 세일즈에 결별을 선언했다. 세일즈의 진짜 의미를 알았기 때문이다. 가슴이 뜨거웠다.

누군가는 고작 세일즈를 하면서 인류를 돕겠다고 하면 의아해할지도 모른다. 아무리 숫자가 인격으로 통하는 게 영업이라고는 하지만, 실적만 쫓아서는 결국 한계를 드러낸다. 지금 같은 저성장 시대에는 더욱 그렇다. 인류를 돕겠다는 큰 포부 정도는 가지고 있어야 흔들리지 않고 위기를 헤쳐나갈 수 있다. 북극성을 두어야 하는 이유다.

같은 북극성을 가진 사람들은 서로를 알아본다

'혁신'의 대명사로 잘 알려진 우리 회사는 매년 수많은 신제품을 출시하며 성장을 해왔다. 신제품 개발에는 연구소뿐만 아니라, 영업사원의 시장 통찰력도 아이디어의 중요한 자원으로 활용된다. 현장의 목소리를 가장 가까이에서 듣는 사람이기 때문이다. 그렇다고 모든 아이디어가 전부 제품화되는 것은 아니다. 엄격한 심사 기준을 통과한 아이디어만 상품화가 된다.

고객센터를 통해 하루에도 수십 건씩 고객 문의 사항이 접수된다. 그중에는 잊을만하면 접수되는 단골 문의 사항도 있다. 그날도 마찬가지였다. 마땅히 추천할 만한 솔루션이 없다고 안내하고 전화를 끊으려는 순간, '그래, 이거다!' 싶었다. 신제품 개발 아이디어 제안을 결심했다.

신제품 개발 심사회는 제안 배경 및 기술 요구사항, 가망 고객, 시장 규모 및 향후 판매 계획 등을 꼼꼼하게 따져 묻는 것으로 유명했다. 철저히 준비하지 않으면 채택은커녕 망신만 당하기 십상이다. 용기를 내어 아이디어를 제출했고, 마침내 심사회가 열렸다. 서류를 살피던 심사위원 한 명이 물었다.

"여기 시장 규모 입력란이 비었네요?"

나는 담담히 답했다.

"네 맞습니다. 솔직히 정확한 시장 규모를 잘 모르겠습니다."

심사위원이 의외라는 듯 눈을 치켜올렸다. 차분히 설명을 이어갔다.

"정확히 얼마가 될지는 장담할 수 없지만, 분명 많이 팔릴 거라고 자신합니다. 이 문제를 해결하고 싶은 고객들이 적지 않기 때문입니다. 한 명의 고객 뒤에 많은 잠재 고객이 있다는 것도 잘 아실 겁니다. 고객센터를 통해 직접 문의를 걸어온다는 건, 지금까지 시장에 솔루션이 없다는 반증입니다. 업계 리더인 우리 회사가 마땅히 솔루션을 내놔야 한다고 생각합니다. 기업과 인류를 돕는 혁신 기술 제품을 만드는 게 우리 회사의 비전이니까요."

비장한 각오로 발표를 마쳤지만, 속으로는 불안했다. 시장 규모도 제대로 파악하지 못했다는 지적이나 회사 비전을 억지로 갖다 붙였다는 비웃음이 돌아올까 봐 입이 바짝 말랐다. 그런데, 이 당돌한 제안이 채택됐다. 얼떨떨한 마음과 공감해 준 심사 의원에게 감사한 마음이 함께 들었다. 이후 제품이 성공적으로 출시되어 지금까지도 시장에서 판매되고 있으니 다시 생각해도 감개무량하다. 당시에는 그저 운이 좋았다고 생각했지만, 지금 와서 돌이켜보면 심사위원들도 이미 나와 같은 북극성을 가지고 있었기에 가능했던 일이었던 게 분명하다.

북극성을 가진 영업사원이 팀 세일즈를 일으킨다

"신제품으로 한번 승부 보시는 건 어때요? 대리점끼리 제 살 깎아 먹는 경쟁을 하기보다, 차별화된 신제품으로 고객에게 진짜 가치를 주는 편이 더 의미 있지 않을까요? 고객이 우리 회사에 원하는 건 싼 제품이 아니라, 해결이 어려운 문제를 풀어줄 솔루션이니까요."

갑작스러운 제안에 대리점 대표의 눈이 흔들렸다. 자본도, 사업 경력도 부족한 신생 대리점이 시장성이 검증되지 않은 신제품을 중심으로 영업한다는 건 부담스러운 제안이었을 것이다. B2B 솔루션 비즈니스는 더욱 그렇다. 신제품으로 실적을 쌓아 올리려면 시장조사부터 수요처 발굴, 제품 평가, 안전 재고 운영 등 상당한 노력과 인내의 시간이 필요하기 때문이다.

그럼에도 내가 신제품 전략을 제안한 데에는 분명한 이유가 있었다. 후발주자인 신생 대리점이 기존 방식으로는 차별화가 어렵기 때문이다. 오히려 남들이 취급하지 않는 제품을 선택하면, 그 자체로 경쟁력이 생긴다. 신제품을 무기로 시장을 선점할 수 있고, 가격 경쟁의 약점을 벗어날 수 있기 때문이다. 빠르게 변하는 시장에 신속히 대응하고, 신규 고객을 개발할 수 있는 유연성도 갖춰진다. 무엇보다 혁신 기술을 바탕으로 시장을 선도하는 우리 회사의 비전에 맞는 전략이기 때문에 본사의 적극적인 지원을 기대할 수도 있다. 만약 이 전략이 성공하면 우리 회사의 북극성의 가치가 입증되는 셈이니, 꼭 한번 승부를 걸어보고 싶었다.

대표는 결국 결단을 내렸다. 결론부터 말하자면, 신제품 위주로 영업했고, 예상은 적중했다. 초기에는 성과가 더뎠지만, 흔들림 없이 북극성만 보고 묵묵히 걸은 덕분이었다. 신제품을 알리기 위해 수없이 전화를 돌려가며 고객을 만났다. 6개월째까지는 거의 성과가 없었다. 대리점 대표는 "정말 이 방법이 맞는 건가요?"라며 의구심을 드러내기도 했다. 그럴 때마다 불안해하는 대표를 다독였지만, 실패하면 어쩌나 하는 생각에 밤잠을 설치기도 했다. 항아리에 빗물을 모으는 마음으로 차곡차곡 매출을 쌓아 올렸다. 연거푸 실패만 하다가 하나둘 성과가 나기 시작하더니 제법 큰 비즈니스가 성사되기 시작했다. 대리점의 고객 대응력이 높아졌고, 3년 차에는 최초 세웠던 매출 목표를 훌쩍 넘어섰다. 본사와 대리점이 의기투합하여 함께 쌓아 올린 결과라 뿌듯했다. 이 성공이 기존 대리점에게도 자극제가 되었는데, 본사에서 출시되는 신제품에 대한 관심을 보이는 대리점이 많이 늘어났다. 비로소 하나의 북극성을 보게 된 것 같아 마음이 뿌듯했다.

'수능 만점 도전!'이라는 말보다, '너의 잠재력을 세상에 보여줘.'라는 메시지가 더 큰 동기를 주는 이유는 간단하다. 전자는 결과만 강조하고, 후자는 방향과 과정을 중시하기 때문이다. 이것이 바로 북극성의 힘이다. 지속 가능한 성장의 핵심은 흔들리지 않는 방향성이다. 매출 숫자에만 매달리면 반짝 성과에 그치지만, 북극성과 같은 확고한 목표를 가진 영업사원은 다르다. 고객과 조직에 진정한 가치를 만들어낸다. 이 방향성이 팀 전체로 확산할 때 비로소 팀 세일즈가 시작된다.

5
프로세스가 협업을 만든다

프로세스의 완성도가 결과의 품질을 결정한다.

−팀 쿡(애플 CEO)

매서운 겨울바람을 맞으며 한참을 서성였다. 마침내 저 멀리 모습을 나타난 팀장의 모습이 마치 저승사자처럼 보였다. 반드시 오늘까지 목표 매출을 채울 대책을 세워 오라고 했지만, 결국 빈손으로 그를 마주하게 되었기 때문이다. 인근 카페로 끌려가 꼬박 3시간 동안 훈계를 들었다. 팀장은 너처럼 책임감 없는 영업사원은 처음 본다며 실망을 감추지 않았다. 꾸중을 듣는 내내 왜 상황이 이렇게 되었는지 자책만 하다가, 내가 마감을 맞추지 못한 탓에 다른 팀원들이 연말에 쉬지도 못하고 이리저리 뛰어다닌다는 말에 순간 악이 받쳤다. 대리점 사장을 만나서 바지 끄덩이라도 잡고 늘어질 심정으로, 무작정 대리점으로 향했다.

"사장님, 정말 어떻게 안 되겠습니까?"

느닷없이 나타난 내 모습에 대리점 사장은 당황한 표정을 지었다. 커피를 한 잔 내주며 그가 조심스럽게 입을 열었다.

"대리님, 연말이 되면 대리점도 매입 매출 계획을 철저하게 관리해요. 본사 다른 팀들은 지난달 마감하면서 이미 이달 출고 계획까지 이미 다 논의하고 갔어요. 대리님만 지금 와서 추가로 매입해달라 하시니, 저희도 참 난처합니다."

다른 팀은 진즉에 연말 마감을 챙겼다는 말을 듣는 순간 아차 싶었다. 마음만 급했지, 정작 주먹구구식으로 일 처리를 하느라 성과도 없이 바쁜 내 모습이 떠올랐다. 상대방이 어떤 순서로 일하고, 무얼 중요하게 생각하는지도 모르고 일하니 성과가 나오지 않는 게 당연했다. 체계 없이 일하는 내 모습이 아마추어나 다름없었다. 그러고 보면 마감이 힘들다고 투정을 부릴 쪽은 정작 내가 아니라, 대리점이었다.

성과를 내는 영업사원은 프로세스를 따른다

왜 같은 일을 하는데도 누구는 여유롭고 누구는 항상 바쁠까? 바로 '프로세스'에 답이 있다. 자격증 시험을 봐야 하는데 시험일까지 남은 시간이 얼마 없다면 어떻게 해야 할까? 시험 시간까지 남은 날 수를 기준으로 매일 채워야 할 목표량을 정하고, 매일 해야 할 공부량을 채우면 된다. 목표까지 도달하는 과정을 단계별로 쪼개서 관리하는 게 바로 프로세스다. 시간이 얼마 없다고 급한 마음에 무작정 공부하면 필요한 학습량을 채우지 못해서 막판에 쫓길 수도 있고, 너무 많은 학습량에 지쳐 중도에 포기할 수도 있다.

B2B 세일즈도 마찬가지다. 업무 프로세스를 제대로 갖추어야 방향을 잃지 않고 효율적으로 성과를 낼 수 있다. 연간 목표를 월별, 주별, 일별로 나누어 실적을 관리해야 하는 건 기본 중의 기본이다. 주기적으로 파이프라인을 점검하면서 업무 진척도를 확인하고, 주문 현황 및 재고 상황을 챙겨 꼼꼼하게 매출을 관리해야 목표를 달성할 수 있을지 아닌지를 예상하고 보완 계획을 미리 세울 수 있다. 반면 프로세스 없이 임기응변으로 일하면 항상 분주할 뿐 실제 성과는 미미하다. 산처럼 쌓인 일과 시시각각 발생하는 긴급 업무 요청에 빠져서 허우적거릴 뿐이다. 당신은 어느 쪽인가?

고객 여정이 곧 세일즈 프로세스다

B2B 세일즈 프로세스는 고객의 관점으로 세워야 한다. 일반적으로 세일즈 활동은 전화나 이메일을 통한 사전 영업 활동으로 시작해, 잠재 고객을 발굴하고, 이를 구체적인 비즈니스 기회로 전환해, 제안 솔루션을 평가 및 검증하고, 최종적으로 구매 협상을 마무리하는 순서로 진행된다. 한편, 고객의 구매 여정은 해결해야 할 문제를 인식하면서부터 시작되는데, 온라인으로 정보를 검색하거나 주변 업체의 추천을 통해 솔루션을 탐색하고 가망 솔루션을 선정한 후, 검증을 거쳐 최종 구매를 결정한다.

눈치 빠른 독자라면 세일즈 프로세스가 고객의 구매 프로세스의 역순으로 설계되어 있음을 알아차렸을 것이다. 이는 세일즈 업무가 고객의 구매 여정의 길잡이 역할이라는 것을 보여준다. 여행지에 대한 전문적인 지식과 친절한 서비스를 제공하여 여행자의 만족과 안전을 책임지는 여행 안내자의 역할과 같다. 결국 프로세스를 가지고 세일즈를 한다는 것은 고객의 여정을 단계별로 차례차례 돕는 것이고, 최고의 경험을 제공하기 위한 가장 효율적인 체계를 갖춰 일한다는 뜻이기도 하다. 프로세스를 가지고 일하고, 단계별 관리만 잘하더라도 업무성과는 크게 향상된다.

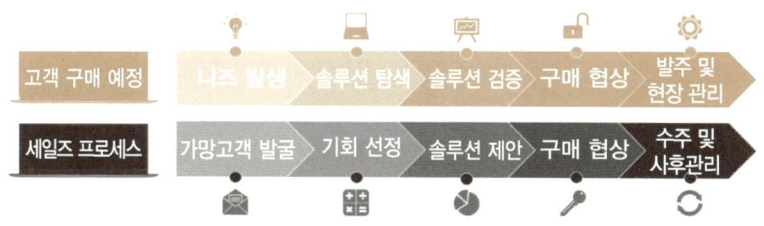

프로세스를 따를 때 일어나는 효과들

프로세스의 힘은 개인의 성과 향상에서 그치지 않는다. 진정한 가치는 팀 전체의 협업을 끌어올리고 궁극적으로 고객 경험을 일관되게 만드는 데 있다. 개발팀 팀장으로 일했던 한 고객이 최근 영업팀으로 자리를 옮겼다며 조언을 구해왔다. 오랜만에 카페에서 만난 그의 얼굴에 근심이 많아 보였다. 가뜩이나 세일즈 업무도 생소한데, 전임자가 급하게 퇴사하는 바람에 제대로 된 고객 정보도 없고 과거 영업 활동 이력도 알 수 없어서 막막하다고 했다. 하는 수 없이 고객에게 전임자와의 업무 진행 상황을 묻고 있다고 하니, 그가 처한 상황이 어떤지 쉽게 짐작이 되었다.

이런 문제가 생기는 이유는 무엇일까? 영업 활동을 개별 영업사원에게 맡길 뿐, 조직 차원의 관리를 하지 않기 때문이다. 각자가 알아서 업무 노트에 관리하는 방식으로는 체계적인 협업이 불가능하다. 프로세스 중심으로 업무를 체계적으로 하도록 돕는 적절한 도구가 필요한데 그중 하나가 CRM(고객관계관리) 시스템이다. 세일즈포스나 허브스팟 같은 시스템을 통해 고객 정보, 영업 활동 이력, 프로세스별 진행 현황을 통합 관리할 수 있다. 모든 팀원이 프로젝트 진행 현황과 고객 상황을 실시간으로 공유할 수 있어, 불필요한 커뮤니케이션이 줄어든다. 시스템에 정보가 투명하게 기록되니 누군가 갑자기 자리를 비우더라도 업무 공백이 최소화된다. 투명한 정보를 바탕으로 팀원의 역할과 책임도 명확하게 나눌 수 있다. 무엇보다 공개된 정보를 바탕으로 고객 경험을 향상할 수 있다. 가령 마케팅팀에서 브로셔를 발송했다면, 영업팀은 CRM 기록을 보고 "지난주에 우리 마케팅팀에서 브로슈어와 샘플 발송을 했는데요, 잘 받아보셨는지요? 샘플 평가에 관한 궁금한 점이나 추가로 필요한 업무가 있을까요?"처럼 매끄러운 고객 대화가 가능하다. 고객은 일관된 소통을 경험하게 되고, 이는 곧 높은 만족도와 신뢰로 이어진다.

결국 프로세스가 협업도, 성과도 만든다

　영업사원에게 가장 중요한 매출 마감도 마찬가지다. 주기적으로 실적 현황, 재고 현황, 주문 현황, 배송 현황 등을 체계적으로 관리하고 정해진 프로세스에 따라 매출을 챙기면 마감일을 앞두고 우왕좌왕하는 일을 줄일 수 있다. 월말에 닥쳐서야 마감을 챙기는 대신에 3개월 치 주문 예상량을 매월 초에 미리 받아서 마감을 관리하기 시작하면서부터, 마감을 예상할 수 있어 더는 마감일에 닥쳐서 우왕좌왕하거나 부족한 매출을 채우기 위해 다른 팀원이 고생하는 상황을 만들지 않게 되었다. 처음에는 10개 대리점을 관리하는 것도 버거웠는데, 프로세스를 세운 이후로는 파이프라인 관리부터 80개 가까운 대리점 마감도 혼자서 처리할 수 있게 되었다.

　프로세스 없이 일하면 결국 모든 일이 '긴급 업무'가 된다. 나의 무계획이 타인의 야근이 되어 팀 전체의 손해로 번진다. 눈앞에 닥친 일에 급급한 대신 체계를 세우고 프로세스를 따라 일해야 하는 이유다. 신기하게도 챙겨야 할 일은 더 많아졌는데도 불구하고 더 수월하게 일처리를 할 수 있게 되었다. 동료들과의 협업도 더 매끄러워졌다. 결국, 협업은 주어진 일을 '잘하는 것'에 집중하는 것이 아니라 '잘하게 만드는 구조'를 만든다는 것을 깨달았다. 고객의 문제 해결을 위해 팀원 모두가 함께 달릴 수 있는 길이 바로 세일즈 프로세스다.

6

가치, 모두 다 같이

가치는 가격보다 오래 기억된다.

−제프 베조스 (아마존 창업자)

"경쟁사 제품보다 비싸서 팔기가 너무 어렵습니다. 우리 제품도 판매가격을 낮춰야 합니다."

하버드비즈니스리뷰(HBR)에서 진행한 설문 결과가 있다. 프로젝트 실패 원인을 영업사원에게 물어봤더니, 대다수가 경쟁사 대비 가격 경쟁력이 없어서라고 대답했다. 이번에는 같은 질문을 고객에게 했다. 솔루션 차별화 요소 부재와 영업사원의 전문성 부족을 주된 원인으로 꼽았다. 정작 가격 경쟁력이 없어서라고 답한 경우는 많지 않았다. 이는 고객이 의사결정을 할 때 가격만 따지는 것이 아니라 솔루션이 가진 핵심 가치와 영업사원에 대한 경험의 질이 얼마나 중요한지를 보여준다.

솔루션의 가치는 가격 경쟁력이나 한정된 제품 기능처럼 한 가지 요소만으로 만들어지지 않는다. 제아무리 뛰어나고 혁신적인 기술력을 가진 제품이라고 하더라도 고객의 문제를 해결하지 못하거나, 생산성 향상, 품질 개선, 비용 절감, 이익 확대 등 고객에게 돌아가는 직접적인 혜택이 없으면 무용지물이다. 쉽게 말하자면, "우리 제품이 경쟁사보다 싸니까 검토하세요."의 태도가 아닌 "우리 제품이 어떻게 비싼 값을 하는지 이유를 설명해 볼 테니, 한번 들어보세요."가 가치 판매 (Value Selling)의 올바른 접근법이다.

고객은 적정한 가격을 모른다

고객은 시장 정보를 많이 가지고 있으면서도 정작 어떤 기준으로 가격이 비싼지, 싼지를 설명하지 못한다. 한정판 운동화가 중고 플랫폼에서 비싼 가격에 거래되는 이유를 제대로 설명할 수 있는 사람이 없는 것과 같다. 대부분의 고객이 비싸다고 주장하는 적정가격은 지금 사용 중인 솔루션의 구매 가격을 근거로 할 뿐이다. 그러니 영업사원이 할 일은 가격 책정의 적정성을 따지는 대화에서 벗어나, 얼마나 큰 효용을 고객이 얻을지를 증명하는 일이다. 대화 주제를 가격이 아니라, 가치 중심으로 전환하는 것이 바로 가치 판매다.

한 구매 담당자가 공급가 10% 인하를 요구해 왔다. 이유를 물었다. 고객사에서 정한 올해 원가 절감 목표가 10%이기 때문이라고 말했다. 경쟁사는 이미 견적서를 제출했다며 으름장까지 놨다. 경쟁사 제품을 채택했을 때 발생할 수 있는 서비스와 품질 저하로 입게 될 손해를 검토해 달라고 요청했고, 지금보다 효용이 더 큰 신제품 개발 착수를 약속했다. 어떤 일이 벌어졌을까? 그 고객은 지금까지도 우리 제품을 사용하고 있다. 이유는 간단하다. 우리 제품을 사용했을 때 기대되는 효용이 경쟁사의 제품으로 전환할 때 얻어지는 효용보다 크기 때문이다. 물론 이런 접근이 항상 통하는 것은 아니다. 고객이 구매비용 절감만을 고수하는 때도 있고, 브랜드 인지도 상승과 같은 비재무적 효용을 구체적인 수치로 설명하기 어려운 경우도 있기 때문이다. 그럼에도 고객에게 더 큰 가치를 증명하려는 노력을 멈추지 않는다면, 가격은 결코 넘지 못할 벽이 아니다.

없는 게 아니라 아직 찾지 못했을 뿐

가치 판매의 정수를 보여주는 이야기가 있다. 스님에게 나무 빗을 팔아보라고 했다. 첫 번째 스님은 동료 스님을 상대로 머리가 간지러울 때 긁으면 시원하다고 말해 1개를 팔았다. 두 번째 스님은 불자에게 불공을 드리기 전에 머리를 단정히 빗으면 마음을 경건히 하는 데 도움이 된다고 말해 10개를 팔았다. 그런데, 세 번째 스님은 무려 1,000개를 팔았다. 사찰 관계자를 만나 나무 빗에 '적선소(선을 쌓는 빗)'라고 써서 팔면 불자에게 반응이 좋을 거라고 제안했다. 사찰 관계자는 그의 제안대로 글을 써넣고 판매대에서 가장 눈에 잘 띄는 곳에 진열했다. 앞의 두 스님의 아이디어는 나무 빗이 가진 원래 기능을 넘어서지 못했지만, 세 번째 스님은 '적선'이라는 가치를 더해 성과를 냈다.

같은 제품을 가지고 누구를 상대로 어떤 가치를 제안하느냐에 따라 결과가 달라질 수 있음을 보여주는 좋은 예라 하겠다. 지금 당신의 세일즈는 어느 스님에 가까운가?

자기가 취급하는 솔루션 가치가 적다고 불만을 토로하는 영업사원이 의외로 많다. 실상은 영업사원 스스로 가치 없다고 믿는 사고방식이 문제다. "우리 제품은 경쟁력이 별로 없어.", "경쟁사 제품은 절반 가격이래."처럼 스스로 제품 가치에 대한 확신이 없는 영업사원이 고객을 설득할 리 만무하다. 회사에서 해주는 교육이나 홍보 책자에 쓰여 있는 솔루션 가치에 머물러서는 성과를 낼 수 없다. 경쟁력이 없다고 느끼는 건 충분한 고민을 하지 않아서다. 가격 경쟁력 말고도 생산성 개선, 품질 향상, 사용 편의성, 검증 평가, 품질관리, 적기 납품, 브랜드 신뢰, 기술 지원 등 차별화할 수 있는 요소가 수없이 많다. 아무리 사소한 부분이라도 고객이 중요하게 여길만한 요소가 있다면 그게 바로 가치다. 세상에 가치 없는 제품은 없다. 가치는 없는 게 아니라, 아직 발견되지 않았을 뿐이다.

처음 입사했을 때였다. 연구소에 근사한 홍보관을 만들어 놓고도 고객 초청 행사를 많이 하지 않는다는 걸 알게 되었다. 멋진 홍보관을 놀리고 있는 게 아깝다는 생각이 들었다. 고객을 적극적으로 초대하기 시작했다.

"우리 홍보관에 방문하시면, 5만 가지 솔루션을 한 번에 탐방하는 기회를 얻는 셈입니다."

고객을 초대하는 내 모습을 보며 반신반의하는 동료의 시선도 있었지만, 나는 이 경험이 우리 솔루션의 가치를 키우는 길이라고 확신했다. 홍보관을 방문한 고객의 반응이 그 증거였다.

"오늘 와보기를 잘했네요. 높은 기술력에 깜짝 놀랐고, 이렇게 많은 솔루션을 취급하는 줄도 몰랐어요."

홍보관 초대는 기대 이상의 효과를 발휘했다. 홍보관을 방문한 고객들은 우리 회사에 긍정적인 인상을 받았고, 제품 구매를 진지하게 검토하기 시작했다. 고객은 혁신 소재를 직접 경험하고 아이디어를 얻는다. 신입사원 교육이나 소재 탐방 차원으로 우리 회사 홍보관 견학을 요청하는 고객까지 생겼을 정도다. 지금은 사전 예약 상황을 확인할 정도로 대표적인 고객 행사로 자리를 잡았다. 이미 갖추어져 있었지만 제대로 활용되지 않았던 홍보관을 우리 회사 이미지와 솔루션 가치를 높이는 요소로 활용되고 있는 셈이다. 이렇듯 우리가 제공하는 모든 서비스를 가치 요소로 더할 줄 알아야 한다. 가치를 높일 방법은 의외로 많다.

천연자원, 인구도 부족한 우리나라는 근면성을 내세워 눈부신 경제 발전을 이뤄냈다. B2B 솔루션의 가치도 마찬가지다. 아무리 생각해도 가치로 더할 만한 게 없다면, 당신의 근면함이나 창의적인 아이디어를 가치로 내세울 수는 있지 않을까? 만약 솔루션을 소개하면서 항상 같은 말만 반복하고 있다면, 지금이 변화를 시도할 때다. 고민에 고민을 거듭하면 경쟁사와 차별화되는 아이디어가 떠오른다. 노트를 꺼내어 가치로 추가할 만한 10가지 아이디어를 적어보자. '이거 너

무 사소한 거 아닌가?'라고 생각하는 대신 '이것으로 가치를 키워 보자.'
라는 적극적인 생각을 가지고 떠오르는 모든 것을 적어야 한다. 머리
를 쥐어짜도 아이디어가 나오지 않는다고 걱정하지 마시라. 좋은 방법
이 있다. 조금 더 보태 20가지를 적자. 모두 채우려면 온갖 유치한 아이
디어까지 끄집어내야 하는데, 전부 끄집어내어 놓고 나면 '아, 이거다!'
하며 무릎을 칠만한 아이디어가 떠오를 때가 있다. 잠시 책 읽기를 멈
추어, 빈 종이를 꺼내어 아이디어를 끄집어내어 보시라. 실제로 해보는
게 중요하다.

가치 중심 사고가 만드는 협업의 힘

가치 판매는 제품의 사양 자체나 가격으로 경쟁하는 것이 아니라,
고객이 진짜 해결하고 싶어 하는 문제와 얻게 될 가치에 집중하는 접
근법이다. 이 접근법이 강력한 이유는 개인의 성과 향상을 넘어 조직
전체의 협업을 끌어내기 때문이다. 고객의 핵심 문제를 중심에 놓고
전 조직이 움직이면, 자연스럽게 내부 자원과 역량이 하나의 목표를
향해 모인다. 개발팀의 기술 개발 방향, 마케팅팀의 시장 분석, 영업팀
의 현장 인사이트가 하나로 통합되어 비로소 진정한 가치 요소를 만든
다. 결국, 가치 중심 접근법은 조직 전체를 한 방향으로 정렬시키는 방
향키이자, 조직 전체의 협업을 유도하는 촉매제 역할을 한다.

7
교집합 사고법

> 공통의 목표가 차이를 극복한다.
>
> —사티아 나델라(마이크로소프트 *CEO*)

성과를 내는 영업사원은 클로징 가능성이 큰 프로젝트만 선별해 집중한다. 마치 병아리 감별사처럼 '될 만한' 비즈니스만 골라내는 혜안을 가지고 일한다. 이해관계자들이 가진 관심사의 공통점을 꿰뚫어 보는 안목 덕분이다.

B2B 솔루션 영업사원이라면 다양한 이해관계자들의 관심 사항을 통합하려는 노력을 아끼지 않아야 한다. 어느 회사든 개발팀은 신제품 출시 일정 준수를 중요하게 생각하고, 생산팀은 목표 수율 달성에 몰두하며, 품질 팀은 불량률 관리에 신경 쓰고, 구매팀은 비용 절감에 관심을 둔다. 같은 회사 안에서도 부서마다 서로 다른 목표와 과제를 가

지고 있으므로, 이들의 요구를 통합적으로 이해하고 조율하는 능력이 있어야만 성과를 낼 수 있다.

경쟁 우위 영역에서 교집합을 키워라

교집합은 자사와 고객사 상호 이익 영역이다. 간혹 고객사의 요구 사항만 쫓다가 자사의 정책 방향과 상충하거나, 자사에 손해가 발생하는 경우가 있다. 양쪽에 모두 이익이 되는 교집합 영역을 찾고, 그 영역을 최대한 키우는 노력이 필요하다. 특히 자사의 비전과 운영 목표에 최대한 부합하는 비즈니스를 개발하는 게 가장 좋다. 회사의 방향에 부합하는 프로젝트일수록 더 쉽게 더 많은 내부 지원을 받을 수 있기 때문이다. 활용할 수 있는 자원이 많아지면 성공 확률은 저절로 높아진다. 그러려면 자사의 전략 방향을 정확히 이해하고 그에 맞춰 영업 전략을 수립하는 게 우선이다. 프리미엄 제품 전략을 가진 회사라면 핵심 고객군에 집중하여 수익성이 높은 비즈니스 기회를 개발했을 때 회사의 전폭적인 지원을 기대할 수 있다. 반면 가격 경쟁력을 중시하는 회사라면 다수 고객을 대상으로 빠르게 시장 점유를 높이는 비즈니스 모델을 개발해야 한다.

어떤 전략이든 자사의 전략 방향에 고객의 요구가 만나서 겹치는 영역이 얼마나 큰지 고민할 수 있어야 성과를 낼 수 있다. 회사는 프리미엄 제품 개발과 홍보에 집중적으로 투자하는데, 영업사원이 구매 원가 절감에만 관심 있는 고객을 만나고 다닌다면 성과는 보나 마나다.

요즘 같은 불황에 프리미엄 제품 위주로 세일즈 하는 게 얼마나 힘든 일인 줄 아느냐고 반문할지도 모른다. 다시 한번 강조하지만, 고객이 관심을 두는 것은 가격뿐만이 아니다. 그러니 지금 만나고 있는 고객이 회사의 정책 방향에 부합하는 고객인지 다시 한번 따져봐야 한다.

주변에 자녀의 아토피 피부로 고민하는 가정이 많을 것이다. 부모는 아이가 먹을 음식 재료에 신경을 써서 식사 준비를 했지만, 이런 속사정을 모르는 아이는 간식 타령만 한다. 이럴 때 좋은 간식이 말린 과일이다. 사과나 배를 말린 과일은 첨가물이 없어 피부 자극이 적고, 향이나 식감이 마치 젤리 같아서 아이들이 좋아하기 때문이다. 부모와 자녀 사이의 먹을거리 고민이 교집합이라면, 이 교집합을 채우는 솔루션이 말린 과일이다. B2B 세일즈도 마찬가지다. 자사와 고객사의 관심사가 중첩되는 공통 영역, 즉 교집합 영역을 발견하고 이를 채워줄 솔루션을 제안해야 협업도 일어나고 성과도 난다. 예를 들어, 자사에서 친환경 솔루션을 집중적으로 개발하여 시장에 선보이고 있다면, 친환경 이슈가 큰 산업과 이 부분에 많은 투자를 하는 고객사를 찾아야 성과가 날 확률이 높다. 자사의 전략 방향과 경쟁 우위 영역에서 교집합이 큰 고객을 찾는 게 성공의 열쇠다. 파도를 거스르는 대신 바람의 방향을 읽고 돛을 올릴 때 더 쉽고 빠르게 목적지에 도착한다는 걸 잊지 말자.

비즈니스 교집합을 찾는 5가지 접근법을 소개하고자 한다.

첫째, 고객사의 연간 보고서와 투자자 발표 자료를 살펴보며 전략적 우선순위를 파악한다.

둘째, 고객사 산업 동향과 경쟁사 동향을 담은 산업 리포트를 통해 고객사가 직면한 압박 요인을 파악한다.

셋째, 고객사 임원이나 핵심 인사와의 인터뷰를 통해 경영 목표와 화두를 확인하자. 직접 면담이 어렵다면, 홈페이지의 CEO 인사말이나 대외 기사를 찾아보는 것도 좋은 방법이다.

넷째, "올해 가장 큰 고민거리는 무엇인가요?", "부서의 내년도 KPI는 무엇인가요?", "가장 풀기 어려운 과제는 무엇인가요?"처럼 다양한 질문으로 실무 담당자의 목소리를 듣는다. 다섯째, 자사의 전략적 목표와 솔루션의 강점을 앞의 네 가지 방법으로 파악한 고객의 우선순위와 비교하여 공통 영역을 시각화하자. 머릿속에서만 잠깐 생각하는 대신 간단한 메모로 시각화하는 편이 훨씬 효과적이다. 공통 영역이 보이는가? 바로 그 곳이 승부처다.

한 영업사원은 위와 같은 접근법을 통해 자사의 핵심 역량, 고객사의 전략적 목표, 실무자들의 당면 과제를 한눈에 볼 수 있게 엑셀로 정리했다. 세 요소가 모두 만나는 지점에서 '에너지 효율성 향상을 통한 운영비 절감'이라는 공통분모를 발견하고, 이를 중심으로 제안서를 만들어서 경쟁사와 차별화를 시도했다. 팀원 모두가 승산이 적을 거라고 입을 모았던 고객을 대상으로 6개월 만에 계약을 성사했다.

작은 교집합부터 찾고 하나씩 확장하라

교집합을 찾았다면, 이제 이를 점진적으로 확대해 나가는 전략이 필요하다. 작은 접점에서 시작해 점진적으로 교집합을 확대하는 전략이 필요한데, 처음부터 전략을 확대하는 대신 소규모 파일럿 프로젝트를 통해 시장성을 점검하면서 방향을 빠르게 잡아 나가는 게 효과적이다. 나는 이 방법을 '잘게 부수며 전진하기' 접근법이라고 부른다.

경쟁사 제품을 사용하다가 품질 불량이 생겨 우리 회사 솔루션을 긴급 검토하던 고객사가 있었다. 현장에 실무자와 제품 평가를 하고 있었는데, 회사 대표가 나타났다. 품질 문제 해결은 물론 작업 환경 개선까지 가능하다는 점을 강조했다. 작업자 건강까지 챙길 수 있다는 말에 대표의 표정이 밝아졌다. 사실 같은 설명을 품질팀 실무자에게도 했었지만 크게 관심을 두지 않았다. 품질 이슈를 해결하는 것까지가 자기 일이라고 생각했기 때문이다. 하지만, 회사 대표는 더 많은 관심사를 가지고 회사를 운영하기 마련이다. 품질이라는 비즈니스 가치에 직원 복지라는 사회적 가치를 더해 잘게 부수며 전진하기를 시도한 셈이다. 대표의 지시로 우리 회사 솔루션이 채택되었고, 회사에서 생산하는 다른 제품에까지 확대 적용되었다. 신규 고객뿐 아니라 기존 고객과도 공통분모를 넓혀야 한다. 어떤 가치를 더해야 고객이 확신을 가질 수 있을지 끊임없이 고민해야 한다. 교집합을 키울수록 뿌리가 깊어져 오랫동안 흔들리지 않는 건강한 비즈니스를 만들기 때문이다.

'잘게 부수며 전진하기'의 다른 장점을 보여주는 경험도 있다. 정부 주도로 특정 산업에 많은 자본이 투자되던 시기였다. 연일 뉴스 기사에 보도될 정도로 분위기가 뜨거웠다. 우리 부서에서도 이 산업에 신규 먹거리를 찾아보면 좋겠다는 말이 나왔다. 서울과 경기, 충청과 전라, 경상 지역을 담당하는 팀에서 영업사원 1명씩을 차출해 파일럿 프로젝트팀을 구성했다. 시장성 조사 기간을 1개월로 잡고 최대한 많은 업체를 방문했다. 예상보다 비즈니스 기회가 많지 않다는 결론이 나왔다. 파일럿 프로젝트의 결과를 있는 그대로 전체 팀에 공유했다. 혹시나 하는 기대를 했던 팀장과 팀원들이 실망하는 분위기였지만, 정작 나는 담담했다. 프로젝트팀이 빠르게 시장조사를 한 덕분에 다른 팀원이 같은 일을 하거나 더 큰 시행착오를 하는 데 쓸지 모를 시간과 비용을 아낄 수 있기 때문이다. 가능성이 보이지 않는 시장에서는 과감하게 발을 빼는 게 상책이다.

교집합 사고가 협업을 키운다

교집합 사고법은 협업 강도를 높일 때 진가를 발휘한다. 우리 회사는 산업 자동화 트렌드에 맞추어 자동화 솔루션에 대한 투자를 늘려나가고 있다. 자동화에 대한 전문성이나 서비스 제공 없이 소재만 제공해서는 고객의 문제를 돕는 데 한계가 있다고 판단해서다. 다만 자동화는 원래 우리 회사의 전문 영역이 아니라 서비스 확대를 위해서는 자동화 전문 업체와의 파트너십이 필수다. 미국 본사에서 구축한 글로벌 파트너십에 더해 국내 파트너십도 개발해 서비스를 강화하기로 했다.

업체 탐방에 나섰다. 소재와 자동화 솔루션을 묶어서 함께 시장을 개발하자는 우리 측 제안에 관심을 보인 업체 중에 D 사가 있었다. 처음 만난 자리에서 우리는 자동화 전문성을 높여 비즈니스 영역을 높이고 싶다고 밝혔고, D 사는 특정 산업의 높은 의존도에서 벗어나야 하는 숙제가 있다고 밝혔다. 다양한 산업에 솔루션을 공급하고 있는 우리 회사의 비즈니스 모델을 발판으로 D 사가 고객 다양화할 기회를 발견할 수 있다는 긍정적인 기대감을 읽었다. '비즈니스 확대'라는 교집합에 '비즈니스 파트너십'이라는 새로운 협업 모델을 채우는 순간이었다. 그렇게 본격적인 파트너십이 시작되었고, 자동화 니즈가 있는 고객을 초대해 장비 시연을 하자 고객의 만족도가 크게 높아졌다. 우리 팀원들의 자동화에 대한 이해수준이 크게 높아진 것 역시 큰 소득이었다.

교집합 사고법은 영업 기법이 아니라, 모든 이해관계자의 윈-윈을 창조하는 비즈니스 철학이다. B2B 솔루션 영업사원이라면 고객이든, 협력사든 모든 이해관계자의 요구를 파악하고 통합하는 능력을 연습해야 한다. 관심사의 공통 영역을 발견하여 점진적으로 확장해 나가는 교집합 사고력은 성과와 협업의 두 마리 토끼를 잡는 최고의 무기이기 때문이다.

8

지금 만나고 있는 고객은 '진짜 고객'인가

사람들이 내 제품을 사지 않는 건, 더 많은 돈을 내고서라도
내 것보다 더 좋은 걸 사려고 기다리고 있기 때문이다.

－'타이탄의 도구들' 중에서

당신이 지금 상대하고 있는 고객은 진짜 고객이 맞는가? 고객의
반응이 미지근하거나 프로젝트에 진척이 없이 지지부진하기만 하다
면, 애초에 당신이 선택한 고객이 진짜 고객이 아닐 가능성이 크다.

B2B 솔루션 세일즈의 성과를 내려면 승률이 높은 양질의 비즈니
스를 골라내는 안목이 필요하다. 아무리 큰 고객사라고 하더라도, 솔
루션의 가치를 알아보지 못하거나 문제 해결에 진지한 의지가 없다면
실제 고객이라고 할 수 없다. 지금 자신의 세일즈 파이프라인을 한번
들여다보자. 실제 매출로 이어질 가능성이 큰 프로젝트는 몇 개나 되
는가? 혹시 '되면 좋고 말면 말지'라는 식의 프로젝트를 붙들고 있지는

않은가? 최근 한 달 동안 만났던 고객 중 '진짜 고객'은 몇 명이나 되는가? 가짜 고객을 상대하느라 소중한 시간은 물론, 팀의 자원까지 낭비하고 있지는 않은가? 세일즈포스(Salesforce)의 연구에 따르면, 영업 담당자들이 진짜 영업활동에 투입하는 시간은 하루 중 단 34%에 불과하다고 한다. 나머지 66%는 견적서 작성, 행정 업무, 그리고 성사 가능성이 낮은 잠재 고객을 상대하는 데 쓴다고 한다. 생산성 높은 영업 활동을 위해서는 진짜 고객에게만 집중해야 한다.

영화배우 송강호 씨는 작품을 선택하는 안목이 높은 것으로 유명한데, 자신만의 확고한 기준이 있기 때문이라고 한다. 출연료가 많다고 아무 작품이나 수락하지 않는다. 작품성이 얼마나 좋은지와 배역을 제대로 소화할 수 있는지를 두고 신중하게 고민해 작품을 고른다. B2B 솔루션 영업사원도 마찬가지다. 제대로 된 고객과 비즈니스 기회를 선정하는 안목과 기술이 필요하다. 고객이 진짜로 원하는 것이 무엇인지를 파악하고, 그 문제를 해결할 수 있는 준비가 되어있는지를 냉철하게 따져본 후에 본격적으로 비즈니스에 착수해야 한다. 아무 비즈니스나 붙들고 시간 쓰는 대신 검증 후 선택해야 성과를 낼 수 있다.

BANT 프레임: 진짜 고객을 검증하는 네 가지 질문

BANT는 예산(Budget), 권한(Authority), 니즈(Needs), 시기(Timing)의 앞 글자를 딴 고객 검증 프레임이다. IBM에서 1960년대에 개발한 이 방법론은 현재까지도 전 세계 B2B 영업 현장에서 가장 널리 사용되는 검증 도구다. 아래 질문을 통해 상대가 진짜 고객인지 파악할 수 있다.

- 예산(Budget): "이 문제 해결에 책정된 예산 규모는 어떻게 되시나요?"
- → 진짜 고객은 구체적인 예산 범위나 최소한 예산 승인 프로세스에 대해 명확히 답할 수 있다. "예산은 충분히 있어요"와 같은 모호한 답변은 경계 신호다.

- 권한(Authority): "최종 의사결정 프로세스와 핵심 의사결정권자는 누구인가요?"
- → 의사결정 구조가 복잡할수록 영업 주기가 길어진다. 진짜 고객은 누가 언제 어떤 기준으로 최종 결정을 내리는지 구체적으로 설명할 수 있다.

- 니즈(Needs): "현재 직면한 문제는 얼마나 긴급하고, 이 문제가 해결되지 않으면 비즈니스에 끼치는 영향은 어느 정도인가요?"
- → 문제의 심각성을 수치나 구체적 사례로 설명할 수 있다면 진짜 니즈가 있다고 볼 수 있다. 막연한 개선 욕구와 절박한 문제 해결 의지는 천지 차이다. 우리가 선택할 쪽은 당연히 후자다.

- 시기(Timing): "이 문제는 언제까지 해결되어야 하나요? 만약, 일정이 지연되면 어떤 문제가 발생하나요?"

→ 진짜 고객은 명확한 데드라인과 지연 시 발생할 구체적인 리스크를 설명할 수 있다.

만약 고객이 이 질문들에 명확하게 답하지 못하거나 불편해하는 기색을 보인다면 본격적인 세일즈 활동에 착수하기를 재고해야 한다. 정말로 문제가 심각하고 해결이 절박한 고객이라면 모든 질문에 어떤 방식으로든 분명한 의사표시를 하기 때문이다. 회피성 응답은 아직 준비되지 않은 고객이거나, 진짜 고객이 아닐 가능성이 높다는 신호다.

BANT 프레임을 사용하기 전의 나는 고객의 말과 직관에 의존했다. "급해요.", "대량 구매할 거예요." 같은 말에 끌려다녔다. 결과는 참담했다. 긴급하다던 요청은 며칠 만에 흐지부지됐고, 대량 구매 약속은 가격 협상을 위한 수단으로만 사용되었다. 분명한 설명도 없이 프로젝트가 사라지니, 동료들의 실망만 커졌다. 팀 자원만 축내는 '양치기 소년' 취급을 받으며 신뢰를 잃었다.

현장 시공 평가와 내부 평가까지 모두 마친 후 결과 보고서를 작성해 제출했다. 발주서 받을 생각으로 들뜬 마음으로 미팅 장소로 향했다. 담당자는 평소 인사를 나눈 적 없던 상사를 대동했다. 최종 의사결정권자라는 생각이 들어 평가 결과를 상세히 보고했다. 긍정적인 결과에도 불구하고 어떤 이유에서인지 보고받는 내내 떨떠름한 표정만 지었다. 마침내 입을 열었다.

"김 차장, 내가 국산 회사 제품만 사용해야 한다고 말했었잖아요?"

예상하지 못한 상황에 담당자도 나도 아연실색했다. 그때까지 담당자 말만 듣고 평가를 하며 공을 들였다. 진즉에 그의 의사결정 권한(Authority)을 파악해야 했다. 결국, 4개월의 시간만 버린 꼴이 되었다.

이런 악순환을 끊은 것이 바로 BANT 프레임이었다. 구체적인 니즈가 있고, 프로젝트 목표가 명확한 고객만 선별하기 시작했다. 애초에 승률이 높은 비즈니스만 선정해서 영업활동을 집중하니 성과가 크게 높아졌다. 프로젝트 마무리까지 걸리는 시간이 줄어들었고, 성사율도 크게 올랐다. 무엇보다 수익성이 높은 프리미엄 제품 판매 승률이 높아진 게 가장 큰 수확이었다. 솔루션의 가치를 인정하는 고객에게 집중한 결과다. 반대로 진짜 고객이 아니라고 판단이 되면 미련 없이 발을 뺐다. 생산성이 높으니 사내 신뢰가 회복되었고, 대리점의 만족도도 함께 올랐다. BANT 프레임을 활용해 좋은 기회를 선정하면 적중률이 낮은 소총수도 백발백중의 명사수가 될 수 있다.

고객의 질문에 힌트가 있다

고객이 어떤 질문을 하는지를 유심히 살펴 진짜 고객인지 아닌지를 파악할 수도 있다. 자고로 질문에는 말하는 사람의 진정성이 반영되어 있기 때문이다. 진짜 고객은 첫 미팅부터 구체적인 질문을 던진다. "귀사 솔루션을 도입한 기업 사례를 공유해 줄 수 있나요?", "검증 과정에 필요한 장비는 유상인가요?", "직접 납품하나요, 대리점을 통해 납품하나요?", "기존 시스템과의 연동에 문제는 없나요?", "사후 지원 체계는 어떻게 되나요?"처럼 실제 도입을 전제로 한 구체적인 질문들을 쏟아낸다.

반대로 고객의 질문 속에서 솔루션 도입 의지가 읽히지 않는다면, 본격적인 영업활동 착수를 재고해야 한다. "가장 저렴한 옵션이 뭔가요?", "경쟁사보다 싸게 공급할 수 있는가요?", "샘플이랑 평가를 무료로 제공하나요?"처럼 가격이나 무상 서비스에만 초점이 맞춰져 있다면 좋은 비즈니스 기회라고 보기 어렵다.

썩은 감자는 과감히 버려라

썩은 감자 하나가 박스 전체를 망치듯, 검증되지 않은 기회 하나가 파이프라인 전체를 망친다. 성공 가능성이 작거나, 실속 없는 일회성 비즈니스를 거를 수 있어야 양질의 비즈니스에 집중하고 지속적인 성과를 기대할 수 있다. 매켄지의 연구에 따르면, 성과가 높은 영업 조직일수록 파이프라인을 더 자주, 더 과감하게 정리한다고 한다. 기대만큼 진전이 없는 프로젝트가 있다면, BANT 프레임을 적용해 보시라. 정리해야 할 프로젝트가 생각보다 많다는 것을 알게 될 것이다. 파이프라인을 채우는 데 급급해서 검증을 소홀히 하면 결국 자원만 낭비하고 생산성은 나지 않는다는 것을 명심해야겠다.

아마존의 창립자 제프 베조스는 '고객 중심'의 사업 철학으로도 유명하지만, 동시에 "모든 고객을 만족시킬 필요는 없다."라고 강조한다. 모든 고객을 만족시키려다 보면 성과를 낼 수 없기 때문에, 명확한 타깃 고객에게 자원을 집중해야 한다는 말이다. B2B 솔루션 세일즈도 마찬가지다. 모든 잠재 고객을 같은 눈높이로 상대해서는 안 된다. 2024년 가트너 보고서에 따르면, 디지털 전환이 가속화되면서 B2B 구매 프로세스는 더욱 복잡해지고 있다. 평균 의사결정권자 수가 6.8 명에서 8.4명으로 더 늘어났다. 프로젝트가 진행될수록 의사결정이 변할 가능성도 그만큼 커졌다는 말이다. 정교한 기회 검증이 필요한 이유다.

반드시 기억해야 할 점은 정확한 기회 검증을 통해 올린 성과가 팀내 협업의 지속 가능성을 좌우한다는 것이다. 검증된 기회로 성과를 내면 동료들은 당신의 요청에 더 적극적으로 응답한다. 성공률이 높을수록, 성과가 클수록 내부 신뢰와 지원이 늘어나서 승률이 더더욱 높아지는 선순환이 만들어진다. 반대로 성사 가능성이 낮은 프로젝트를 반복적으로 가져오면 팀의 지원은 점차 줄어든다. 결국, 혼자서 모든 걸 해결해야 하는 고립된 상황에 직면하게 된다. '진짜 고객'을 선별하는 능력은 개인의 성과뿐만 아니라 조직 내에서의 영향력과 협력 관계를 결정하는 핵심 역량이다.

진짜 고객이 아닌 신호

첫 상담부터 '긴급'과 '상당한 물량'을 강조한다.

무리한 수준의 샘플, 제품 평가에 대한 무상 서비스를 요구한다.

문제 해결이 긴급하다면서도 최저가 공급을 강조한다.

대외비 등을 이유로 문제 상황에 대한 정확한 내용을 알려주지 않는다.

모든 결정권이 자신에게 달려 있다는 점을 강조한다.

회사 대표 또는 상급자의 의사결정을 핑계로 프로젝트 일정을 수시로 바꾼다.

연락이 잘되지 않거나, 30일 이상 고객으로부터 연락이 없다.

BANT 프레임 질문 중 2개 이상 항목에서 명확한 답변을 얻지 못했다.

고객 방문 상담 계획서 양식

고객 방문 상담 계획서

방문 일정 및 담당자 정보					
방문 일시	고객사명	부서명	이름	직함	비고

고객사 및 산업 분석					
해당 업계	업력	주요 사업 및 제품	매출(최근 3년)	주요 거래처	비고

고객사 관련 동향		
최근 대외 홍보 및 언론 보도	경쟁사 동향	업계 및 부서 주요 이슈

상담 목표				
방문 목적	상세 목표(미팅 후 고객은 …. 을 할 것이다)	진행 방식	상담 도구	비고

질문 계획 – 배경 / 검증 / 가치		
구 분	질문 작성	
배경 질문		비즈니스 현황 및 사업부 이슈, 핵심과제 및 담당자 KPI
검증 질문		예산(B), 권한(A), 니즈(N), 기한(T)
가치 질문		상황(S), 문제(P), 영향(I), 기대효과(N) 및 비용 효과(C)

고객질문 예상 및 답변 계획	
예상질문 1	답변계획 1
예상질문 2	답변계획 2
예상질문 3	답변계획 3

즉시 조치 및 후속 계획	
즉시 조치 및 후속 계획	
목표 달성 여부 및 보완점	

상담 계획서, 성과를 부르는 마법의 주문

고객 방문 상담 계획서 작성은 신입사원뿐만 아니라 모든 영업사원에게 필요하다. 신입사원은 상담 계획서를 통해 놓치지 말아야 할 내용을 사전 점검할 수 있고, 상담 보조 도구도 미리 챙길 수 있다. 무엇보다 상담 상황을 미리 그려볼 수 있는 '이미지 트레이닝'을 통해 고객의 입장을 헤아려보는 기회를 가질 수 있다. 객관적이고 설득력 있는 상담을 준비하는 데 큰 도움이 된다.

베테랑 영업사원이나 주요 고객 담당자에게도 효과가 크다. 오랫동안 비즈니스를 이어오며 각별한 관계를 맺어온 영업사원들은 대부분 고객사 사정을 잘 안다고 자신한다. 하지만 막상 상담 계획서를 작성해 보면 놀라게 된다. 최근 고객사의 조직 개편이나 신규 사업 동향, 경쟁사 현황 등 많은 것을 놓치고 있었다는 사실을 깨닫게 되기 때문이다.

전략적 상담 계획서 작성법

상담 계획서는 방문 전날 또는 최소 상담 한 시간 전에 미팅 장소 인근 카페와 같은 조용한 곳에서 미리 작성하자. 특히 '방문 목적'과 '상담 목표'만큼은 진지하게 고민해서 적자. '신규 솔루션 소개'나 '3분기 발주 가능성 타진'과 같이 방문 목적을 명확히 하고, '솔루션 도입 검토를 위한 후속 미팅 약속 잡기'처럼 구체적인 목표를 세우는 것이 좋다. 명확한 목적과 목표를 설정하고 머릿속에 각인시키는 작은 의식을 통해 고객 상담의 생산성을 높일 수 있다.

고객사 사업 및 동향 관련 사전 조사는 핵심만 골라서 간단하게 작성해도 충분하다. 고객사 홈페이지에서 대외적으로 공개한 사업 비전과 경영 목표, 조직도 등의 정보를 빠르게 살핀다. 검색을 통해 시장 및 경쟁 현황, 사업 동향 관련 주요 기사를 파악한다. 이 정도만 사전에 살피고 상담에 들어가더라도 준비된 영업사원과 산업 전문가로서의 이미지를 보여줄 수 있어 고객에게 신뢰를 준다.

상담 전에 미리 질문을 설계해야 한다. 현장 분위기에 휩쓸려 불필요한 방향으로 상담을 진행하거나, 끝나고 나서야 핵심 질문을 놓쳤다는 걸 깨닫는다면 성과를 기대하기 어렵다. 상담 계획서를 통해 미리 준비한 질문이 성공적인 상담을 만든다. 사전 조사 과정 중에서 궁금한 부분이 있었다면 좋은 질문 후보가 된다. 단, 방문 목표와 관련되거나 프로젝트 결과에 긍정적인 영향을 줄 수 있어야 한다. "자동화 도입을 통해 생산성 혁신을 꾀한다는 대표이사님 인터뷰 기사를 봤습니다. 마침, 자동화 관련 솔루션 소개 자료가 있는데 오늘 잠깐 설명해 드려도 될까요?"와 같은 질문은 고객사에 대한 영업사원의 진지한 관심과 전문성을 보여주기에 충분하다.

앞서 설명한 BANT(예산·권한·니즈·일정) 프레임 질문법이나 SPIN(상황·문제·영향·해결 효과) 질문법 등 다양한 상담 기법을 공부해서 자기만의 질문 기술로 익히기를 추천한다. 참고로 SPIN 질문법은 고객 스스로 잠재 문제와 솔루션의 가치를 인식하는 과정을 돕는 질문법이다. 닐 라컴의 '당신의 세일즈에 SPIN을 걸어라'를 통해 깊이 있게 공부할 수 있으니, 일독을 권한다.

지속적 성장을 만드는 습관

상담 계획서는 전문성을 높이며, 고객 중심 마인드를 유지하여 영업 성과를 높여주는 전략적 도구다. 주요 고객사(Key account)는 최소 월 1회, 일반 고객사라면 분기 1회 정도 반드시 작성하는 습관을 들이자. 꾸준히 작성하다 보면 작성 시간은 점차 줄어들고 그 효과는 몸소 느낄 정도로 크다. 30분이면 충분하다.

5장

팀 세일즈로 높게 날기

1

팀 세일즈를 만드는 리더십

리더십은 다른 사람의 성공을 돕는 것이다.

—셰릴 샌드버그(前 메타 COO)

열심히 일하는 팀과 즐기는 팀이 대결하면 어느 쪽이 이길까. 단기적으로는 열심히 하는 팀이 유리하지만, 장기적으로는 즐기는 팀이 유리하다. 열심히 하는 팀은 구체적인 목표에 집중해 접근하기 때문에 단기적인 성과를 달성하는 데 강점을 보인다. 반면 즐기는 팀은 흥미를 바탕으로 일하기 때문에 스트레스가 적고, 새로운 아이디어와 창의적인 태도로 접근하여 장기적으로 더 큰 성과를 만든다. 이런 관점으로 보면 즐기면서도 열심히 일하는 팀이 가장 강력해 보인다. 하지만 그보다 더 강한 팀이 있다. 바로 실패를 두려워하지 않는 팀이다.

비서 리더십

'보스형 리더십'은 권위를 앞세우고 일방적으로 결정해 목표를 부여하고, 업무를 지시하는 유형이다. 강한 추진력을 기대할 수 있지만, 그만큼 부작용도 크다. 팀원으로서는 일방적인 지시 아래 자율성이 제한되고, 실패에 대한 부담이 커져 사기가 저하될 수 있기 때문이다. 유기적인 협력보다는 자기 일만 처리하는 소극적인 태도를 보이기 쉬우며, 이는 결국 조직의 성과를 평범한 수준에 머물게 만든다.

이와 대조적인 유형이 '비서형 리더십'이다. 리더가 전면에 나서기보다 구성원의 보조자 역할을 자처한다. 권위를 앞세우는 대신, 조직이 나아가야 할 방향만 제시하고 본인은 팀이 나갈 길에 놓인 장애물을 제거하는 데 집중한다. 팀원 개개인의 역량과 강점을 고려해 임무를 부여하고, 자율성을 보장함으로써 팀원 스스로 자신감을 느끼고 업무에 몰입하게 만든다. 이렇게 자율성과 신뢰를 바탕으로 만들어진 환경에서는 일이 곧 놀이가 된다.

이 두 가지 유형의 리더를 연이어 만난 경험이 있다. A 팀장은 회의 때마다 "저는 여러분보다 훨씬 다양한 경험을 해왔습니다. 이 회사에서 어떻게 일을 풀어야 하는지는 누구보다 제가 가장 잘 압니다. 저를 믿고 따라와 주시면 됩니다. 올해 목표를 반드시 맞춰야 하기 때문입니다."라는 말로 목표 달성에 대한 강한 의지를 드러냈지만, 팀원들에게는 오히려 실패에 대한 압박감만 키워주고 말았다. B 팀장은 정반대였다. 그는 프로젝트의 배경과 의미를 투명하게 설명하고, 각자의 역할에 대한 기대치만 전달했다.

"여기 계신 분들이 저보다 훨씬 전문가니까, 저는 여러분들의 의견을 믿고 따를게요. 설령 실패가 걱정이면, 함께 고민합시다. 함께 정한 결정에 대한 책임은 제가 질게요. 그런 일을 하라고 제가 이 자리에 있는 거니까요."

그의 비서형 리더십은 팀원들의 자발적 참여와 협업을 자연스럽게 끌어냈다.

솔직한 리더십이 만드는 긍정적 효과

B 팀장이 특별했던 이유는 단순히 역할을 양보했기 때문이 아니다. 한 가지 탁월한 무기가 있었는데, 바로 솔직함이었다. 그는 "저는 이거 잘 모릅니다.", "가르쳐 주세요.", "저보다 잘하시는 분들이 도와주세요."라고 스스럼없이 말할 수 있는 용기를 가진 사람이었다. 회의 중간에 이해가 되지 않으면 "방금 설명했던 부분을 조금만 더 쉽게 말해 줄 수 있어요? 무슨 말인지 진짜로 몰라서요. 무식해서 죄송합니다. 허허."라며 익살맞은 웃음을 섞어 솔직함을 드러냈다.

그의 열린 태도는 팀 전체에 빠르게 전파됐다.

"팀장님, 사실 저도 이 부분은 헷갈립니다.", "제가 알고 있는 부분은 여기까지가 전부입니다.", "도움이 될지 모르겠지만, 한 가지만 보태면요."와 같은 열린 대화가 자연스럽게 오갔다. 모르는 것을 감추지 않고, 서로 배워가는 문화가 자리 잡혔다. 사실, 모든 일을 완벽하게 파악하고 실수 없이 처리하는 사람은 없다. 전문가조차도 시행착오를 통해 실력을 키운다. 반면, 알지 못하면서 아는 척하는 자세는 팀의 신뢰를 해치고 협업을 방해할 뿐이다.

과거 나는 영업사원은 무엇이든 알고 있어야 한다는 강박감에 시달렸다. 상사나 동료, 고객 앞에서 모르는 것을 드러낼 용기가 없었고, 결국 어설프게 아는 척하며 순간을 모면하곤 했다. 하지만 B 팀장의 리더십을 경험한 이후, 생각이 완전히 바뀌었다. 부족함을 드러내는 말을 거리낌 없이 꺼내기 시작했다.

"수석님, 솔직히 저는 방금 설명하신 그 부분을 잘 모릅니다. 시간을 조금 내서 가르쳐 주시면, 열심히 배워서 꼭 도움이 되도록 하겠습니다."

놀랍게도 그런 것도 모르고 일하냐며 비웃거나 실망한 고객은 단한 명도 없었다. 오히려 솔직한 자세에 신뢰를 느끼며 적극적으로 도와주었다. 용기를 내니 더 많이 배울 수 있게 되었고, 덤으로 신뢰까지 얻게 되었다.

실패를 두려워하지 않을 때 성과가 일어난다

신규 프로젝트 착수 계획을 세운 지 얼마 지나지 않았을 때였다.

"팀장님, 제 제안을 지지해 주시는 점은 정말 감사한데요, 사실 걱정이 조금 있습니다. 이 프로젝트로 개발되는 비즈니스 기회는 클로징 확률이 상대적으로 낮을뿐더러, 설령 클로징한다고 하더라도 실제 매출이 발생하는 데까지 시간이 오래 걸릴 수 있습니다. 누군가 투자 대비 성과를 추궁하면 팀장님께서 난처하실까 봐 걱정됩니다."

말이 끝나기 무섭게 돌아온 B 팀장의 대답은 단호했다.

"그게 다인가요? 다른 걱정은 없는 거죠? 별거 아닌 것 같은데요. 그냥 합시다. 하하. 문제 생기면 제가 다 책임질게요. 혹시 다른 도움 필요한 것 있으면 알려주시고요. 하하."

어떤 제안이든 매번 똑같은 그의 반응에 좀처럼 적응이 되지 않았다. 팀장의 지지를 받고 있다는 만족감과 내 걱정이 제대로 전달되기는 한 건가 싶은 찜찜함이 섞여 혼란스럽기까지 했다. 차츰 팀장의 대범한 모습에 익숙해지자, 걱정하는 마음은 온데간데없이 사라졌다. 어떻게 하면 프로젝트를 성공시킬 수 있을지만 오롯이 생각을 집중할 수 있게 되었다.

실패에 대해 뒷감당하지 않아도 된다는 염치없는 안도감 덕분인지 내 태도가 적극적으로 바뀌었다. 머릿속에 묵혀만 묵혀 놓았던 아이디어를 하나둘 꺼내어 계획을 세우고, 과감하게 실행하는 내 모습을 발견하기 시작했다. 이런 모습은 비단 나뿐만이 아니었다. 팀원들 모두가 눈에서 레이저가 나올법한 집중력과 적극적인 모습으로 프로젝트에 뛰어들었다. 우리 팀은 빠르게 실패하고, 실패를 통해 함께 배워가며, 주저 없이 다음 아이디어를 논의하는 팀으로 체질이 바뀌었다. 스스로 찾아서 일하고, 아이디어를 교류하며 함께 성장하는 팀 세일즈 문화가 만들어진 것이다.

어느 날 식사 자리에서 팀장에게 물었다.

"팀장님, 진짜 실패에 대해서 아무 걱정 안 됩니까? 어떻게 그렇게 대범할 수 있습니까? 비결이 뭔가요? 원래 타고난 뱃심이 좋은 건가요?"

그의 대답은 의외였다.

"비결은 무슨 비결. 사실, 겁이 나죠. 솔직히 말하면 나도 예전에 모셨던 상사한테서 배운 대로 따라 하는 것뿐이에요. 리더라면 저런 모습을 보여줘야 팀원이 진심으로 움직인다고 느낀 게 있었거든요. 실패? 머리 긁적이고 백번 죄송하다고 하면 되겠지요. 그래도 안 되면? 솔직히 나도 몰라. 하하."

그의 해맑은 웃음을 바라보며, 진정한 리더십이 무엇인지에 대해 진지하게 생각하게 되었다. 그도 실패에 대한 걱정이 있었겠지만, 용기를 냈을 뿐이다. 그 용기가 우리를 '겁 없는 팀'으로 만들어 주었다.

흥미로운 것은 조직의 리더나 높은 직책이 있어야만 리더십을 발휘할 수 있는 것이 아니라는 점이다. 영업사원도 비서 리더십과 솔직한 태도를 보여줄 때 동료들과 강력한 협업을 일으킬 수 있다. 동료의 업무를 먼저 도와주고, 팀의 사소한 불편을 먼저 챙기며 '비서형 동료'를 자처하면 신뢰를 얻고 협업을 끌어낼 수 있다. 내가 목격한 C 사원이 바로 실증 사례다.

C 사원은 팀 내에서 막내 축에 속했지만, 항상 동료들을 먼저 챙기는 모습을 보여주었다. "책임님, 내일 평가 준비에 일손 부족하시

죠? 제가 시편 만드는 거라도 도우러 갈 수 있어요", "차장님, 내일 행사 준비하신다고 바쁘시죠? 제가 도움 드릴 게 없을까요?", "부장님, 내일 프레젠테이션 준비에 정신없으시죠? 총연습 필요하시면 제가 청중 역할 해드릴까요?"처럼 동료를 돕는 일을 자처했다. 누가 시킨 것도 아닌데 동료의 일을 자기 일처럼 여기는 모습에 신뢰를 느끼지 않을 사람이 없었다. 특히 인상적이었던 건 그가 자신의 부족함을 솔직하게 드러내는 태도였다. "이 부분은 제가 아직 경험이 부족해서 잘 모르겠습니다. 선배님들께 배우고 싶어요", "제 아이디어가 틀릴 수도 있지만, 혹시 이런 방법은 어떨까요?"라며 겸손하면서도 적극적으로 의견을 제시했다. 그의 솔직함은 다른 동료들도 자신의 어려움을 터놓고 이야기할 수 있는 분위기를 만들었다. 서로의 강점을 나누고 약점을 보완해 주는 협업 문화를 형성하는 역할을 한 것이다. 직책이 아닌 태도로 이끄는 리더십, 그게 바로 팀 세일즈를 만드는 힘이다.

2 '퍼스트 펭귄' 정신으로 일으키는 협업

변화는 누군가의 용기 있는 첫걸음에서 시작된다.

–마크 저커버그(메타 CEO)

펭귄은 바닷속 어류나 갑각류를 먹기 때문에 바다에 뛰어들지 않고는 생존할 수 없다. 다만, 바닷속에 범고래, 상어, 물범 등 포식자가 기다리고 있는 게 문제다. 포식자가 무서워 눈앞에 먹이가 보여도 바다로 쉽게 뛰어들지 못한다. 다른 펭귄이 안전한지를 확인할 때까지 좀처럼 움직이지 않는다. 이런 와중에 무리 속에서 가장 먼저 뛰어드는 펭귄이 있다. 바로 '퍼스트 펭귄'이다. 다른 펭귄들은 퍼스트 펭귄이 물속에서 안전한 모습을 보고 나서야 뒤따라 뛰어든다. 포식자에 대한 두려움을 극복한 퍼스트 펭귄의 모습은 용기와 리더십의 상징이다.

우리 회사에는 이를 모티브로 한 특별한 포상제도가 있는데, 이름하여 '퍼스트 펭귄 어워드'다. 이 포상제도가 특별한 이유는 오직 프로젝트에 실패한 연구원만을 대상으로 시상하기 때문이다. 실패를 두려워하지 않은 새로운 시도를 장려하고, 실패로부터 배운 교훈을 조직의 성장 동력으로 삼기 위한 취지로 2003년부터 시행되고 있다.

용기 있는 영업사원이 팀 세일즈를 부른다

실패가 두려워 새로운 시도를 하지 않는 영업사원은 절대로 성과를 낼 수 없다. 성과를 내는 쪽은 남들이 가지 않는 길로 과감히 뛰어들어 자기만의 영역을 넓히는 시도를 아끼지 않는 영업사원이다. 실패가 두려워 망설이느라 시간을 낭비하지 않는다. 이들의 고민은 새로운 비즈니스 기회와 고객의 문제 해결 방법을 찾는 것뿐이다. 실패가 두렵지 않다면 거짓말일 것이다. 그런데도 목표에 한 발짝이라도 다가갈 수 있는 길을 찾아 용기를 낼 뿐이다.

퍼스트 펭귄 정신을 가진 영업사원은 새로운 시도의 달인이면서 동시에 실패의 달인이기도 하다. 한번 실패했다고 쉽게 포기하는 법이 없다. 바로 다음 방법을 찾아 시도한다. 실패를 숨기거나 부끄럽게 생각하지 않을뿐더러, 오히려 자신의 실패 사례를 적극적으로 공유해서 동료들이 같은 실수를 반복하지 않도록 돕는다. 이들에게 실패는 성공으로 가는 과정이자 성장의 발판일 뿐이다. 이들의 용기와 거침없는 실행력은 동료에게 신뢰를 줄 뿐만 아니라, 함께 용기를 내도록 돕는다.

불안한 감정이 주변 사람에게 전염되는 것처럼, 용기 또한 동료를 전염시킨다. 갤럽(Gallup)의 연구에 따르면, 조직 내 한 명의 용기 있는 행동이 주변 동료들의 업무 참여도를 최대 27%까지 높인다고 한다. 리더가 취약점을 드러내고 도전적인 목표에 도전하는 모습을 보일 때, 팀원들의 창의성과 문제 해결 능력이 40% 이상 향상된다는 하버드 비즈니스 리뷰의 2022년 연구 결과도 이를 뒷받침한다.

한 명의 용기가 팀 전체를 움직인다

특정 산업이 한창 호황이던 시기였다. 경기가 호황에 접어들면 덩달아 경쟁도 치열해진다. 매일 같은 고객들만 만나서는 성과 개선을 기대하기 어려워 신규 고객 접점을 넓혀야 했다. 팀장에게 전시회 참가를 제안했다. 팀장은 다른 부서에 있을 때 여러 전시회 참가 경험이 있었는데, 매출 신장에 그리 큰 도움이 되지 않았다며 답을 망설였다. 솔루션 구색도 제대로 갖추지 않고 섣불리 전시회에 나갔다가 괜히 망신만 당할지도 모른다는 내부의 걱정스러운 목소리도 들렸다. 포기하지 않았다. 전시회 성과에 대한 확신이 있어서가 아니었다. 솔직히 다른 방법이 떠오르지 않았다. 무엇보다 우리가 가 본 길이 아니었기 때문에, 한 번은 도전해 볼 가치가 있다고 믿었다.

"단기적인 성과가 없다고 하더라도, 분명 수없이 많은 고객에게 우리 솔루션을 선보일 좋은 기회가 될 겁니다. 우리가 이 산업에서 어떤 솔루션을 어디까지 준비해서 소개할 수 있을지, 고객 반응은 어떤지 확인할 수도 있을 테고요. 무엇보다 분명한 건, 변화는 시도하지 않고 지금까지 해오던 대로만 해서는 성장할 수 없다고 생각합니다. 기회를 주시면, 열심히 준비해보겠습니다."

적지 않은 비용을 들이고도 성과를 내지 못하면 어떻게 하나라는 두려움이 없었다면 거짓말이다. 전시회를 준비하는 내내 괜히 판 벌여서 쓸데없는 고생만 하고 있나 하는 생각이 들기도 했다. 무엇보다 오지랖 때문에 팀원들만 고생시키는 건 아닌지 하는 걱정이 컸다. 솔직히 전시회 나가지 않는다고 누가 뭐라고 하는 상황도 아니었다. 게다가 당시 나는 마케팅팀이 아닌, 영업팀을 이끌고 있었다. 그렇다고 해서 '전시회는 마케팅팀이 맡아야지.'와 같은 생각으로 업무 영역에 선을 긋고 싶지 않았다. 일단 누구라도 나서서 일을 시작하면 결국 힘을 모아 잘 해낼 수 있다고 믿었기 때문이다. 일이란 무릇 분위기가 분위기를 만든다. 영업팀이 '할 수 있다.'라는 분위기로 가득하면, 마케팅팀이든 개발팀이든 도움을 받은 경험이 수없이 많다.

예상대로 본격적인 전시회 준비가 시작되자 동료들이 하나둘 동참하기 시작했다. 디자인팀은 부스 디자인을 맡았고, 마케팅팀은 부스에 비치할 제품 소개 자료준비와 대외 홍보를 맡았다. 연구소 엔지니어는 현장에서 시연할 데모 샘플을 제작했다. 영업팀 선후배들은 조를 나눠 전시회 기간 내내 현장의 고객 상담을 맡아 주었다. 나의 용기 있는 제안이 팀 전체의 협업으로 번져나가는 것 같아 보람도 느끼고, 이런 팀원들과 일하고 있다는 게 행복하다는 생각이 들었다. 동료들의 적극적인 도움 덕분에 우리의 첫 번째 전시회 참가가 성황리에 끝났다. 시장에 우리 회사의 존재감을 확실하게 알릴 수 있었고, 많은 잠재 고객을 확보할 수 있었다. 이 성공 경험을 바탕으로 매년 여러 전시회에 참가하며 시장에 다양한 솔루션을 선보이고 있다.

두려움을 이기는 세 가지 실전 방법

실패에 대한 두려움에서 자유로운 영업사원은 없다. 다만, 남들보다 얼마나 더 용기를 낼 수 있느냐의 조그마한 차이만 있을 뿐이다. 내가 직접 효과를 본 용기 내는 방법 세 가지를 소개하고자 한다.

첫째, 두려운 감정에 당당히 맞서는 것이다. 무엇을 두려워하고 있는지, 그 실체를 냉철하게 따져보자. 코넬 대학의 연구에 따르면 걱정한 일의 91%는 일어나지 않을뿐더러, 그중 79%는 예상보다 훨씬 잘 해결되는 것으로 나타났다. 두려움은 그 실체가 분명하지 않은 경우가 많다는 사실을 떠올리는 것만으로도 두려움에 쫓기는 마음을 진정시킬 수 있다.

둘째, 주변 사람에게 솔직하게 조언을 구하자. 어떤 상황을 마주하고 있고, 무엇을 걱정하고 있는지, 어떤 해결방법을 고민하고 있는지를 솔직하게 밝히고 도움을 청하자. 본인보다 경험이 다양하고 정보가 많은 직속 상사나 선배의 조언이 유용할 때가 많다. 특히 실패 경험을 가진 선배들의 조언은 금과옥조다. 그들이 어떻게 실패를 극복했는지, 무엇을 배웠는지 듣다 보면 두려움이 한결 줄어든다. 때로는 후

배나 업무 밖의 사람들로부터 뜻밖의 좋은 아이디어를 구할 때도 있으니, 누구한테든 조언을 구하는 것을 망설이지 말자.

셋째, 결과가 아닌 행동 중심의 목표를 설정하자. '매일 3건의 신규 고객 방문 일정을 잡아야 한다'라는 강박관념 대신 '매일 30명의 신규 고객에게 전화를 걸겠다.'처럼 결과를 만드는 가장 중요한 행동을 목표로 하면 두려움이 크게 줄어든다. 행동은 내가 통제할 수 있지만, 결과는 수많은 변수에 달려 있다. '무엇을 시도할까.'라는 생각으로 할 수 있는 일에만 집중하면 실패의 두려움으로부터 자유로워진다.

용기가 만드는 협업의 선순환

전 KT 부사장이자 '일의 격'의 저자인 신수정 작가는 점점 더 정답이 없는 B2B 비즈니스 환경에서 유일하게 통하는 전략은 더 많이 시도하고, 더 많이 실패하며, 더 빠르게 역량을 축적하는 것뿐이라고 말했다. '인생을 두 배로 사는 강점 혁명'의 저자 김형준 작가 역시 용기 있는 사람이 시도하는 것이 아니라, 시도하는 사람에게서 용기가 생긴다고 말했다.

두려움이라는 감정은 마치 맹수 같아서 등을 돌려 도망칠수록 더 매섭게 달려든다. 반대로 두려움에 당당히 맞서 고민을 거듭하면 '이거 시도해 본다고 손해 볼 게 없겠는데?', '조직에서 이렇게 많이 도와주는데 못할 게 뭐가 있지?'처럼 어느 순간 두려운 마음은 사라지고 그

자리에 결연한 용기가 가득 찬다. 용기로 충만한 영업사원은 동료들의 마음을 움직이고, 팀 전체로 번져 새로운 도전에 함께 나서게 하는 원동력이 된다. 이것이 바로 용기 있는 행동이 부르는 협업이자 팀 세일즈다.

혹시나 실패할지 두려워 머릿속에만 가두어 놓았던 아이디어가 있다면, 바로 지금이 기회다. 완벽한 성공을 꿈꾸는 대신 당장 실행할 수 있는 작은 아이디어를 동료들과 적극적으로 공유하시라. 당신의 용기 있는 제안이 동료들의 숨겨진 열정을 깨우고, 팀 전체의 에너지를 끌어올리는 기적 같은 순간을 경험하시라. 모든 도전과 혁신의 시작점에는 누군가의 용기 있는 첫걸음이 있었고, 그 용기가 모여 팀 전체의 승리로 이어졌다는 것을 잊지 말자. 이제 당신이 퍼스트 펭귄이 될 차례다.

3
세일즈의 추월차선, 레버리지

작은 레버리지가 큰 성과를 만든다.
—래리 엘리슨(오라클 창업자)

영업 성과는 투입하는 시간과 노력에 비례할까? 유감스럽게도 꼭 그렇지만은 않다. 성과를 내는 영업사원은 같은 시간 안에 훨씬 높은 성과를 만들어낸다. 그 비결은 바로 '레버리지(지렛대)'다. 롭 무어는 그의 저서 '레버리지'에서 이렇게 정의한다.

"레버리지는 최소한의 노력과 시간으로 최대의 이익을 얻는 방법이며, 더 짧은 시간에 더 많은 일을 처리하고 이상적인 라이프스타일을 창조하는 기술이다."

이 개념을 B2B 세일즈에 적용하면, 조직과 동료의 역량을 최대한 활용해 성과를 극대화하는 전략이라 할 수 있다.

생산성 향상의 핵심, 레버리지

한 시간 동안 빵 10개를 만드는 사람이 있는가 하면, 같은 시간에 20개를 만드는 사람도 있다. 둘 다 열심히 일하지만, 생산성은 두 배 차이가 난다. 세일즈도 마찬가지다. 365일 같은 시간이 주어지는데도, 영업사원마다 성과는 천차만별이다. 그 차이는 레버리지를 얼마나 잘 활용하느냐에 달려 있다. 상사와 동료, 팀의 역량을 정확히 파악하고, 적시에 필요한 도움을 요청하는 능력. 이것이 영업 성과의 결정적 차이를 만든다.

신규 고객 발굴에 대한 고민이 많았던 시절이었다. 고객센터로 걸려 오는 전화나 대리점 연락에 의존하던 관행에서 벗어나기로 했다. 혼자서 콜드콜을 시작했다. 매주 반나절을 전화 시간으로 정하고, 업체 목록을 하나하나 지워가며 전화를 걸었다. 결과는 참담했다. 고객 대부분은 시큰둥했고, 스팸 취급을 받기 일쑤였다. 간혹 담당자와 연결되더라도 조급한 마음에 횡설수설하다 통화가 허무하게 끝났다. 콜드콜로 성과를 내려면 농사꾼과 같은 전문성과 인내심이 필요하다는 걸 이때의 경험으로 깊게 깨달았다. 그때 문득 한 가지 해결책이 떠올랐다. 바로, 내근 영업팀이었다. 콜드콜을 직접 담당하는 조직인 데다가, 경험이 쌓이면서 콜드콜 기술이 부쩍 좋아졌다고 들은 적이 있었다. 다만 우리 사업부의 솔루션과 고객에 대한 이해가 낮은 게 유일한 문제였다.

조급함을 내려놓고 장기적 관점으로 접근하기로 했다. 씨앗을 파종하고, 물을 주며 살뜰하게 농사를 짓는 마음으로 먼저 내근 영업사원의 역량 강화에 시간을 투자하기로 했다. 다행히 그도 내 제안을 흔쾌히 받아들였다. 솔루션의 핵심 특성과 응용 사례, 고객의 관심사와 예상 질의에 대한 응답을 차례차례 교육했다. 간단한 실습 기회도 제공하고, 영업부 미팅에 참석해 실전 감각을 익히도록 도왔다. 고객 상담 시나리오를 함께 개발하고, 산업별 관심사에 맞춘 상담 가이드를 만들었다. 길게 통화가 어려운 고객을 위한 이메일 제안서도 미리 준비했다. 결과는 놀라웠다. 방문 성공률(Door Opening Rate)이 4배 가까이 증가했다. 덕분에 내근 영업사원의 자신감도 크게 올라 방문계획이 계속 잡혔고, 외근 영업팀은 필드 세일즈에 집중하며 생산성을 높일 수 있게 되었다. 레버리지에 투자한 시간과 노력이 곱절의 결과로 돌아온 순간이었다.

레버리지의 확장

이 경험이 그동안 영업을 바라봤던 프레임을 완전히 바꿨다. 내 전문성을 바탕으로 집중해야 할 일과 조직의 전문성을 빌릴 수 있는 부분을 나누어 전략을 짜기 시작했다. 적극적으로 레버리지를 활용하기 시작한 것이다. 전시 부스 디자인을 사내 디자인팀에 맡겼더니, 상상 이상 수준의 결과물이 나왔다. 외부 업체와의 파트너십을 맺어 서비스 품질을 끌어올릴 수 있었고, 다양한 비즈니스 모델을 만들 수 있게 되었다. 성과는 눈덩이처럼 불었고, 프로젝트에 참여한 모든 이들의 노력도 함께 빛났다. 더는 혼자서 모든 걸 해결하려 애쓰지 않게 되었다. 더 쉽고 빠르게 성과를 만들고, 더 많은 사람과 성과를 나누는 기술. 레버리지이자 팀 세일즈의 핵심 접근법이다.

평소 관심을 두지 않았던 주변 부서 사람들에게 호기심을 가져 보기를 권한다. 신규 조직이 발표되면 그들에 대한 회사의 기대와 역할, 업무 목표를 꼼꼼히 읽어보자. 자신이 하는 일과 어떤 관련이 있는지, 어떤 접점을 만들 수 있는지, 어떤 시너지를 만들어 낼 수 있는지 상상의 나래를 펼쳐 읽어보자. '이게 말이 되나?' 싶은 아이디어라도 떠오르는 대로 메모해 놓자. 터무니없어 보이는 아이디어가 놀라운 성과를 만들 때가 있기 때문이다.

마음껏 상상의 나래를 펼쳤다면, 부서 실무자에게 먼저 연락을 하는 용기를 내보자. 그 작은 용기가 선물 같은 성과로 돌아오는 시발점이다. 당신이 먼저 진정성 있는 관심을 보이면 상대방도 기꺼이 시간을 내준다. 차 한 잔 마실 시간을 부탁했는데, 두 시간이 넘도록 열정적으로 본인의 역할을 설명해 주었던 담당자가 있었다. 설명을 듣는 내내 동반 상승을 일으킬 수 있는 아이디어가 끊임없이 떠올랐다. 반대로 주변 부서를 무시하거나 지원 부서를 하찮게 여기는 영업사원은 스스로 성공의 지렛대를 걷어차는 셈이다.

상호 호혜의 원칙

　레버리지에는 반드시 지켜야 할 핵심 원칙이 있다. 바로 '상호 호혜의 원칙'이다. 함께 일하는 데 공을 한쪽이 모두 가져간다면, 다른 한쪽이 협력할 리가 없다. 양쪽의 성공을 돕는 레버리지를 시도해야 한다. 자신이 가진 것을 내어 줄 생각은 하지도 않으면서 상대방이 가진 것만 이용할 생각을 하는 것은 우리가 지향해야 할 레버리지가 아니다. 엄밀히 말하자면, 그런 자세는 단순 위임이자 이기적인 테이커의 모습이다. 레버리지는 상대방을 일방적으로 이용하는 것이 아니라, 서로의 강점을 활용해 함께 성과를 내자는 의미다.

　건설적인 레버리지 효과를 만들기 위해서는 우선 상대방 업무에 대한 진정한 관심과 투자 노력이 필요하다. 내근 영업사원에게 고객리스트를 던져 주고 다음 주까지 200곳에 전화를 돌려 달라고 요청하는 건 레버리지가 아니다. 그가 가진 전문성을 제대로 발휘하여 큰 성과를 내도록 돕기 위해 어떤 지원이 필요한지를 우선 파악하고 돕는 게 먼저다. 만약 내근직 영업사원을 교육하면서 '이 사람을 어느 세월에 교육하나?', '내가 전화 상담 멘트까지 같이 고민해 줘야 하나?'와 같은 생각을 했더라면, 그도 성공하지 못하고, 나도 그 혜택을 누리지 못했을 게 분명하다. 큰 돌을 들어 올리려면 튼튼한 지렛대를 준비하는 노력이 먼저다.

레버리지는 조직 전체의 역량을 하나로 묶어 더 큰 가치를 창출하는 협업의 기술이다. 혼자서는 절대 할 수 없는 일을 함께 해내고, 모두가 성장할 기회를 만드는 지혜다. 유관부서에 협업을 요청하기 전에 '그들이 나의 제안으로부터 기대할 수 있는 이득은 무엇인가?', '그들이 나에게 시간을 쓰고 업무를 지원해야 하는 이유는 무엇인가?', '그들이 협업을 망설이지 않기 위해서는 무엇이 필요한가?'를 진지하게 고민하자. 예를 들어, 마케팅팀 캠페인 지원이 필요하다면 효과적인 캠페인 계획을 세울 수 있도록 시장과 고객의 통찰력을 먼저 제공해야 한다. 기술지원팀의 개발 지원이 필요하다면 현장에서 수집한 고객 피드백을 체계적으로 정리해 전달하고, 협의할 수 있는 다양한 옵션을 열어 두어 적극적인 참여를 유도해야 한다. 고객지원팀과 협업할 때는 고객 만족도 향상이라는 공동 목표를 설정하고, 세일즈 프로세스 개선을 통해 그들의 업무 효율성도 높일 방안을 함께 모색해야 한다. '알아서 잘해주겠지!', '안되면 말고!' 식의 소극적인 태도로는 레버리지 효과를 기대하기 어렵다. 서로의 업무 목표를 이해하고 그것을 동시에 달성하는 협업을 설계할 때 진짜 레버리지가 일어난다.

성공적인 레버리지를 위한 핵심을 정리하면 다음과 같다. 첫째, 상대방의 전문성을 인정하고 존중하라. 둘째, 협업을 통해 양쪽 모두가 얻을 수 있는 구체적 이익을 설계하라. 셋째, 단기적 성과에만 급급하지 말고, 장기적 관계를 고려하라. 넷째, 투자가 먼저다. 농사꾼의 마음으로 성실하게 투자하라. 협업과 성과는 저절로 따라온다. 다섯째, 협업 과정에서 배운 것들을 조직에 공유하여 더 큰 시너지를 만들어내라.

지금 하는 일을 다시 한번 살펴보자. 혼자서 끙끙대며 해결하려던 그 문제, 혹시 조직 내 누군가와 함께라면 더 쉽고 효과적으로 해결할 수 있지 않을까? 서로의 역량과 전문성을 지렛대로 활용할 때, 성과를 내는 팀 세일즈라는 추월차선에 진입한다.

4

또 하나의 팀, 대리점

파트너십은 성공의 지름길이다.

―마크 베니오프(세일즈포스 *CEO*)

"일 처리를 이렇게 하시면 곤란합니다. 몇 번이나 말씀드렸잖아요. 중요한 프로젝트라고요. 지금 고객 불만이 이만저만이 아닙니다. 이런 식이면, 다른 대리점으로 전환도 고려할 수밖에 없습니다"

그동안 쌓였던 불만이 터졌다. 대리점 사장은 당황해 어쩔 줄 몰랐고, 분위기는 차갑게 얼어붙었다. 어떤 대가를 치르더라도 반드시 성공시켜야 할 프로젝트였기에, 마음에 여유가 없었다. 결국, 미비한 업무를 모두 끄집어내 질책했고, '다시 실수하지 않겠다.'라는 약속을 받아낸 뒤에야 자리를 떠났다.

먼저 믿지 못하면, 협업도 일어나지 않는다

이렇게까지 강하게 말하게 된 데에는 나름의 이유가 있었다. 대리점은 처리할 업무는 산더미인데, 인력은 부족해 항상 분주했다. 여러 일에 정신을 빼앗기다 보면 중요한 일을 놓치기 일쑤였다. 긴장감을 불어넣지 않으면 기대만큼 움직이지 않을 거라는 우려 때문에 호통도 불사했지만, 얼마 지나지 않아 비슷한 실수가 반복되었기 때문이다. 그때 문득 생각이 들었다. 문제의 핵심은 대리점 역량이 아니라 '신뢰 부족'일지도 모른다는 자각이었다. 내가 먼저 대리점을 믿지 못하니 업무 취지나 전체적인 프로젝트 진행 상황을 충분히 공유하지 않았다. 대리점은 늘 앞뒤 맥락도 모른 채로 일방적인 지시만 받고 일해야 했다. 그러니 상황 변화에 유연하게 대응하기 어려웠고, 본사와 손발이 맞을 리 없었다. 결국, 내 불신이 소통의 벽을 만든 셈이고, 그 벽이 고객 신뢰의 상실로 이어졌다.

대리점 파트너십의 본질

"초반에 대리점을 휘어잡지 못하면 영영 끌려다닌다."

신입사원 시절 선배들에게 들었던 조언이다. 결론부터 말하자면, 이는 한참 잘못된 조언이었다. 실제로 대리점을 주도해 보기도 하고, 끌려가 보기도 해 보니 성과와 주도권은 별개의 문제라는 걸 깨달았기 때문이다. 진정으로 중요한 것은 영업사원의 탄탄한 실력과 대리점을 신뢰하는 태도다. 마치 훌륭한 가정이 남편과 아내 중 누구의 목소리가 더 큰지와 무관하듯, 본사와 대리점의 협업 역시 힘의 관계에서 나오는 것이 아니다. 상호 신뢰에서 나온다.

대리점은 아군일까, 적군일까? 아군도 적군도 아니다. 그저 파트너일 뿐이다. 대리점을 신뢰하면 아군이 되고, 불신하면 적군이 된다. 대리점(Distributor)을 채널 파트너(Channel Partner)라고 부르는 이유도 여기에 있다. 본사를 대신해서 판매하는 게 대리점이 아니라, 단단한 신뢰 관계를 바탕으로 협업을 불러일으키는 파트너가 대리점이다.

대리점과 진정한 파트너십을 구축하는 세 가지 방법을 소개하고자 한다.

첫째, 정보를 투명하게 공유하자. 특히, 시장 상황, 경쟁사 동향, 고객 피드백과 본사 전략을 투명하게 공유해야 한다. 너무 많이 알려주면, 뒤통수 맞을지도 모른다는 어설픈 불신이 오히려 협업을 망친다. 정보를 한쪽에서만 가지면 권력이 된다고 믿겠지만, 실상은 독이 될 뿐이다. 반면, 양쪽이 같은 정보를 가지면 시너지가 된다.

둘째, 정기적인 소통 채널 구축이다. 반드시 월 1회 이상 비즈니스 미팅을 통해 성과를 점검하고, 긴급 상황에 즉각적으로 연락할 수 있는 핫라인을 채널을 구축해야 한다. 대면 미팅은 전화나 이메일보다 투명하고 명확한 소통을 만들기 때문에, 정기적으로 만나서 미팅을 하는 게 좋다. 분기별로 목표를 함께 설정하고, 서로의 역할을 분명히 세우고, 수정이 필요한 부분도 적극적으로 협의하자. 협의 과정에서 배경 설명을 충분히 제공해서 대리점이 제안을 쉽게 이해할 수 있도록 돕자. 대리점의 제안도 적극적으로 수용하는 자세가 필요하다.

셋째, 교육은 필수다. 대리점 영업사원이 본사 영업사원과 동등한 수준의 소통이 가능할 정도로 전문성을 갖추도록 도와야 한다. 한번은 고객사 미팅 중에 대리점 영업사원이 경쟁사 제품을 소개하는 것을 보고 매우 놀란 적이 있다. 미팅을 마치고 따져 물었다. 알고 보니 우리 회사에도 같은 기능의 제품이 있는 줄 모르고 있었다. 내가 신제품 교육을 소홀히 한 탓이었다. 그 뒤로 대리점 교육에 더 공을 들이게 되었다.

실력이 있어야, 대리점이 따른다

마감을 챙기느라, 회의에 참석하느라 사무실에서 보내는 시간이 길어질수록, 그만큼 고객을 만나는 시간은 줄었다. 당연히 신규 비즈니스 발굴 기회도 줄었다. 세일즈 파이프라인이 쪼그라드니 매번 마감을 맞추기는 더 힘들어졌다. 악순환이었다. 고객을 개발하는 대신 마감을 맞추는 게 업무의 목표가 되어버렸다. 악순환을 끊어야 했다. 고객 방문 일정으로 스케줄을 가득 채웠다. 초기에는 감을 잡지 못해, 바쁘기만 할 뿐 딱히 성과가 없었다. 어느 순간부터 고객 반응이 달라지며 승률이 높아졌다. 소위 '영업 감각'이라는 게 생겼기 때문이다. '축적 후 발산' 효과가 나타나며 신규 비즈니스 기회가 쌓이기 시작했고, 비로소 마감 전쟁에서 벗어났다.

성과가 쌓이자, 대리점에서 먼저 연락이 왔다. 늘 마감 때만 나타나는 나를 보며 아연실색하던 그들이 먼저 러브콜을 보내왔다. 그제야 깨달았다. 본사 직원이 실력을 갖추면, 얼마든지 대리점을 내 편으로 만들 수 있다는 것을. 그러려면 우선 내가 계획한 작전이 대리점을 살리는 일인지 죽이는 일인지 확신을 가질 수 있는 실력을 갖춰야 한다. 무턱대고 대리점을 현장으로 떠밀기 전에, 내가 먼저 현장의 목소리를 듣고 시장 반응을 살피는 성실함과 시장성을 제대로 판단하는 감각을 갖추는 노력이 먼저다. 그래야 대리점 지원도 받고, 마감도 맞추고, 고객도 돕고, 팀 세일즈도 지속할 수 있다.

운명 같이 주어졌던 마지막 숙제

신규 비즈니스를 개발하기 위한 대규모 세일즈 프로그램을 성공적으로 이끈 직후였다. 당시 본부장님의 격려 메일 속에, 눈에 띄는 한 구절이 있었다.

"마지막 제안으로 이 프로그램을 대리점에 확대하는 것을 고민하시기를 바랍니다."

정곡을 찔린 기분이었다. 본사 직원들을 참여시켜 이끈 것만으로도 벅차다고 생각해 왔기 때문이다. 엄연히 다른 조직에 속한 대리점 직원들을 본사 프로그램에 참여시킬 생각은 엄두가 나지 않았다. 본부장님에게 속내를 들킨 것 같은 기분이 들었다. 그렇게 떠밀리듯 마지막 남은 숙제를 풀기로 마음을 먹었다.

대리점 대표들이 모인 자리에서 본사 직원들의 참여로 일군 프로그램 성과를 설명하고, 참가 신청서를 배포했다. 프로그램에 대한 기대와 목표를 직접 쓰게 했다. 동기를 부여하고 책임감을 높이기 위해서였다. 프로그램에 참여하기로 한 대리점이 실망하지 않도록, 농사꾼 기질을 발휘해 더욱 치밀하게 프로그램을 기획했다. 대리점 수준에 맞는 교육 과정을 준비하고 수준별 자격 과정을 만들었다. 교육 효과를 높이기 위해 전화 퀴즈와 오프라인 시험도 진행했다. 대리점 영업사원들이 업무를 보는 중에 전화를 받아 퀴즈에 답하느라 진땀을 뺐지만, 프로그램에 참여한 모든 영업사원이 평가 기준을 통과하는 모습을 보면서 감사한 마음과 함께 뿌듯함을 느꼈다. 중간 진행 현황과 최종 결과도 대리점 영업사원이 직접 발표하도록 했다. 그전까지만 하더라도 본사 영업사원이 내용을 취합해 대신 발표를 해왔다. 본사 직원과 다른 대리점 대상으로 발표하는 부담을 이기는 과정에서 고객을 상대하는 능력이 향상될 거라고 믿었다. 발표 전에는 걱정이 많아 보였지만, 기우였다. 발표 기술도 뛰어났고, 영업활동 내용에서 배울 것도 많았기 때문이다. 대리점끼리 서로 배우면서 공감대를 느끼기를 바랐다. 본사 직원과 타 대리점 대상으로 발표하는 부담을 이기는 과정에서 고객을 상대하는 능력도 향상될 거라고 믿었다. 실제로 다른 대리점 활동을 알게 되어 좋은 자극이 되었다는 피드백이 많아서 만족스러웠다.

3개월간의 프로그램 최종 결과가 나왔다. 놀라운 결과였다. 목표치를 훌쩍 뛰어넘는 성과는 물론, 본사 직원과 대리점 직원의 눈높이가 똑같이 맞춰지면서 공동 전략 수립도 가능해졌다. 몇 년이 지난 지금까지도 많은 대리점이 이 프로그램에 열성적으로 참여하며 전문성을 키우고, 시장을 확대하고 있으니 내게 주어진 마지막 숙제를 잘 마친 셈이다.

대리점과의 성공적인 협업은 정보 공유와 상호 약속을 지키는 성실함, 그리고 대리점을 진정한 파트너로 보는 관점에서 시작된다. 핵심은 일방적 지시가 아닌 상호 존중으로 만들어지는 신뢰다. 이것이 바로 또 하나의 팀, 대리점과 만들어 나갈 팀 세일즈의 출발점이다.

고객과 함께 만드는 팀 세일즈

고객은 최고의 파트너다.

―제프 베조스(아마존 창업자)

땅콩이 화근이었다. 얼마 전 이식한 임플란트에 문제가 생겼다. 1년 가까이 고생했는데 뽑아내고 다시 처음부터 수술해야 한다니, 허탈한 마음을 감출 수 없었다. 짧은 기간 내에 재수술받으면 턱뼈가 온전하게 버텨줄지도 의심이었다. 걱정스러운 마음으로 의사에게 물었다.

"재수술 결과는 환자분이 얼마나 협조를 잘 해주는지에 달려 있어요."

의사의 말이 도무지 이해되지 않았다. 환자는 의사만 믿고 몸을 맡기는 데 되레 환자가 협조를 잘해야 수술이 잘 된다고 하니 무언가 앞뒤가 안 맞는 말 같았다. 결과에 대한 책임을 피하려고 선수를 치나 싶었다. 내가 기대했던 말은 아무 걱정 안 해도 된다, 자기만 믿고 마음 편히 수술대에 누우면 금방 끝난다는 것처럼 확신에 찬 말이었다.

　수술 결과가 환자에 달려 있다는 말뜻을 알아차린 건 B2B 솔루션 세일즈를 하면서부터다. 아무리 좋은 솔루션이라고 하더라도 정확한 적용 방법이나 절차를 따르지 않으면 무용지물이기 때문이다. 고객이 솔루션 특성을 깊게 이해할수록, 안내에 맞춰 성실히 시공할수록 최상의 결과물이 나온다. 절차 준수의 중요성을 강조해도 이를 가볍게 여기는 고객이 여전히 많다. 결과가 만족스럽지 않다고 불만을 제기하는 고객을 상담하다 보면 사전 안내를 따르지 않은 경우가 부지기수다. 아무리 좋은 실력을 갖춘 의사라고 하더라도 환자가 수술 전 주의 사항을 따르지 않으면 좋은 수술 결과를 기대하기 어려운 것과 같은 이치다. 재수술하느라 시간과 비용만 더 쓸 뿐이다. 수술이 성공하려면 의사와 환자가 '원 팀'이 되어야 한다는 말이 이제는 선명하게 와닿는다. B2B 솔루션 세일즈도 마찬가지다. 영업사원과 고객이 함께 문제를 정의하고 해결해 가는 '실행 동반자'가 될 때, 비로소 비즈니스가 제대로 작동한다.

고객과 '원 팀' 이루기

　제품 평가 보고서를 붙들고 한참을 뒤적였지만, 도무지 문제 해결의 실마리가 잡히지 않았다. 고객사 현장으로 향했다. 답은 항상 현장에 있기 때문이다.

"과장님, 혹시 여기 설비 앞에 몇 시간만 있다가 가도 될까요?"

현장 작업자는 양복 차림의 영업사원이 나타나 한여름 무더위 속 뜨거운 설비 앞에 서 있겠다는 말에 의아한 표정을 지었다.

"지금 그 종이는 왜 끼워 넣는 건가요? 여기서는 그 종이를 뭐라고 불러요? 아무 종이나 사용하면 안 되나 보죠?"

현장 작업자의 움직임을 살피면서 궁금한 것들을 모조리 물어봤다. 가뜩이나 덥고 바쁜데 시시콜콜한 것까지 물어보는 내 모습에 귀찮은 표정이 역력했다. 아랑곳하지 않았다. 지나치게 사소해 보이는 요소까지 파악해야 진짜 문제를 진단할 수 있다는 것을 현장에서 배웠기 때문이다. 이런 섬세하고 진지한 태도를 통해 고객의 공감도 얻을 수 있다. 땀에 흠뻑 젖은 채로 시종일관 진지한 모습을 보이는 내 태도가 작업자의 마음을 녹였다. 궁금해하는 것은 물론 묻지 않은 것까지 세세하게 알려 주기 시작했다. 꼬박 하루를 투자한 끝에 현장이 어떻게 돌아가는지 완벽하게 파악했다.

다음 날 고객을 만나 평가 계획 변경안을 제출했다. 현장 작업자들이 사용하는 용어를 써가며 제안 배경을 설명했다. 고객은 마치 자기 회사 직원이 다 된 것 같다며 깜짝 놀라며 흔쾌히 변경안을 수락했다. "이 정도면 우리 직원보다 더 현장을 잘 아시네요."라는 말에 뿌듯함이 밀려왔다. 프로젝트가 마무리될 때까지 얼마든 현장을 자유롭게 출입해도 된다는 허락은 덤이었다. 현장을 정확하게 이해하고 현장 언어로 일을 하면 고객과도 원 팀이 될 수 있음을 깨달았다.

마음을 다하면 문이 열린다

"전 과장님, 혹시 군대 다녀왔어요? 총기 조립 순서 알아요?"

무언가 다급한 표정으로 나타난 고객사 개발팀장이 날 보자마자 뜬금없는 질문을 했다. 총기 조립 순서는 분해의 역순이라고 답했다. 그가 의미심장한 표정으로 고개를 끄덕였다. 그날은 우리 솔루션을 고객사 제품에 적용한 후 얼마나 성능이 개선되는지 확인하기 위한 최종 평가가 잡혀 있던 날이었다. 하필 부서에 급한 일이 생겨서 개발팀 전원이 호출되어 평가 준비를 도울 일손이 부족하게 되었다. 평가 일정을 미루기도 어려운 상황이라 개발팀장은 급한 대로 나한테 평가 준비를 맡길 생각을 한 것이다.

대뜸 전동 공구 하나를 주더니, 나더러 직접 제품을 해체하고, 솔루션을 시공한 후 재조립까지 해 놓으라는 말을 하고는 급하게 사라졌다. 감전이 무서워 전기 제품은 한 번도 뜯어 본 적이 없던 나였다. 뜻밖의 상황에 몹시 당황스러웠지만, 선택의 여지는 없었다. 호흡을 가다듬고 하나둘 볼트를 풀기 시작했다. 그렇게 4시간이 흘렀다. 급한 일을 마친 개발팀장이 돌아왔다. 평가 준비를 모두 마쳤다는 내 대답에 흠칫 놀라는 표정이었다. 제품을 잠시 살펴보더니 "손재주 있으시네. 이거 평가실에 맡겨 놓고 같이 식사하러 갑시다."라며 칭찬을 했다.

식사하면서 슬며시 물었다. 나한테 일을 맡길 때 아무 걱정이 없었는지 궁금했다. 제품 조립 경험이 없는 것도 잘 알고 있는 데다가, 제품을 납품하려는 영업사원한테 평가 준비를 맡기는 건 어찌 보면 고양이한테 생선을 맡기는 격이나 다름없었다.

"내 경력 정도 되면요, 영업사원이 와서 하는 말과 행동이 다 읽혀요. 진심으로 도우려는 건지, 적당히 제품을 팔려는 건지요. 그동안 과장님 업무 챙기는 태도 보니까, 맡겨도 되겠다 싶었지. 하하."

고객이 나를 신뢰한다는 말에 그동안 쌓였던 피로가 자장면 한 그릇에 눈 녹듯 사라졌다. 고객은 영업사원이 진심으로 고객을 돕는지 아닌지 쉽게 알아차리고, 한번 신뢰를 얻으면 어떤 일이든 맡긴다는 걸 배운 소중한 경험이었다. 그렇다면 최종 평가 결과는 어땠을까? 다행히 통과했고, 큰 매출을 달성했다.

고객도 자기 팀이 필요하다

영업사원으로 일하다 보면 개발팀장, 구매팀장처럼 막강한 의사결정권을 가진 사람들의 일이 부러울 때가 있다. 매일 여기저기 아쉬운 소리 해야 하는 세일즈를 그만두고, 구매부로 자리를 옮겨 무소불위의 힘을 휘두르는 모습을 상상하며 실없이 즐거워할 때도 있었다. 그때까지만 하더라도 그들의 업무도 스트레스가 상당하다는 것을 몰랐기 때문이다. 구매부는 비용 절감, 품질 확보, 납기관리를 위해 제한된 예산 내에서 여러 공급업체와 치열한 협상을 벌인다. 기존 업체와 협상이 여의치 않으면 신규 공급업체를 물색해야 하고, 생산/개발/품질관리 등 내부 부서의 동의도 받아야 한다. 부서 간 이해관계가 충돌할 때는 이를 조율해야 하는데, 좀처럼 쉽지가 않은 경우가 많다. 겨우 신규업체와 공급계약을 맺었는데, 잦은 납기 지연에 품질 문제까지 일으켜 여러 부서의 불만이 터질 때의 난처함과 스트레스는 상상하기 어려울 정도라고 한다. 개발팀이든, 구매팀이든 100% 믿고 일을 맡길 수 있는 공급업체에 목이 마른 이유다.

"진짜 우리 회사 소속 같은 파트너 없을까?"

고객사를 영업할 대상이 아니라 신뢰할 수 있는 파트너를 찾는 대상이라고 관점을 바꾸면 팀 세일즈 영역도 자연스럽게 확장된다.

지금까지의 B2B 솔루션 세일즈는 제품과 가격 경쟁력만으로 승부를 걸었지만, 이제는 고객과의 신뢰 관계가 승패를 가른다. 좋은 제품만 만들면 알아서 팔리던 시대가 지났다는 말이다. 최근 들어 대기업 총수들이 직접 해외 순방에 박차를 가하는 모습이 많아지는 것도 최고 의사결정권자에게 신뢰를 얻기 위한 노력을 보여준다. 총수가 직접 나서 "우리가 바로 당신이 믿고 함께 일할 수 있는 파트너입니다!"라는 말하는 모습은 제품력만큼이나 신뢰를 주는 세일즈가 점점 더 중요해지고 있는 시대임을 반증한다고 하겠다.

고객과 함께 팀 세일즈를 완성하는 방법을 제안한다. 첫째, 고객에게 "우리 제품을 소개합니다."라고 말하는 대신에 "우리가 함께 해결할 수 있는 문제가 있을까요?"라고 묻자. 이 질문 하나로 판매자와 구매자의 관계를 벗어나 문제 해결 파트너로 재정의된다. 기억하자. 신제품 소개에 큰 관심을 보이는 고객은 당신의 생각보다 많지 않다. 대부분은 호기심 수준에 그친다. 잠재 문제를 발견해 즉시 해결해 줄 수 있는 파트너로 선택받는 게 우선이다. 둘째, 분기별로 고객사 현장에서 반나절 이상을 보내는 '현장의 날'을 만들어 보라. 특별한 이슈가 없더라도, 현장 직원의 업무를 관찰하며 그들의 업무 생리와 사고방식을 이해하는 시간을 갖자. 현장을 이해하면 할수록 시급하게 해결해야 할 문제가 보이고, 더 많은 아이디어가 떠오른다. 셋째, 고객이 곤경에 처했을 때 진정성 있게 도와라. 자기한테 돌아오는 이득을 따지지 말고, 도와야 한다. 그 순간이 신뢰를 만드는 결정적 기회가 되기 때문이다. 기버(Giver) 마인드가 더 큰 성공을 만든다는 것을 잊지 말자.

다시 강조하자면, B2B 솔루션 세일즈의 본질은 고객의 여정을 이끄는 안내자이자 최고의 만족도를 만드는 동반자이다. 고객을 세일즈의 대상이 아니라, 목적지까지 함께 가야 하는 길동무로 대하는 관점 전환이 필요하다. 지금 당신이 만나고 있는 고객을 떠올려 '나는 지금 고객과 진짜로 한 팀이 되어 일하고 있는가?'라는 질문을 자신에게 던져보자. 무엇을 해야 할지 아이디어가 떠오를 것이다.

6
컴플레인은 기회다

불만은 혁신의 씨앗이다.

—짐 패로즈(前 앤 해서웨이 이사)

"차장님, 큰일 났어요! 첫 납품 물량부터 문제가 생겨서 고객사 생산 설비가 멈췄대요. 난리가 났어요. 저…… 지금 너무 무서워요."

넘치는 에너지로 현장을 종횡무진 누비던 여자 후배였다. 항상 뛰어다니는 모습이 그녀의 상징일 정도로 열정이 넘쳤다. 얼마 전 대형 고객사로부터 발주를 받았다며, 이제 자기도 월급 값하는 영업사원이 된 것 같다고 종일 싱글벙글했었다. 그랬던 그녀가 뜻밖의 컴플레인 상황에 잔뜩 겁을 먹었다.

약속을 검증할 수 있는 최고의 기회

영업사원은 고객의 마음을 얻기 위해 많은 약속을 한다. 경쟁사보다 월등한 품질의 솔루션을 공급하겠다고 자신한다. 적정 재고를 유지 관리하고, 납기 준수와 품질관리 등 업계 최고 수준의 서비스를 제공하겠다고 약속한다. 하지만 영업사원의 말만 곧이곧대로 믿고 계약하는 고객은 없다. B2B 비즈니스는 거래 금액이 많고 고객 맞춤형 시설이나 장비가 수반되는 경우도 많아서, 한번 거래가 시작되면 좀처럼 다른 업체로 변경이 어려워 업체 선정에 더욱 신중하다.

공급업체의 무책임한 사후 서비스에 실망해 본 경험이 있는 고객이라면 더욱더 까다롭게 군다. 고객의 불편 사항을 살뜰하게 챙기지 않고, 컴플레인 상황에 제대로 된 대응 매뉴얼도 없이 우왕좌왕하거나, 책임을 면피하기에만 바쁜 영업사원에 대한 나쁜 기억 때문이다. 고객 불만 상황에 강한 책임감을 보이고, 문제 해결에 적극적인 모습을 보이는 영업사원만이 고객의 신뢰를 얻는다. 컴플레인 상황에 잘 대응하면 고객의 신뢰가 견고해지고, 경쟁사는 진입할 수 없는 철옹성을 쌓을 수 있다.

구덩이를 메울 생각에만 집중하기

칩 히스와 댄 히스가 쓴 책 '순간의 힘'에는 사람들이 자신의 경험을 평가할 때 균등하게 계산하지 않는다고 말한다. 대부분 사람은 어떤 경험을 평가할 때 전체 경험 중에서 최고의 순간(peak)과 최악의 순간(end)만을 기준으로 삼고 평가를 하기 때문이라고. 예를 들어 3박 4일의 여행을 평가할 때 나흘 동안의 평균적인 경험이 아닌, 최고로 행복했던 경험과 정반대의 경험을 기준으로 여행의 만족도를 결정한다는 말이다. 심리학에서는 이를 '절정-대미 법칙'이라고 부른다. 여행이 아무리 좋았더라도 마지막 날 비행기 연착과 택시 바가지요금으로 불쾌했다면 전체 여행에 대한 기억이 불만족스러울 수 있다. B2B 솔루션 세일즈도 마찬가지다. 전반적인 서비스가 훌륭했어도, 고객이 경험한 '최악의 순간'을 어떻게 다루느냐에 따라 고객의 최종 평가가 달라질 수 있다. 컴플레인은 바로 그 순간이다. 이 구덩이를 어떻게 메우느냐에 따라 앞으로의 고객 관계가 달라진다.

어쩔 줄 모르는 후배에게 겁먹지 말고, 우선 고객 현장으로 가라고 조언했다. 다른 걱정은 말고 우선 문제 상황을 직접 확인하는 일만 생각하라고 했다. 후배는 하던 일을 멈추고, 곧장 고객사로 향했다. 용기를 북돋아 주었지만, 정작 그녀의 상황에 종일 신경이 쓰였다. 얼마 후 그녀로부터 전화가 걸려 왔다. 수화기 너머 목소리가 어느 때보다 밝았다. 알고 보니 현장 작업자가 작업 절차를 제대로 준수하지 않아서 발생한 해프닝이었다고 했다. 상황을 정확하게 파악한 후배는, 재발 방지를 위해 고객사 현장에 비치할 작업 표준서를 만들어 제공하기로 했다. 그뿐만 아니라, 현장 작업에 도움이 될 만한 공구까지 무상 제공하겠다는 그녀의 특별 서비스에 고객은 더할 나위 없이 만족스러워했다. 무엇보다 한걸음에 현장으로 달려온 그녀의 태도에 고객이 큰 신뢰를 느꼈다는 말이 가장 반가웠다. 그녀의 적극적인 대응을 경험했던 당시 실무자는 현재 임원으로 승진했고, 솔루션 상담이 필요할 때마다 그녀를 가장 먼저 찾고 있다. 고객에게 불편을 준 구덩이를 재빨리 메운 덕분이다. 그러니 구덩이가 생겼다고 당황하지 말자. 구덩이가 곧 기회다.

위기 상황을 대처하는 3단계 기술

1단계: 마음 다잡기(3분 룰)

잠시 자리를 피해 마음을 가라앉히기 위해 심호흡을 천천히 세 번 하고 '이것은 위기가 아닌 기회'라고 자기 암시를 하자. 자기 제어를 할 수 있어야, 문제상황도 제어할 수 있다. 다음 세 가지를 떠올리자.

'고객이 지금 느끼는 불편함은?'

'내가 할 수 있는 즉시 조치는?'

'장기적인 신뢰 관계로 바꾸려면?'

평정심을 잃으면 합리적 판단이 어려워진다. '납기 지연', '품질 불량', '배상 청구' 같은 말에 공포를 느껴 뒷걸음치는 순간, 상황은 더 악화한다는 것을 명심하자. 마음을 다잡는 순간이, 위기를 기회로 바꾸는 시작점이다.

2단계: 상황 파악하기(빠른 현장 대응)

3분간 마음을 다잡았다면, 이제 고객에게 전화를 걸어 상황을 파악하자. 고객의 눈으로 상황을 바라보자. 컴플레인 자체는 문제가 아니다. 도움을 요청하는 것이지 당장이라도 배상을 청구하겠다고 겁을 주는 게 아니다. 당신을 괴롭히기 위해서 괜한 트집을 잡는 것도 아니다. 실체 없는 공포에 사로잡히지 말자. 귀책 규명과 손해배상과 같은 일들은 상황을 해결한 이후에 다룰 일이다. 기본적인 상황을 파악했다면, 가능한 한 빨리 현장을 방문해서 정확하게 문제를 확인하라. 현장에 가지 않고서는 진짜 해결책을 찾을 수 없다.

3단계: 실행 계획 수립하기(단기+중장기)

즉시 조치할 수 있는 상황이라면 좋겠지만, 개인적인 노력만으로는 한계가 있거나 중장기 조치 계획을 세워서 대응해야 하는 상황도 있다. 회사의 정책과 상충하는 대안이 필요한 경우에는 즉시 상급자나 관련 부서의 조언을 구하고 도움을 요청하자. 컴플레인 상황이 악화하지 않도록 고객의 이해를 구하되, 조치 계획인 명확하고 간결하게 전달해야 한다. 불필요하게 장황하거나 모호한 입장은 오히려 역효과가 날 수 있으므로 핵심만 명확히 전달하는 게 좋다. 만약, 고객의 무리한 요구가 있다면, 명확한 선을 그어 협상에 임할 필요도 있다. '고객 만족'이라는 명분으로 무한정 양보하면 상황이 더 악화하고 더 큰 손실을 초래할 수 있기 때문이다.

B2B 세일즈를 하면서 고객 컴플레인을 다루는 일은 말처럼 쉽지 않다. 잔뜩 성난 고객의 얼굴을 마주해야 하고, 때로는 거친 말도 들어야 한다. 문제 해결을 위해 갖은 노력을 했는데도 불구하고, 상황이 좀처럼 나아지지 않아 비즈니스가 날아갈 때도 있다. 실제로 손해배상 청구를 받을 때도 있다. 컴플레인 접수될 때마다 위축되고 달아나고 싶은 마음이 들기 마련이다. 하지만, 컴플레인은 맹수다. 상대가 등을 보이는 순간 더욱 매섭게 달려든다. 영업사원이 등을 돌려 달아날 채비를 하면, 고객은 본능적으로 알아차린다. 문제 상황이 걷잡을 수 없이 악화한다. 그러니 컴플레인이 발생하면 호흡을 가다듬고 두 눈을 크게 뜨고 상황을 정면으로 맞서자. '이번 위기만 잘 넘기면, 고객의 마음을 모조리 빼앗을 수 있다.'라는 단단한 마음을 먹자. 물론 모든 컴플레인이 기회로 변하지는 않는다. 하지만 포기하지 않고 최선을 다하는 영업사원에게는, 컴플레인이 고객을 영원한 내 편으로 만들 최고의 기회가 될 수 있다는 것만은 분명하다.

7

팀 세일즈의 스타는 팀이다

팀의 성공이 개인의 성공보다 값지다.

−새티아 나델라(마이크로소프트 *CEO)*

회의에서 오가는 동료들의 말을 경청하는 척했지만, 속으로는 흉을 보고 있었다. '그게 진짜로 될 것 같아?', '아니, 그게 핵심이 아니잖아.', '왜 이렇게 영업 감각이 없을까?'라며 동료들을 깎아내렸다. 실력 좋은 팀원이 가득한 조직에서 일하면 소원이 없겠다며 투덜거리기까지 했다. 나는 그렇게 삐딱하고 오만으로 가득 차 있었다.

팀원들에 대한 불평불만이 무색할 정도로 정작 내 실무 능력은 고만고만한 수준에 불과했다. 사소한 의사결정도 온갖 고민으로 시간을 끌었다. 슬라이드 몇 장 만드는 데에도 몇 시간씩 걸릴 때도 많았다. 제품의 기술적 특성에 대한 이해도 부족했고, 시장 통찰력도 부족했다. 고객과 관계 맺는 것도 서툴렀다. 접대 분위기도 제대로 띄울 줄 몰랐다. 그런 내가 다른 팀원들 역량에 의문을 품고, 실력이 없다며 비아냥거린 것이 얼마나 가소로운 처사였는지 돌이켜보면 쥐구멍에라도 숨고 싶은 기분이 든다.

팀원을 믿어야 다 같이 산다

퇴사한 한 선배가 개인사업을 시작한 지 얼마 지나지 않을 때였다. 소주 몇 잔을 급하게 들이켜더니 사업이 생각보다 너무 힘들다고 말했다. 뭐가 그렇게 힘드냐고 묻자, 역량 있는 직원을 구하는 게 가장 힘들단다. 이름도 없는 작은 회사인 데다 줄 수 있는 급여도 뻔해서 아무리 구인 광고를 올려도 좀처럼 연락이 없다고 했다. 어쩌다 인터뷰라도 보려고 하면, 지각은 예사에 사전 연락도 없이 면접장에 나타나지 않는 일도 많다고 했다. 급한 마음에 적당한 사람을 채용했지만, 도저히 업무를 맡길 수준이 아니라서 오히려 직원이 없는 게 속 편할 지경이라니 그 고충인지 어느 정도일지 짐작이 가고도 남았다. 그런데 그가 덧붙인 한마디가 나를 깜짝 놀라게 했다. 지금 회사에서 함께하는 동료들의 능력에 대해 절대로 불만을 느끼지 말라는 말이었다. 조직 밖에 나와서 보면 한 명 한 명이 모두 인재 소리 들을 정도로 출중한 능력자들이라는 걸 알게 되었기 때문이라고. 꼬일 대로 꼬여 있던 속내가 들킨 것 같아 몹시 당황스러웠다.

그의 조언이 팀원을 대하는 내 생각과 태도를 바꿨다. 마음을 바꿔서 긍정적으로 바라보니, 동료 한명 한명이 남다르게 보였다. 미처 발견하지 못했던 저마다의 강점이 하나둘씩 보이기 시작했다. 급한 성격 때문에 덤벙거리고 빠트리는 일이 많아 보이기만 했던 동료였는데, 관점을 바꿔보면 누구보다 과감하고 빠른 실행력을 가진 인재였다. 반대로 실행력이 부족해 보여 아쉬웠던 동료는, 신중하고 분석적인 성향 덕분에 데이터 정리나 관리 업무에 탁월한 성과를 발휘하는 강점이 보였다. 뜯어보니 강점이 없는 사람이 한 사람도 없었다. 각자가 가진 강점을 살려 잘 엮기만 해도 무엇이든 해낼 수 있는 팀이라는 확신이 생겼다.

강점을 발견하는 실천적 방법

동료를 이해하고 강점을 발견하는 몇 가지 실천 방법을 제안하고자 한다.

첫째, 1:1 대화 시간을 늘려보자. 주간 미팅이나 공식 자리가 아닌, 휴식 시간이나 식사 자리를 통해 부담 없이 대화하는 시간이 효과적이다. 업무 외적인 관심사나 가치관을 알게 되면, 그 사람의 사고방식과 행동 패턴을 이해하는 열쇠를 얻게 된다.

둘째, '어떤 이유로 그렇게 말했을까?', '어떤 생각을 가지고 그렇게 행동했을까?'처럼 열린 생각을 가지고 상대방을 바라보자. 동료가 어떤 행동이나 결정을 할 때 겉으로 드러난 모습이 아닌, 그 이면의 의도나 사고방식을 이해하려 노력하면 의도를 오해했거나, 자신이 미처 생각하지 못했던 부분을 알게 된다. 때로는 동료의 깊은 통찰과 배려를 발견하게 된다.

셋째, 위기 상황에서의 대응 태도를 관찰하는 것도 좋은 방법이다. 사람은 위기에 닥치면 진짜 모습이 드러나기 마련이다. 힘든 과제나 이슈 상황 앞에서 어떻게 대처하는지를 살펴보면 평소에 드러나지 않던 모습과 그가 가진 강점이 보인다.

넷째, 따뜻한 관심과 애정을 가지고 동료를 바라보기를 바란다. 이는 단순한 관찰을 넘어 '저 사람이 가진 강점을 파악하고 말겠어.'와 같은 적극적인 강점 발굴 과정이다. 꾸준한 관심과 시간 투자가 필요하다. 무엇보다 팀원 모두가 어떤 식으로든 훌륭하고, 강한 팀 세일즈를 만드는 데 기여할 수 있다는 믿음을 갖는 게 중요하다. 이러한 믿음은 팀 내 신뢰를 구축하고, 자연스럽게 서로의 부족함을 채워주는 시너지로 이어진다.

내근직 영업사원을 맡게 된 A의 모습은 어딘지 모르게 어수룩하고 자신감도 없어 보였다. 들어보니, 내근직 영업팀이 신설될 때 제조팀에서 차출되었다고 했다. 영업 경험이 전혀 없는 상태로 고객을 직접 상대해야 하는 최전선에 배치되었으니 잔뜩 주눅이 들고도 남았을 터였다. 그런 그를 바라보는 영업팀의 시선은 안쓰럽기만 했다. 특히, 고객 반응이 한없이 냉랭한 콜드콜을 그가 잘 해낼 수 있을지, 마음의 상처만 잔뜩 받다가 포기하게 되는 것은 아닐지 걱정이 많았다.

그런 그를 유심히 지켜보니 숨은 강점이 보이기 시작했다. 바로, 남다른 성실함과 끈기였다. 남의 시선이 어떻든 자신이 맡은 일을 묵묵히 처리했다. 고객 대응 경험과 영업 지식이 부족해서 성과가 나오지 않을 뿐이었다. 먼저 손을 내밀었다. 우리 사업부의 비즈니스와 제품 교육을 해줄 테니, 콜드콜 계획을 함께 세워 보자고 제안했다. 나의 제안에 그는 한없이 반가워했다. 그렇게 그를 가까이에서 직접 겪어 보니 A는 내 예상보다 고객 거절에 대한 내성이 남달랐다. 웬만한 거절에는 좀처럼 스트레스를 받지 않는 강인한 정신력의 소유자였다. 이는 내근직 영업사원으로서 분명한 강점이었다. 어떤 상황에서도 차분한 어조를 유지하며 진득하게 통화를 이어가며 고객을 설득했다. 고객 방문 약속률이 일취월장했다. 경험이 쌓이자, 해외 다른 지사에서 놀랄 정도로 높은 성공률을 올리는 전문가 수준이 되었다. 동료의 약점보다 강점에 집중할 때 팀 세일즈가 제대로 일어난다는 것을 배운 좋은 경험이었다.

반면, 비슷한 시기에 영업팀에 합류한 영업사원 B는 정반대의 결과를 보여줬다. 대인 친화력도 좋고 말솜씨도 좋았지만, 동료들과 협업에서는 힘들어하는 모습을 자주 보였다. 조직 운영 방향과 상충하는 고객의 요청만 고집하며 불평을 일삼았다. 점점 더 팀의 조언을 무시하며 자신만의 방식을 고집하기 시작했다. 성과를 내더라도 팀을 함께 빛내지 못해 동료들의 지지를 얻지 못했고, 혼자만의 역량으로는 해결이 어렵고 복잡한 대형 프로젝트에서는 줄곧 한계를 드러내다가 결국은 회사를 떠났다. 개인의 역량도 중요하지만, 팀 세일즈를 시도하지 않고서는 지속적인 성과를 내기 어렵다는 걸 보여준 사례였다.

은하수처럼 반짝이는 팀을 만드는 길

2005년 청룡영화제 남우주연상을 받은 황정민 배우의 수상 소감이 화제였던 적이 있다. 자신이 스포트라이트를 받게 된 것은, 단지 60여 명의 스태프가 차려놓은 밥상을 그저 맛있게 먹었기 때문이었다며 영화 제작에 참여한 동료 배우와 모든 스태프에게 공을 돌렸다. 주연 배우로서 노력을 '숟가락 얹기'에 빗댄 겸손함에 많은 사람이 감동했고, 오랫동안 회자했다.

B2B 영업사원 직무를 영문으로 표기하면 Sales Representative, 즉 영업 대표다. 말 그대로 회사를 대표해 비즈니스 최전선에서 고객을 응대한다는 말이다. 영화로 치면 영업사원은 주연 배우인 셈이다. 프로젝트가 성공하면 가장 먼저 스포트라이트를 받는다. 성과급도 받고 특진 기회도 많다. 덕분에 일부 영업사원은 승승장구해서 주변의 부러움을 산다. 반면, 어떤 영업사원은 반짝스타에 머문다. 이 두 부류의 차이는 동료들의 노고와 공헌에 감사하고 이를 진심으로 챙기느냐에 달려 있다. 영업사원 D는 프로젝트가 성공적으로 마무리될 때마다, 고급 식당에 모든 팀원을 불러 모아 음식을 대접했다. 내부 발표를 할 때도 프로젝트에 참여한 팀원들의 이름을 한 명 한 명 거론하며, 팀원들의 공로를 모두에게 드러냈다. 동료를 빛나게 만드는 그의 홍보 노력과 친절한 배려 덕분에 동료들은 그와 관련한 일이라면 만사를 제쳐두고 우선 챙겼다. 이와는 대조적인 사례도 있는데, 모든 프로젝트를 혼자만의 성과인 양 행동했던 영업사원 E다. 전체 회의나 발표마다 '제

가 진행한 이 프로젝트는……'이라며 자기를 드러내기 바빴을 뿐, 팀원들의 기여는 언급하지 않았다. 처음에는 상사들의 눈에 들어 빠른 승진을 했지만, 시간이 지나면서 그와 함께 일하려는 사람이 점점 줄어들었다. 중요한 프로젝트에서 팀원들의 적극적인 협조를 받지 못해 연달아 실패를 맛봤고, 결국 평판까지 나빠져 더는 좋은 자리를 찾지 못했다.

혼자 빛나는 별보다 함께 빛나는 은하수가 더 아름답듯이, B2B 세일즈의 스타는 바로 팀 자체다. 팀 세일즈의 성과는 각자의 강점이 서로의 빈틈을 메우고, 서로의 성장을 이끄는 과정에서 일어나기 때문이다. 고수 영업사원은 성과의 중심에 동료의 가치를 빛나게 만들고, 함께 성장하는 길을 선택한다. 팀을 스타로 만들겠다는 마음가짐이 결국 자신을 더 빛나게 만드는 길임을 잘 알고 있기 때문이다. 큰 프로젝트든, 작은 프로젝트든 팀 세일즈의 향기가 묻어나는 팀이 진짜 강한 팀이고, 그런 팀을 배경으로 둔 영업사원의 앞길은 탄탄대로다.

8

피드백으로 성장하기

피드백은 성장의 연료다.

―리드 헤이스팅스(넷플릭스 공동창업자)

지금까지 살면서 꾸준하게 일기를 써본 적이 없었다. 초등학교 방학 숙제였던 그림일기마저도 미루고 미루다가 몰아서 써야 했는데, 날씨가 기억이 안 나 신문을 뒤져 일기 예보를 확인하며 일기를 썼다. 그랬던 내가 글쓰기 코치의 권유로 얼마 전부터 일기를 쓰기 시작했다. 글쓰기 훈련과 인생 변화에 도움이 된다는 말이 끌렸기 때문이다. 긴글이 자신이 없어 간단한 메모부터 시작했다. 그날 있었던 일과 생각을 떠오르는 대로 두서없이 끄적이듯 썼다. 처음엔 이게 과연 일기인가 싶었지만, 한 달쯤 지나자 변화가 생겼다. 무심코 지나던 하루를 차분히 돌아보게 되었기 때문이다. 만족스럽지 못한 날엔 반성하고, 다음 날엔 더 나은 하루를 만들겠다고 다짐하게 됐다. 일기는 기록이 아니라 방향을 바로잡는 도구라는 걸 알게 되었다. 일기 쓰는 시간이 곧 내가 원하는 삶에서 벗어나지 않도록 돕는 자기 피드백의 시간이다.

세일즈도 마찬가지다. 피드백을 받는 영업사원과 그렇지 못한 영업사원의 성장 속도는 천지 차이다. 하버드 비즈니스 리뷰의 연구에 따르면, 정기적으로 피드백을 받을 때의 생산성이 무려 14.9%나 높다고 한다. 개인의 생산성뿐만이 아니다. 팀도 마찬가지다. 매켄지 보고서에 따르면, 강한 피드백 문화를 가진 팀은 업계 평균보다 2.5배 높은 매출 증가율을 기록한다.

현재 위치 확인을 돕는 도구

한 해 동안 실적도 나쁘지 않았고 여러 가지 프로젝트를 동시에 챙기며 분주하게 일했지만, 막상 연말 평가 결과는 기대에 못 미쳤다. 어떤 고과를 받든 신경은 쓰지 않았지만, 어떤 부분을 개선해야 하는지 궁금했다. 용기를 내어 상사의 피드백을 구했다. 상사는 내 성실한 업무 태도에 대해서는 긍정적으로 평가하면서도, 몇 가지 보완점을 언급했다. 그중에서 발표 자료의 완성도를 높이면 좋을 것 같다는 조언은 평소 생각하지 못했던 부분이라 뜻밖이었다.

피드백을 받은 후, 그동안 작성했던 자료들을 천천히 살펴보니 상사의 말이 사실이었다. 개선이 필요한 부분이 눈에 띄었다. 구성이 어수선해 핵심 내용을 알아보기 어려운 게 가장 큰 문제였다. 내부 발표 자료뿐만이 아니었다. 고객 제안서나 보고서도 투박한 디자인과 정돈되지 않은 배열 때문에 아마추어 티를 벗지 못하고 있었다. 얼굴이 붉어질 정도로 당혹스러웠다. 서점에 들러 프레젠테이션 디자인 책을 사고, 최신 파워포인트 기능도 익혔다. 예제 양식을 참고해 상사 앞에서 발표할 자료를 새롭게 구성했다. 책에서 배운 대로 한 페이지에 하나의 메시지만 담아, 보는 사람이 쉽게 이해할 수 있도록 고쳤다.

"앞으로 몇 년 동안 부서 여기저기에서 회람될 만한 자료가 나왔네!"

상사의 칭찬에 어깨가 으쓱했다. 무엇보다 스스로 한 단계 업그레이드된 기분이 가장 만족스러웠다. 피드백을 통해 내 부족한 역량을 알게 된 덕분이다.

피드백이 팀을 정렬시킨다

상사의 피드백이 내 시야를 넓혀준 것처럼, 내가 맡고 있던 팀원들에게도 같은 경험을 주고 싶었다. 팀원 중에 활발하고 붙임성 좋은 A가 있었다. 세일즈도 적극적으로 하고 있어서 금방 좋은 성과를 내리라 기대했다. 막상 피드백 시간을 가져 보니 A가 한정된 영역에서만 소극적으로 세일즈 활동을 하고 있다는 사실을 알게 되었다. 몇몇 한정된 고객만 반복적으로 만나고 있었고, 비즈니스에도 큰 진척이 없었다. 대화를 나누는 과정에서 A가 회사의 전략 방향에 대한 이해가 부족하다는 것도 드러났다. 부서의 전략적 우선순위를 다시 설명하고 그에 맞춰 각 비즈니스를 재점검하면 좋겠다고 조언했다. A는 현장 일에 빠져서 놓치고 있던 부분을 깨닫게 되어서 많은 도움이 되었다며, 당장 실행이 가능한 몇 가지 아이디어를 고민해 보겠다고 했다. 이 경험을 통해, 잘못을 추궁하거나 일방적인 지시를 하는 대신 서로의 관점을 정렬하는 중요성을 실감했다. 피드백을 통해 상사와 부하가 정렬되고, 이는 다시 팀 전체로 정렬된다. 팀이 한 방향으로 정렬될수록 시너지는 커지고, 팀 세일즈의 효과를 극대화하는 데 많은 도움이 된다.

피드백은 얼마나 길게 하느냐보다 얼마나 자주 하는지가 중요하다. 나는 직속 상사로부터 매주 30분간 피드백을 받고 있다. 상사의 요청이 아닌 내가 먼저 요청한 시간인데, 상사의 생각을 이해하고, 회사의 방향에 내 업무를 정렬하는 데 큰 도움이 된다. 상사에게 피드백 받는 것을 부담스럽게 생각하던 시절이 있었는데, 이는 마치 코치의 지도 없이 혼자서 운동해서는 아마추어 수준을 벗어나지 못하는 것과 같은 이치라는 걸 알게 되었다. 상사에게 피드백을 자주 받으면 좋은 이유는 다음과 같다.

첫째, 비즈니스 환경이 수시로 바뀌므로 지금 내가 하는 일이 여전히 회사의 방향과 맞는지 확인할 수 있다. 시장의 빠른 변화에 맞춰 회사의 전략 방향도 기민하게 수정되는 시대이기 때문에 실로 큰 효과라고 말할 수 있다.

둘째, 상사에게 피드백을 받아 심리적 안정감을 찾고 시행착오를 줄일 수 있다. 예를 들어, "그 제안은 회사의 투자 방향과 잘 맞아요. 좋은 성과 있기를 바랍니다."라는 긍정적 피드백은 큰 심리적 안정감을 준다. 반대로 "방금 그 계획은 속도를 조금 낮추는 게 좋겠네요. 왜 냐하면……"과 같은 조언은 우선순위를 재조정해 생산성을 높일 수 있다. 상사는 부하직원보다 경험과 정보가 많기 때문에 더 정확한 판단을 할 수 있다. 만약 상사의 피드백이 이해가 되지 않는다면? 더 많은 피드백과 소통이 필요하다는 신호다.

셋째, 피드백은 상사에게도 도움이 된다. 상사도 본인이 직접 챙겨야 할 업무로 정신없이 바빠서 부하직원의 모든 업무를 파악하기 어려운 게 사실이다. 부하직원이 업무를 많이 공유할수록 무슨 일을 하고 있는지 정확히 알 수 있고, 상사의 판단도 정확해진다. 부하의 업무 결과물이 좋아지고, 이는 상사의 성공을 돕는다. 상사의 성공은 다시 부하직원에게 혜택으로 돌아오기 마련이니, 결론적으로 상부상조인 셈이다. 상사의 시간을 적극적으로 뺏어도 되는 이유다.

고객에게 피드백을 받고 있는가

피드백은 내부에서만 필요한 게 아니다. 가능하면 많은 고객으로부터 업무 피드백을 받길 권한다. 세일즈벤치마크 보고서(2024)에 따르면 B2B 비즈니스 기회 10건 중 2~3건 정도만 마감된다. 야구로 치면 3할 타율이다. 어떤 선수가 3할을 기록하는가? 혹독한 훈련과, 실전에서의 실패를 철저히 분석하는 선수들이다. 그들은 경기 영상을 돌려보며 자신의 강약점을 분석하고, 이를 바탕으로 개선 계획을 세우고 의식적인 훈련을 반복한다.

B2B 세일즈도 다르지 않다. 실패한 프로젝트의 진짜 이유를 알아

야 성과를 높일 수 있는데, 이때 고객의 진심 어린 피드백이 매우 중요하다. 하지만 고객에게 피드백을 받는 것은 생각보다 어렵다. 많은 고객이 거절의 진짜 이유를 말해주지 않기 때문이다. 세일즈포스(Salesforce) 조사에 따르면, 약 67%의 고객이 거절 이유를 명확히 밝히지 않는다. "갑자기 예산이 줄었다.", "충분히 좋은 제안이었지만 복잡한 내부 사정이 있다."와 같은 말로 에둘러 설명한다. 거절의 진짜 이유를 밝힐 때 영업사원에게 미안한 감정을 느끼는 경우가 많아서라고 한다. 나는 이런 고객의 마음을 이해한 후 더욱 솔직하게 피드백을 구한다.

"책임님, 저희 제안을 거절하신 진짜 이유에 대해 솔직히 말씀해주실 수 없을까요? 밝히기 어려운 처지가 있으실 줄 알지만, 고객의 피드백을 반영해 다음번엔 더 나은 제안을 하고 싶어서 그렇습니다."

진정성을 담아 요청할 때, 마침내 고객이 제안을 거절한 진짜 이유를 밝힌다. 다음 기회를 기약할 중요한 열쇠를 얻는 셈이니 의미가 크다.

자기 피드백의 시간을 보내는가

상사와 고객에게 피드백을 받는 것만큼 자기 피드백(Self-feedback)도 자기 성장을 돕는 데 큰 도움이 된다. 나는 매주, 또는 매달 마지막 날이면 빈 노트를 꺼내 세 가지 질문에 스스로 답한다.

"무엇이 잘 진행되고 있는가?"
"무엇이 잘 진행되지 않고 있는가?"

"어떻게 개선할 수 있는가?"

계획대로 잘 진행되고 있다면 전략을 그대로 유지한다. 계획이 지연되거나 성과가 좋지 않으면 원인을 분석하고, 개선 계획을 고민해 본다. 일기를 쓰듯 가벼운 기분으로 30분 남짓만 투자해도 효과가 충분히 있으니, 시간이 아깝지 않다.

피드백은 잘못을 따지고 책임을 추궁하는 일방적 평가가 아니다. 각자의 현재 위치를 정확히 파악하고, 팀이 목표 지점까지 효율적으로 도달하도록 돕는 정기적인 정비 시간이다. 상사로부터는 조직의 방향성을, 고객으로부터는 시장의 진실을, 그리고 자기 자신으로부터는 솔직한 현실을 듣는 게 피드백이다. 이 세 가지 피드백이 조화를 이룰 때, 개인의 성장은 팀의 성과로, 팀의 성과는 조직 전체의 성공으로 이어지는 선순환이 시작된다.

#5 세일즈 마인드와 마케팅 마인드가 모두 필요한 시대

B2B 솔루션 세일즈를 성공으로 이끄는 두 개의 바퀴가 있다. 바로 영업과 마케팅이다. 하지만 현실에서는 이 두 바퀴가 엇박자를 낼 때가 많다. 영업팀은 마케팅팀이 쓸모없는 캠페인만 벌인다고 말하고, 마케팅팀은 어렵게 차려준 밥상을 영업팀이 제대로 못 먹는다고 말한다. 어떤 회사의 홍보물을 봤는데 도대체 무슨 말을 하는지 모르겠다면, 영업과 마케팅 사이의 소통에 문제가 있는 회사일 가능성이 크다. 반면, "이거 우리 상황인데?" 싶은 콘텐츠를 만났다면, 그 회사는 현장의 목소리가 마케팅 전략에 자연스럽게 반영되고 있다는 뜻이다.

구분	마케팅 마인드	세일즈 마인드
핵심 질문	"누가 우리 고객이며, 어떻게 찾을까?"	"이 고객을 어떻게 설득할까?"
접점 채널	콘텐츠, 광고, 이메일 등 비대면 채널	1:1 대면 또는 직접 커뮤니케이션
접근방법	타깃, 메시지, 여정 설계를 통한 유입	관계, 신뢰, 니즈 파악을 통한 제안
성과 지표	도달율, 리드 수, 전환율	클로징 성공률, 실적
강점요인	분석 및 구조적 사고	현장 감각, 반응형 설득

마케팅은 구매 여정 전반에 관여해 고객을 끌어들이고, 세일즈는 유입된 고객을 설득해 실제 비즈니스로 전환한다. 마케팅과 세일즈가 유기적으로 협력하는 조직은 고객의 공감을 얻고 문제의식을 환기하는 정교한 전략을 설계할 수 있다. 그렇기에 마케터는 세일즈를, 세일즈는

마케팅을 깊이 이해하는 조직이 성과를 낸다. 영업사원이라고 하더라도 마케팅에 대한 최소한의 관심을 두어야 하는 이유다. 실제로 이 둘을 모두 갖춘 인재가 점점 더 대우를 받고, 더 많은 기회를 얻는다.

가트너(Gartner)의 2023년 연구에 따르면, B2B 고객의 구매 여정 중 약 75%가 영업 담당자와 직접 만나기 전에 이미 완료된다. 이 말은 곧, 영업사원이 마케팅에 무관심하고 정보를 제공하지 않으면 고객 구매 여정에 관여도가 낮아지고, 결론적으로 잠재 고객의 절반 이상을 놓치고 시작한다는 뜻이다. 영업이 마케팅 캠페인의 목적과 흐름, 성과 지표를 이해하면 마케팅팀과의 협업 노력이 실제 잠재 고객 유입으로 이어지고, 현장의 영업활동에 필요한 도움도 받을 수 있으니 얻는 게 한둘이 아니다.

영업이 마케팅을 이해하면 얻어지는 것들

1) 세일즈 파이프라인이 크고 건강해진다

영업 마케팅의 협업은 건강한 세일즈 파이프라인을 구축하는 데 필수다. 파이프라인 치수, 전환 속도, 전환율을 높이는 데 큰 도움이 되기 때문이다. 과거처럼 콜드콜, 전시회, 지인 소개에만 기대는 세일즈 방식은 한계가 분명한 시대다. 디지털 캠페인, 이메일 자동화, 산업 및 고객 맞춤형 콘텐츠로 유입되는 잠재 고객을 활용하면 훨씬 더 효율적으로 파이프라인을 개선할 수 있다. 오프라인과 온라인 모두에서 고객 구매 여정에 영향력을 행사할수록 더 많은 비즈니스 기회가 만들어지기 때문이다.

2) 고객 중심 사고력이 올라간다

B2B 솔루션 세일즈는 '문제 A에 대한 답은 B'처럼 일차원적인 논리로 풀어내는 문제가 아니다. 고객이 진짜 원하는 것을 파악하려면 고객 관점에서 사고하는 훈련이 필요하다. 마케팅 공부는 그 훈련의 도구다. 마케팅을 이해하면 목표 고객을 세분화하고, 산업별 콘텐츠나 고객 사례, 고객 증언을 활용해 솔루션의 가치를 입체적으로 입증할 수 있는 아이디어가 생긴다.

3) 세일즈 생산성이 높아진다

바야흐로 고객 스스로 정보를 탐색하는 시대다. 영업사원과의 상호작용을 간섭이라고 생각하기도 한다. 특히 디지털 정보 검색에 익숙한 젊은 세대가 의사결정에 영향을 주는 자리에 등장하면서 이런 성향은 더욱 두드러진다. 검색 광고, 유튜브 광고, 전시회 부스처럼 비용을 투자하는 페이드 미디어(유료 매체, Paid Media), 공식 웹사이트, 자사 마케팅 이메일, 카탈로그처럼 기업이 직접 운영하는 온드 미디어(소유 매체, Owned Media), 그리고 언론 보도, 고객 후기, 입소문 등 제삼자가 만들어내는 언드 미디어(획득 매체, Earned Media) 등 모든 디지털 접점을 오가며 스스로 정보를 탐색하는 과정을 즐긴다. 마케팅을 이해하면 변화된 고객 행동을 예상할 수 있고, 그에 따라 영업전략을 수정해 유입률, 전환율, 성공률을 높일 수 있다.

마케팅, 어렵지 않다

마케팅이 어렵게 느껴지는 이유는 SEO(검색 엔진 최적화), CTA(행동 유도 문구), 리드 스코어링(잠재 고객 점수화)과 같은 마케팅 전문 용어나 캠페인 성과 분석 도구 등에 대한 생소함 때문이다. 막상 조금만 관심을 두고 공부하면 쉽게 이해할 수 있을 것들이 대부분이니 어렵게 생각할 필요 없다. 최근에는 B2B 마케팅 관련한 책도 많이 출판되고 있고, 온라인 교육 콘텐츠도 많아져서 혼자 공부하기에 더할 나위 없이 좋은 환경이다.

가장 중요한 것은 호기심과 질문이다. 마케팅팀이 회의에서 말한 내용을 이해하지 못했다면, 그냥 넘기지 말고 질문을 하자. 회의 중간에 질문하기 어려운 상황이면, 메모해 놓은 후에 회의 끝나고라도 물어보자. AI 챗봇을 활용하는 것도 좋은 방법이다. 자기 일이 아니라고 무심히 넘기는 영업사원과 작은 호기심이라도 품고 공부하는 영업사원의 격차는 눈 깜짝할 사이에 벌어진다. 더 많이 알수록 아이디어가 솟구치고, 더 다양한 시도를 할 수 있다.

결국, 성과는 연결에서 나온다

Business to Business의 약자인 B2B 비즈니스를 그 특성을 살려 다르게 표현하는 방법이 있다. 바로 Body to Body다. 아무리 좋은 솔루션, 홍보물이 있다고 하더라도 결국 비즈니스의 마무리는 현장의 영업사원과 고객 사이에서 일어난다는 말이다. 즉, 사람과 사람 사이의 상호작용과 관계가 중요하다는 말이다. 그래서인지 많은 영업사원이 마케팅을 곁다리쯤으로 생각한다.

하지만 이제는 다르다. 마케팅을 이해하고, 협업을 시도하는 영업사원이 더 많은 접점, 더 많은 기회를 만든다. 마케팅을 이해하고, 현장업무에 연결하는 융합 마인드가 성과를 만든다.

실전 Tip

영업사원이 실천할 수 있는 10가지 마케팅 마인드 훈련법

1. 이해하기
마케팅팀 회의에 참석해 캠페인 흐름을 이해해 보기
회사 메일에서 자주 보이는 마케팅 용어를 검색하기
마케팅 관련 책 한 권, 영상 강의 한 편 골라서 공부하기

2. 실행하기
카드뉴스나 이메일을 직접 만들어 발송하고 반응 확인해 보기
소규모 캠페인을 직접 기획하고 결과를 분석해 보기
성과가 좋았다면 사례를 정리해 내부에 공유하고 확산하기

3. 융합하기
현장에서 얻은 고객 통찰력을 마케팅팀에 정기적으로 공유하기
마케팅팀 콘텐츠(사례집, 산업 보고서 등) 작업에 참여하기
마케팅팀의 캠페인과 영업 프로그램 연계 후 피드백 나누기

6장

팀 세일즈 - 지속

1
매일 1% 성장이 만드는 기적

> 작은 차이가 큰 결과를 만든다.
>
> *－래리 페이지(구글 공동창업자)*

성장 마인드 셋(Growth Mindset)은 미국의 심리학자 캐롤 드웩이 제안한 개념으로, 후천적 노력을 통해 개인의 능력과 지능이 얼마든지 향상될 수 있다고 믿는 사고방식이다. 성장 마인드 셋을 갖춘 사람은 학습을 즐기고, 도전을 선호한다. 피드백을 수용해 성장의 디딤돌로 삼고, 실패를 성장의 기회로 다룬다. 알베르트 아인슈타인이 세계 불가사의 중 하나로 꼽았다는 복리 법칙을 성장 마인드 셋에 적용하면, 매일 1%씩 성장하는 사람의 능력은 1년 후에는 무려 38배만큼 향상된다. 반대로 매일 1%씩 퇴보하는 일상으로 1년을 보내면, 소위 '무쓸모한 사람'이 된다. 팀 세일즈도 마찬가지다. 팀원 개개인이 성장 마인드를 가지고 협업할 때, 팀 세일즈 강도는 단순 합산이 아니라 기하급수

적으로 증가하기 때문이다. 질문할 필요도 없이 우리가 원하는 건 38
배의 성장이다.

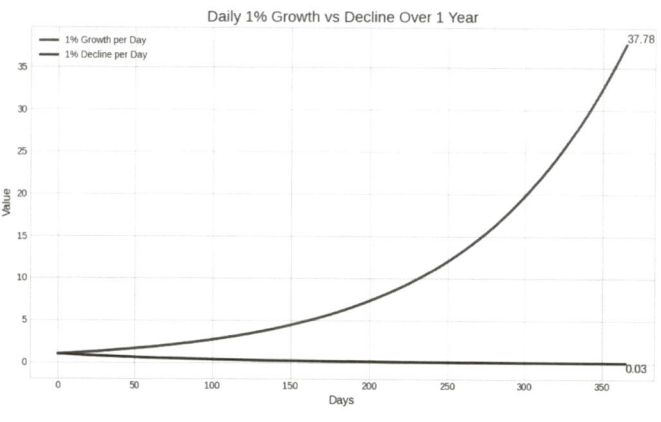

'Everyday 1% Growth'
*MS Copilot 생성형 이미지

당장 시도할 수 있는 것부터 시작

'성장 마인드 셋'을 너무 거창하게 생각할 필요는 없다. 사소한 것
하나라도 배우고 경험하는 것이 바로 1%의 성장이다. 메일 내용이나,
회의 진행 중에 이해하지 못했던 용어를 메모해 놓고 간단히 찾아 정
리하거나, 온라인 강의를 들으며 떠올랐던 아이디어를 현업에 적용해
보는 사소한 시도를 꾸준히 하다 보면 어느새 훌쩍 성장한 자신을 발
견한다. 솔직히 말해서 독학하기에 더할 나위 없이 좋은 세상이 아닌
가. 하루 20분 만이라도 짬을 내어 어제보다 나은 내가 되기 위한 의식

적인 노력을 해보기를 권한다. 목표는 1% 성장이다. 부담된다면, 0.1%만 해보자. 그것 만으로도 1년에 3배나 성장할 수 있다.

송정훈 씨는 미국에서 컵밥으로 연 매출 900억을 올린 사업가다. 그는 대학교 행사에서 푸드트럭을 보고는 그날 저녁 곧바로 트럭을 샀다. 수중의 돈으로 지금 당장 할 수 있는 게 그것밖에 떠오르지 않았기 때문이다. 망설이다 보면 시도하지 않을 이유만 떠오를 것 같아 빨리 저질렀다고 한다. 그 돈을 지키겠다고 고민만 하다 보면 결국 아무 일도 일어나지 않는다. 지금 시도할 수 있는 일, 어제와 나를 단 1%라도 성장시킬 수 있는 일에 집중하는 것이 성공의 열쇠였다.

B2B 솔루션 세일즈도 마찬가지다. 회사의 예산과 지원이 부족하다고 투덜거리고 손 놓고 있어 봐야 자기만 손해다. 자신이 갖지 않은 것, 회사에서 제공하지 않는 것만 탓하지 말자. 완벽하지 않기 때문에 시도해 볼 기회가 많다고 바꿔서 생각해 보자. 전시회에 나갈 예산이 없으면, 전시회를 방문해 브로슈어와 명함은 돌릴 수 있다. 이왕 현장에 방문했다면, 전시회 방문 리포트를 써보자. 최신 트렌드가 머릿속에 정리되고, 시장 전문성과 통찰력이 높아진다. 꼭 큰돈을 들이지 않더라도 간단한 시연 도구를 개발할 수도 있다. 이래서 안 되고, 저래서 안 된다는 생각에서 벗어나 '지금 시도할 수 있는 것은 무엇인가?'에만 생각을 집중하면 이렇게도 할 수 있고, 저렇게도 할 수 있는 아이디가 솟구친다.

배워서 남 줄 때 일어나는 일

　과외 수업을 하면 실력이 느는 쪽은 학생이 아니라 선생이다. 본인이 먼저 제대로 알지 못하고는 남에게 설명할 수 없기 때문이다. 입시 준비를 할 때 나를 괴롭혔던 수학에 재미가 붙은 것도 대학 시절 과외를 하면서부터니 아이러니하다. 신입사원 OJT를 맡게 되었을 때 다시 한번 비슷한 경험을 했다. 그동안 현장 고객 앞에서 수없이 발표하고 솔루션을 제안했던 나였지만, 후배를 가르치는 데에는 금방 밑천이 드러났다. 예상치 못한 후배의 날 선 질문에 답하느라 진땀을 흘렸다.

　"어제 물어봤던 거 있죠? 그거 설명해 줄게요."

　마치 오래전부터 잘 알고 있던 것처럼 설명했지만, 사실은 전날 밤 부랴부랴 보충한 공부였다. 결국, OJT 기간이 끝나고 실력이 는 쪽은 나였다. 프로젝트 전문가로서 필드 영업사원을 조언할 때도 마찬가지였다. 필드 영업사원의 조언자이자 프로젝트 리더 역할을 해야 했지만, 정작 내 실력은 충분히 준비되어 있지 않았다. 사내 학습 자료를 다시 뒤져서 공부하고, 그래도 부족하면 책을 사서 공부하고 나서야 제대로 된 역할을 할 수준이 되었다.

　실력을 키우고, 성과를 내고 싶다면 배워서 남 주는 데 망설임이 없어야 한다. 새로운 것을 공부할 때에는 남을 가르칠 수준이나 최소 30분은 쉬지 않고 설명할 수 있을 정도를 목표로 깊게 공부해야 한다. 그렇게 배운 것을 반드시 다른 사람과 공유해야 한다. 비로소 자기 지식이 되기 때문이다. CRM을 공부하면서 새롭게 알게 된 것을 카드뉴스 형식으로 만들어 부서 직원들에게 배포한 적이 있는데, 오래전 일이지만 지금까지도 그 내용을 선명히 기억한다. 그렇게 몇 번만 더 하면 동료들로부터 전문가 소리를 듣는 수준이 된다. 먼저 배워서 남 주는 영업사원이 되려고 노력하면 할수록 팀 내 영향력이 커지고, 팀 세일즈를 일으킬 힘이 생긴다. 결국, 가장 많이 얻는 쪽은 자신이다.

실패는 시도의 증거다

모두의 기대를 안고 시작했던 프로젝트가 완전히 실패로 끝났다. 괴로운 실패였다. 그 무렵 팀장으로부터 전화가 왔다. 본사에서 새로 조직한 프로젝트 스페셜리스트로 직무 전환을 제안받았다. 영업사원을 지원해 프로젝트를 조기에 마무리하는 중요한 역할이라고 했지만, 실패의 책임을 물어 일선에서 배제되는 건가 싶어 걱정이 앞섰다. 찜찜한 기분을 떨치지 못하고 며칠 동안 밤잠을 설쳐야 했다.

걱정스러운 마음을 솔직히 털어놓자, 그의 대답은 명쾌했다.
"지난번 일을 왜 실패라고 생각하나요? 최선을 다했는데도 상황이 꼬여서 운이 조금 없었던 거지요. 난 실패라고 생각 안 합니다. 제가 생각하는 가장 실패한 영업사원은 팔짱 끼고 아무 시도도 안 하면서 일하는 척하는 사람입니다."
타자가 파울을 친 것을 두고, 안타를 치지 못했으니 실패했다고 생각하는 감독은 없다. 파울을 쳤다는 건 답을 찾는 데 근접하고 있다는 말이다. 투수의 투구 리듬을 읽으며 영점을 잡고 있다는 신호다. 그러니 파울이 되었다고 자책할 게 아니라 다음 공을 준비하면 될 뿐이다. 실패는 시도의 증거라는 팀장의 말에 심기일전하여 새로운 직무를 맡았고, 이 선택이 한 단계 성장하는 계기가 되었다. 영업사원을 코칭하며 프로젝트를 이끄는 역할을 할 수 있었고, 이게 협업을 바탕으로 성과를 내는 팀 세일즈라는 새로운 세상이 열렸기 때문이다.

실패를 두려워하는 영업사원은 성과를 낼 수도 없고, 성장을 할 수도 없다. 팀 세일즈를 이끄는 역할은 더더욱 그렇다. 매일 작은 성장을 이뤄내고 그것을 팀과 나눌 때, 자신은 물론 팀 전체가 37.78배 성장하는 기적을 만들어낼 수 있다. 반대로 변화가 두려워 학습을 멈추고 새로운 시도를 주저한다면, 순식간에 0.03배로 퇴보할 뿐이다. 성장이냐 퇴보냐. 선택은 오롯이 자신에게 달려 있다.

2
'낄끼빠빠'를 모르는 오지랖이 경쟁력

타인을 위한 가치 창출이 지속 가능한 성공을 만든다.

–마크 베니오프(세일즈포스 *CEO*)

언바운드랩데브의 대표이자 책 '언바운드'의 저자 조용민 대표는 한 강연에서 '뛰어나게 일 잘하는 사람의 세 가지 특징'을 설명했다. 이들은 문제 해결에 힘 조절을 하지 않고, 자기 한계에서 한두 걸음 더 나가는 시도를 하며, 관점에 있어서 경계가 없다고 한다. 특히 '낄끼빠빠'를 모르는 사람이 성공한다고 설명한 부분이 인상 깊었다.

'낄끼빠빠'는 '낄 때 끼고 빠질 때 빠진다.'의 줄임말로, 한마디로 눈치 있게 행동한다는 말이다. 대부분은 눈치 있는 사람이 환영을 받는다. 하지만 조용민 대표는 눈치 없는 사람이 오히려 일을 잘한다고 말한다. 한 가지 사례를 들었다. 조용민 대표가 소유한 건물에 여러 기업이 입주해 있는데, 그 건물 앞에 누군가 반복적으로 쓰레기를 버렸다. 1층 입주자로부터 쓰레기 투기 사진이 첨부된 문자가 왔다. 건물 앞에 쓰레기가 있으니, 빨리 처리해 달라는 메시지였다. 2층 입주자에게서도 문자가 왔다. 마찬가지로 현장 사진을 찍어 보내왔는데, 쓰레기 투기 신고를 할 수 있는 구청 전화번호를 덧붙였다. 마지막으로 3층 입주자에게서도 문자가 왔다. 쓰레기 투기 사진과 함께 자신이 이미 구청에 신고를 마쳤으니 건물주 동의 메시지에 확인만 하면 된다고 했다. 며칠 후, 쓰레기는 말끔히 수거되었다.

1층 입주자는 문제만 알렸고, 2층 입주자는 해결방법을 알렸다. 3층 입주자는 자기 일도 아닌데 직접 해결했다. 조용민 대표 주변의 성공한 사람들은 이처럼 남의 일까지도 자기 일로 끌어드려 해결하는 3층 입주자형 인물이라고 말했다. '이게 내 일이야?' 따지기보다 문제 해결에만 집중하는 사람이 성과를 낸다는 말이다.

채널 영업팀은 대리점 판촉과 판매 관리를, 필드 영업팀은 고객사 현장 영업을 담당한다. 어느 날, 대리점 신제품 교육을 두고 두 팀 간 견해 차이로 인해 갈등이 생겼다. 채널 영업팀은 담당 대리점 수가 많아 교육까지 맡기엔 벅차다고 했고, 필드 영업팀도 고객사 업무로 바빠서 대리점 교육은 부담스럽다는 견해였다. 서로의 입장만 고수하는 사이, 본사와 대리점 간 전문성 격차만 커졌다. 같은 고객에게 본사 영업사원과 대리점 영업사원이 서로 다른 솔루션을 제안하는 어처구니 없는 상황까지 벌어졌다.

직접 나서서 대리점 교육 프로그램을 짜기로 했다. 조용민 대표의 표현을 빌자면 '낄끼빠빠를 모르는 근성'이 발현된 셈이다. 대리점 영업사원 수준에 따라 교육과정을 상/중/하로 나누고, 연구소와 마케팅팀의 도움을 받아 과정별 문제 은행을 만들었다. 진지한 참가 분위기를 만들기 위해 전체 대리점 영업사원 50명을 한자리에 모아 자격 평가 시험을 보도록 했다. 시험을 통과한 영업사원에게는 인증서와 배지를 수여했는데, 대리점 영업사원이 전문가가 지녀야 할 자부심과 사명감을 느끼도록 하기 위해서였다. 대리점 영업사원이 달고 있는 전문가 인증 배지를 본 고객이 상담에 신뢰를 느끼는 상상을 하며, 배지 디자인도 신경을 써서 준비했다. 배지 수여식도 남다른 분위기를 연출하고 싶어 보험업계의 영업사원 시상식을 본떠 다소 화려하게 준비했다. 조수미의 'Champions' 음악을 배경으로 한 명씩 단상에 올라 꽃다발을 들고 기념 촬영을 했다. 보수적인 행사 분위기에만 익숙했던 터라 자칫 너무 요란스럽게 보이거나 반감만 불러일으키는 건 아닌지 걱정도 했다. 하지만 막상 뚜껑을 여니 모두가 즐거워했다.

사실 자격 평가 시험이 부담된다고 토로한 대리점 영업사원도 많았다. 그러나 막상 고사장에 나타난 이들의 모습은 사뭇 달랐다. 대학 수학능력 시험을 앞둔 수험생처럼 진지한 모습이었고 시험 직전까지 공부하는 뜨거운 열기에 큰 감동을 받았다. 고사장에 출석한 50여 명이 전원 합격을 한 것도 대단한 결과였다. 만점자가 7명이나 된다는 소식에 많은 본사 직원이 놀라움을 금치 못했다. 현장 업무로 바쁜 와중에 공부까지 하느라 바빴지만, 이번 시험을 계기로 부족했던 공부를 채울 수 있었고 앞으로 자신감을 가지고 고객을 대할 수 있을 것 같다는 긍정적인 피드백을 많이 받았다. 특히, 한 대리점 직원이 시상식 사진을 연락처 대표 사진으로 설정한 걸 봤을 때는 쌓였던 피로가 눈 녹는듯한 기분이 들었다.

내가 프로그램을 기획했다고 해서, 채널 영업팀에 벽을 두지는 않았다. 오히려 이 기회를 살려 협업할 수 있는 부분을 고민했다. 그러던 중 채널 영업팀 내부에 자격 평가 시험에 사용하기 좋은 평가 시스템이 구축되어 있다는 것을 알게 되었다. 처음에는 평가 시스템에 대해 궁금한 것을 묻다가, 내친김에 자격 평가 시험 운영을 맡아 줄 수 있는지 물었다. 흔쾌히 수락했다. 행사 준비가 수월해진 것은 물론, 평가 결과를 집계하고 분석해 주어서 큰 도움이 되었다. 무엇보다 필드 영업팀과 채널 영업팀이 대리점 교육 프로그램을 함께 준비했다는데 큰 의미가 있었다. '낄끼빠빠' 모르는 내 오지랖이 필드 영업팀, 채널 영업팀과 대리점 영업팀을 한데 묶음 셈이었다.

낄 때 끼고 빠질 때 빠질 줄 모르고 일하다 보면 때로는 '오버한다.'는 말도 듣게 되고, 왜 자꾸 나서서 일만 키우냐는 불평을 듣기도 한다. 몰라서 하는 말이다. 미래 직업 환경에서는 '인지적 유연성'과 '협업 능력'이 가장 중요한 역량으로 떠오른다고 한다. 지금 우리에게 주어진 시대는 갈수록 정해진 정답이 없는 시대다. '이건 우리 부서 일이 아니라서', '이건 내가 할 일이 아니라서'처럼 영역을 구분 짓는 태도는 자신을 '답 없는 영업사원'으로 몰아갈 뿐이다.

최근 '조용한 사직', '조용한 퇴사'와 같은 말이 유행한 적이 있다. 이는 주어진 업무 이외에는 책임이나 열정을 보이지 않는 대신 개인의 삶에서 의미를 찾으려는 워라밸(Work-Life Balance)을 좇는 세태를 말한다. 이런 접근 방식이 완전히 틀렸다고 할 수는 없다. 회사 일만 하다가 대책도 없이 홀로서기를 해야 하는 것보다 회사에 있는 동안 퇴사 이후의 삶을 준비할 시간을 갖는 편이 안전하기 때문이다. 다만, 이런 태도가 일에 대한 의미를 퇴색시켜 스스로 무기력해지고 조직 내에서 평판을 잃게 만든다는 게 문제다. 경험과 역량을 쌓으며 성장할 다양한 기회를 스스로 차버리는 셈이다.

반가운 소식은 최근 단순히 일찍 퇴근하는 것을 넘어, 업무 자체에서 배움과 성장의 기회를 찾는 태도가 확산하고 있다는 점이다. 예를 들어, '그거 해서 뭐해? 일찍 퇴근하는 게 남는 장사지.'라고 생각하는 대신, '이번 업무로 인공지능을 제대로 공부해서 회사 업무에도 활용하고 퇴사 후 개인사업으로도 연결해보자.', '까다로운 개발팀 담당자와 협업하면서 다양한 사람들과 일하는 법을 배워보자.'와 같은 관점의 전환이다. 이런 현상을 일과 삶을 융합한다고 해서 워라블렌딩(Work-Life Blending)이라고 부른다.

누구나 언젠가는 조직을 떠난다. 수명은 길어지는데, 평균 퇴직 시기는 빨라지는 게 문제다. 그래서, 점점 더 많은 사람이 조직 생활에 미련을 두지 않는다. 명심해야 할 게 있다. 안에서 새는 바가지는 밖에서도 샌다. 적당히 선 긋고 일하고, 협업에도 비협조적인 사람이 퇴직 후 치킨집을 차리면 2년도 못 버틴다. 회사 밖에 나가면 다른 모습을 보이겠다고 자신하지만, 조직 내에서 한번 타성에 젖으면 쉽게 바꿀 수 없기 때문이다. 중소벤처기업부의 창업 실태 조사에 따르면, 창업 3년 내 폐업률이 60%에 달한다. 그 주요 원인 중 하나가 바로 '협업 능력 부족'이다. 그러니 조직에 몸담고 있을 때 크고 단단한 바가지를 만드는 노력을 아끼지 않는 게 현명한 자세다.

요컨대, 성과를 내는 영업사원은 규정된 업무 영역에 연연하지 않는다. 문제 해결에 있어 영역에 제한을 두지 않고 힘 조절을 하지 않고 팀 세일즈를 일으켜 팀의 성공을 자신의 성공으로 만들어간다. 혹시 지금 '이게 내가 할 일이 맞나?' 하는 고민이 들게 하는 일이 있다면 '내가 해결하면 어떤 가능성이 열릴까?'로 관점을 바꾸어 보기를 바란다.

3
전부 내 탓이어도 되는 이유

책임감이 리더십의 시작이다.

—메리 바라(前 GM CEO)

"부장님, 진짜 억울합니다. 저는 발주서 받자마자 곧바로 주문을 냈어요. 품질 문제로 출고가 지연될 줄 어떻게 알았겠습니까. 상황이 이렇게 될 때까지 지금까지 아무도 말이 없었습니다. 이건 제 잘못이 아니라고요"

대형 고객사를 담당하는 팀원 한 명이 흥분된 목소리로 전화를 걸어왔다. 출고 지연 상황을 전달받은 고객이 강하게 항의했는데, 팀원이 자기 책임이 아니라며 맞서다가 결국 고객에게 언성을 높이고 만 것이다. 이에 화가 난 고객은 회사 차원으로 정식 손해배상을 청구하겠다며 전화를 끊어버렸다. 팀원은 상황을 악화시킨 것을 후회하면서도, 품질 문제를 일으킨 생산팀과 이를 제때 알려주지 않은 물류 팀,

그리고 지금까지의 자기 노력을 알아주지 않는 고객을 원망했다.

팀원의 답답한 심정을 모르는 것은 아니지만, 그렇다고 그의 대응이 옳았다고 생각하진 않았다. 영업사원이라면 모든 상황을 고객의 관점에서 바라봐야 하기 때문이다. 명함에 쓰여있는 영업 대표라는 직함은 회사를 대표해 서비스를 제공하겠다는 진중하고 무거운 약속이다. 크든 작든 고객과 한 약속은 개인 간의 약속이 아닌, 회사와 회사 간의 신뢰 계약이다. 본인 업무는 완수했으나 타 부서의 실수로 문제가 발생한 거라고 아무리 설명해 봤자, 고객 눈에는 무책임한 영업사원으로 보일 뿐이다. 생산팀도, 물류 팀도, 품질팀도 고객에게는 모두 같은 회사에서 일하는 한 팀이기 때문이다. 그러니 문제의 자초지종과 귀책은 조직 내부에서 따질 일이다. 고객에게 구구절절 자초지종을 설명해 봤자 돌아오는 건 실망과 불신뿐이다.

최악을 대비하는 철저한 준비성

세일즈 현장에서는 모든 변수에 대해 '내가 책임진다.'라는 마인드가 필요하다. "이런 것까지 챙기고 준비해야 하나요?"라는 말을 들을 정도가 되어야 한다. 일어날 수 있는 모든 시나리오를 점검해야 계획한 대로 일을 챙길 수 있고 고객을 도울 수 있다. 이러한 자세야말로 진정한 프로의 모습이다. 프로야구 명장으로 꼽히는 김성근 감독 그의 저서 '인생은 순간이다'에서 "최악의 상황을 항상 대비하면 실패를 최소화할 수 있다."라며, 자신을 '비관적인 낙천주의자'라고 불렀다. 야 수 실책이 나오거나, 구원투수가 리드를 지키지 못하는 최악의 상황을 어마어마하게 하다 보면, 어느 사이 생각이 문제를 해결하는 방법까지 뻗어지면서 낙관적인 생각으로 가득 차게 된다고. B2B 솔루션 영업사원도 이처럼 모든 실패 가능성을 예상하고 미리 대비책을 고민하는 자세를 갖추어야 한다.

이전 직장에서 해외 영업을 담당할 때였다.

"야, 전호석. 너 이거 이 날짜에 출하할 수 있는 거 확실해?"

"네, 그 제품 생산 일정에 잡혀 있는 거 확인했습니다."

"생산 담당자한테 전화해서 확실한지 물어봐. 이거 생산 차질 생기면 어떻게 해야 할지 후속 계획도 세워서 내일까지 보고해."

"네? 지금 여기 생산 계획이 보이시잖아요. 굳이 후속 계획까지 세워야 하나요?"

"다른 말 말고, 준비하라면 준비해."

어쩔 수 없이 대답했지만, 생산 일정표에 떡하니 보이는 걸 가지고 괜한 트집을 잡는다는 생각에 입이 튀어나왔다.

"안녕하세요. 37주 차에 잡혀 있는 55인치 500장 말인데요. 계획대로 생산되는 거 맞지요? 네, 뭐라고요? 그런 문제를 왜 지금까지 알려주지 않으셨어요?"

알고 보니 주요 부품 공급이 지연되고 있었고, 그 소식을 먼저 듣게 된 사수가 우리가 맡은 제품에도 영향이 있는지 확인하려고 한 것이었다. 미리 상황을 챙겨보고 최악의 상황을 준비하려는 사수의 철저한 태도에 놀라지 않을 수 없었다.

그날 저녁 식사를 하는 데 사수가 먼저 말을 꺼낸다.

"만약 이번에 출하 차질 났으면, 너라면 고객한테 뭐라 했을 것 같아? 생산 계획표에 분명히 있었으니 제 잘못 아니라고 말하려고 했지? 그럼 고객이 수고했다고 했을까? 절대 안 그래. 고객은 약속한 날짜에 제때 출하됐는지만 본다. 과정은 안 중요해. 약속 지키는 게 영업의 본분이야. 앞으로는 '에이, 설마 그런 일이 일어나겠어?' 싶은 건 전부 적어놓고, 실제로 그런 일이 일어나면 어떻게 위기를 벗어날 수 있는지 미리 그려보는 연습을 하면 좋겠다. 플랜 B, C, D까지 준비할 정도가 되어야 해. 답이 나오지 않으면, 주변 누구라도 붙들고 조언을 구해. 그게 진짜 실력이다."

사수가 강조한 철저한 준비성의 핵심은 고객과 한 약속은 무조건 지키는 무한 책임감이었다. 업무 과정에서 일어나는 모든 일은 전부 다 내 책임이라고 생각하는 마음 자세였다. 좋은 일은 남에게 나누어 주고, 나쁜 일은 '내 탓이오.' 해야 하는 게 B2B 솔루션 세일즈를 하는 영업사원의 숙명이다.

'내 탓'이라고 말하는 사람이 신뢰를 얻는다

문제가 터지면 책임 회피에 급급해 상황을 빠져나갈 궁리만 하는 영업사원이 있는가 하는 반면, 문제를 자기 탓이라 생각하며 문제 해결에만 집중하는 영업사원이 있다. 당신이라면 누구를 선택하겠는가? 고객에게든 동료에게든 후자가 더 큰 신뢰를 얻는다.

핑계가 많은 영업사원 주위에는 동료가 없다. 사사건건 남 탓하며 변명만 늘어놓는 태도는 같이 일했다가 무슨 봉변을 당할지도 모른다는 걱정을 하게 만들 뿐이다. 반면 '전부 다 내 탓'이라는 마인드를 가지고 동료의 실수도 덮어주고 때로는 손해까지 감수하는 태도를 보이는 영업사원은 동료들의 전폭적인 지지와 지원을 얻는다. 고객도 마찬가지다. 납기 문제, 품질 문제와 같은 어려운 문제를 해결하면서 고객과 더 가까워지고 신뢰를 얻어 신규 프로젝트까지 제안받게 되었다는 경험담이 수없이 많다. 자기 탓할 줄 아는 태도가 결국 팀 세일즈도 이끌고, 성과도 만드는 셈이다.

팀원에게 배상 청구를 예고했던 고객으로부터 연락이 왔다. 격앙된 목소리로 불만을 토로하는 고객에게 거듭 사과했다.

"정말 큰 결례를 드려 죄송합니다. 부하직원 관리도, 사전 점검도 못 한 저의 책임입니다. 빠르게 해결안을 마련해 내일 직접 찾아뵙겠습니다."

잘못을 인정하고 진정성 있게 사과하는 태도는 고객의 격한 감정을 누그러뜨렸다. 약속대로 다음 날 고객을 찾았다. 팀원도 함께 가자고 했지만, 그는 끝내 용기를 내지 못했다. 사고는 자식이 쳤는데, 아버지가 대신 찾아가서 사과하는 형국이 되었다. 솔직히 나도 전혀 뜻밖의 상황에 급하게 방문을 한 터라, 어떻게 수습을 해야 할지 경황이 없었다. 고객에게 고개 숙여 사과하고, 실망한 마음을 위로해야겠다는 생각뿐이었다.

따지고 보면 나도 억울하기는 마찬가지다. 팀원이 고객에게 결례한 것이지, 내가 실수한 게 아니니까 말이다. 만약 "제가 한 잘못이 아닌데, 왜 저한테 화를 내시죠?"라고 말했다면 걷잡을 수 없을 상황이 되었을 게 분명하다. 우리 회사에 정식으로 배상 청구를 했을지도 모를 일이다. 고객의 성난 마음을 겨우 달래고 나서, 이후의 일은 다시 팀원에게 맡겼다. 상황을 수습하기 위해 동분서주하는 팀원에게 나는 별다른 말을 하지 않았다. 이번 일로 그도 깨달은 바가 컸을 게 분명했기 때문이다. 실제로 그 팀원은 이후 고객을 응대하는 모습이 눈에 띄게 달라졌다. 억울한 일이 생기면 "내 탓이오, 내 탓이오, 다 내 탓입니다!"라며 웃는 여유까지 보일 정도가 되었다. 문제가 생기면 우선 사과하고, 해결책을 찾는 데 집중할 뿐이었다. 덕분에 그 고객사와의 관계도 오히려 이전보다 돈독해졌다.

4

커넥팅 더 닷츠(Connecting the dots)

점들이 언젠가 미래에 어떻게든 연결될 것이라 믿어야 한다.

−스티븐 잡스(前 애플 CEO)

제조팀 경험의 재발견

제조팀에서 공정 엔지니어로 사회생활을 시작했을 때, 내 인생은 망했다고 생각했다. 그토록 하고 싶었던 세일즈를 할 수 없게 되었다고 한탄하며, 억지로 회사에 출근했다. 시키는 일도 제대로 하지 못하고 실수를 연발했다. 최적의 공정 조건을 잡기 위해서 가설을 설정하고 온종일 설비 앞에서 테스트하고, 의미 있는 데이터 값을 찾아 분석하는 일이 내겐 낯설기만 하고 좀처럼 흥미가 생기지 않았다. 그렇게 무기력한 나날을 보내다가 마침내 세일즈 팀으로 옮기게 되었다. 그런데 놀라운 일이 벌어졌다. 입사하자마자 세일즈를 시작한 동기들이 오히려 내게 제조 프로세스와 기술적인 내용을 물었기 때문이었다. 제품 제조 지식이 없어서 고객의 질문에 답이 막힐 때가 많다며 현장 지식이 있는 내가 부럽다고까지 했다. 내가 그동안 제조팀에서 시간을 버린 것이 아니라 세일즈를 위한 경쟁력을 쌓았다는 것을 그제야 깨닫게 되었다. 실제로 제조 현장 경험은 고객의 고민을 이해하는 열쇠가 되었고, 설비 앞에서 데이터와 씨름했던 경험은 고객의 품질 문제를 해결하는 단서가 되었다. '제조 현장을 아는 영업사원', 그것이 바로 나의 경쟁력이다.

새로운 가능성의 발견

세일즈 선배들에게서 종종 듣는 말 중에 듣기 싫은 말이 하나 있다. "배운 게 도둑질이라 결국엔 너도 이 바닥에서 일하게 될 거야."라는 말이다. 퇴직 후 배경을 밑천 삼아 대리점을 차린 선배들이었다. 생경한 일을 하는 것보다 실패 위험이 적겠지만, 정든 대리점 식구들과 얼굴 붉혀가며 경쟁하는 삶을 살고 싶지 않았다. 분명 다른 길이 있을 거라 믿었고, 후배들에게도 좋은 본보기가 되고 싶었다.

2020년 팬데믹이 막 시작되던 무렵, 우연히 글로벌 자원봉사 프로그램에 참여하게 되면서 단서를 찾았다. 3M 임팩트(3M Impact)는 전 세계 지역사회의 사회, 환경 문제 해결을 위해 직원들이 자신의 전문성을 기부하는 글로벌 자원봉사 프로그램인데, 인터뷰를 거쳐 참가인원을 선발한다. 나는 멕시코로 파견이 되었는데, 미국 본사 IT팀, 터키

지사 인사팀 동료들과 한 팀이 되었다. 우리가 맡게 된 곳은 프리다 칼로 박물관 근처에 있는 작은 사회적 기업이었다. 10여 명의 젊은 직원으로 구성된 이 회사는 사업 확대를 위한 컨설팅을 원했다. 방문 첫날, 직원들과 한명 한명 대화를 나누다가 정부 보조금으로 CRM 시스템을 도입하고도 정작 사용하지 않고 있다는 사실을 알게 되었다. 마침, 우리 회사에서도 세일즈포스를 도입하던 시기였고, 사용 경험이 있어 반가웠다. 동시에 현업에서 시스템을 사용할 때 좀 더 열심히 배워둘 걸 그랬다는 후회가 함께 밀려왔다. 아무 감흥 없이 처리하고 있는 일상의 업무가 곧 자기 전문성을 키울 수 있는 최고의 기회라는 걸 그 순간 깨달았다.

사회적 기업이 영리기업으로부터 컨설팅을 받는 데에는 그만한 이유가 있다. 정부 보조금이나 기부금에 의존하던 전통적 방식에서 벗어나, 혁신적인 비즈니스 모델을 도입해 더 큰 수익을 내고 더 안정적으로 더 많이 사회에 이바지하기 위해서다. 회사 밖에서는 쓸모없을 거로 생각했던 세일즈 기술이 사회적 가치를 만들 수 있다니. 가슴이 뛰기 시작했다. '회사를 나가서도, 산업을 바꿔서도 그동안 갈고 닦은 세일즈 경험을 바탕으로 수익도 내고 사회에 기여도 할 수 있겠구나.'라는 생각에 가슴이 뛰었다. 평생 특정 제품만 팔다 끝나는 게 아니라, 문제 해결과 컨설팅, 고객 확보, 자금 조달, 비즈니스 전략 기술을 바탕으로 새로운 삶을 열어갈 가능성을 처음으로 보았기 때문이다. 세일즈 역량은 물건을 파는 기술이 아니라 내가 원하는 어떠한 삶도 설계할 수 있는 생존 기술이라는 걸 그때 깨달았다.

일상 업무를 대하는 태도의 변화

글로벌 프로그램 참여 후, 회사 업무를 바라보는 눈과 태도가 바뀌었다. '남을 가르치는 수준이 되겠다.'는 마음가짐으로 업무를 대하기 시작했다. 우선, CRM 시스템을 다시 공부했다. 서비스 제공 업체 홈페이지도 찾아보고, 책도 사서 봤다. 그래도 궁금한 건 CRM 리더에게 직접 물었다. 시스템의 운영 취지와 관리 요령을 이해하자 업무 전반에 대한 시야가 넓어졌다. 기계적으로 처리하던 업무의 큰 그림이 보이기 시작했다. 누가 시키지도 않았는데, CRM 시스템 사용 팁을 카드뉴스 형태로 만들어서 부서에 공유했다.

이런 작은 시도들이 언젠가 새로운 기회로 연결될 거라는 확신이 생겼기 때문이다. 그게 진급이 될지, 이직이 될지, 사회적 기업 운영이 될지 모르지만, 정성스레 점을 찍는 마음으로 일을 대하게 되었다. 지금도 명연설로 손꼽히는 스티브 잡스의 스탠퍼드 대학교 연설에서 그가 언급했던 '커넥팅 더 닷츠(connecting the dots, 점들의 연결)'처럼, 지금은 무의미해 보이는 작은 경험들이 미래의 어느 순간 의미 있게 연결되는 게 인생사다. 그러니, 매일의 작은 배움과 새로운 시도를 노력을 아끼지 말아야겠다.

점들이 연결될 때 찾아오는 기회

미래를 위한 점을 찍겠다는 마음가짐으로 업무를 다시 살펴보자. 그 업무의 본질이 무엇인지, 더 효과적으로 처리할 방법은 없는지 고민해 보자. 작은 아이디어라도 떠오른다면 실행에 옮겨보자. 그게 바로 미래를 위해 점을 찍는 자세다. 제조팀의 현장 경험이 세일즈에 도움이 될 줄 몰랐고, 세일즈 경험이 사회적 공헌에 도움이 몰랐던 것처럼 지금 남긴 점이 어떻게든 연결되어 돌아온다는 걸 의심하지 말자. 요행으로 사는 영업사원과 치열하게 고민하고 시도하는 영업사원의 미래가 똑같을 수가 없다. 지금 자기 앞에 주어진 일에 최선을 다해야 하는 이유다.

더 많은 점을 찍겠다는 생각으로 나는 지금도 남이 시키지 않은 일을 찾아서 한다. 아무리 사소한 거라도 새로운 걸 배우지 않으면 불안함을 느낄 정도다. 여기저기 기웃거리면서 새로운 경험이 될 만한 게 없는지 찔러 본다. 남들 눈에는 쓸데없는 짓으로 보일 수도 있다. 하지만 이런 호기심이 쌓여 예상치 못한 아이디어와 기회를 발견하게 된다는 걸 잘 안다. 평생 세일즈만 하다가 직장 생활을 끝낼 줄 알았던 내가, 아시아 지역 마케팅 캠페인 리더를 맡게 된 것도 주변 업무에 대한 작은 호기심에서 시작되었다.

언젠가 회사를 떠나 내 일을 하게 되더라도, 회사에서 찍어둔 수많은 점을 연결해 새로운 삶을 만들어갈 자신이 생겼다. 어떤 일을 하든

처자식 굶길 일은 없다. 그게 무슨 일인지 알지 못하지만, 믿는 구석이 있다. 바로 성실하게 남겨 놓은 점들이다. 난 그 점들의 힘을 믿는다. 지금 자동차 소재를 판다고 자동차 산업에, 그 소재로 인생을 한정하지 마시라. 송충이는 솔잎만 먹는다는 말은 거짓말이다. 잣나무, 전나무, 낙엽송 같은 다른 침엽수 잎도 먹고, 활엽수 잎을 먹을 때도 있다. 자신의 인생은 다른 사람이 한정하는 게 아니다. 무엇을 팔았느냐보다, 어떤 생각을 가지고 어떤 태도로 팔아왔느냐가 우리 삶의 후반부를 결정한다. 그러니 지금 자동차 소재를 판다고 자동차 산업에, 그 소재로 인생을 한정하지 마시라. 세일즈에서 쌓은 다양한 경험과 지혜가 바탕이 되어 새로운 기회를 여는 기반이 된다는 믿음을 지키자. 그 믿음을 가진 영업사원만이 주변 사람의 가능성을 발견하고, 그들과 함께 새로운 점을 찍는 시도를 이어갈 수 있다.

5
세일즈 부스터, 독서

'무식보다 부끄러운 것이란 배울 마음조차 없는 것이다.'

−벤저민 프랭클린

세일즈를 처음 시작할 때, 나는 모든 해답이 현장에 있다고 믿었다. 매달 4,000km 이상 운전하며 많은 고객을 만났다. 다음 방문 일정을 잡기 위해 운전을 하는 중에도 전화기를 놓지 않았다. 길에 보이는 간판에 쓰인 전화번호만 보고 전화를 걸어 방문하고 싶다고 조른 적도 있다. 일정표에 고객 방문 일정을 빡빡하게 채워 넣어야 비로소 마음이 놓일 정도였다. 덕분에 매일 녹초가 되어 퇴근했다. 퇴근 후에도 강행군이었다. 잠깐 눈을 붙이고 일어나서 밤늦게까지 일했다. 외근 업무로 밀린 이메일과 고객 방문 후 챙겨야 할 업무를 처리했다. 마감 주간에는 꼬박 밤을 새우고 출근할 때도 있었다. 그래도 힘들다는 생각은 들지 않았다. '양이 질을 만든다.'라고 믿었기 때문이다.

입사 후 몇 년을 그런 식으로 일했다. 덕분에 성과가 좋은 해도 있었지만, 고전을 면치 못하던 해도 있었다. 여전히 종횡무진 뛰어다녔지만, 점점 피로도가 높아졌다. 마치 한계효용 체감의 법칙처럼, 노력 대비 성과가 점점 줄어드는 느낌이었다. 이대로는 안 되겠다는 위기감이 처음으로 들었고, 이제는 양이 아니라 질로 바꿔야 하는 때가 왔다는 걸 알아차렸다. 나는 그 해답을 독서에서 찾았다.

서점을 뒤져 피터 드러커, 톰 피터스와 같은 경영의 거장부터 다양한 분야의 세일즈 전문가가 쓴 책을 찾아 읽기 시작했다. 절판된 책은 전자책으로 읽었고, 내용이 좋으면 중고 서적으로라도 구해서 다시 읽었다. 십수 년 전에 쓰인 브라이언 트레이시의 '세일즈 성공 전략'을 읽으며, 세월이 흘러도 변하지 않는 세일즈의 본질을 마주했을 때의 전율은 지금도 지워지지 않는다. 당시만 하더라도 B2B 세일즈를 주제로 한 책이 많지 않았는데, 우연히 발견한 김석찬 작가의 '세일즈 엔지니어를 위한 영업 기술의 비밀'은 가뭄에 단비와 같은 큰 위로와 전환점이 되었다. 기술 영업사원으로서의 겪고 느꼈던 현장 일화에 많은 공감을 했고, 내가 가진 고민의 답을 찾는 데 큰 도움이 되었기 때문이다. 만약 나라면 이 상황에서 어떤 판단을 했을까?'라며 몰입해서 읽었다. 한 꼭지 한 꼭지 읽어 나갈 때마다 무질서하게 흩어져 있던 생각들이 하나둘 정리되었다. 현업의 고민이 생길 때마다 다시 꺼내 읽으며 생각을 정리하는 책 중에 하나다.

독서의 힘을 경험하며 차츰 여러 분야로 독서 영역을 넓혔다. 협상론, 마케팅, 소비자 심리학 등 세일즈 주변 영역에 있는 책들을 읽었다. 책 한 권을 덮을 때마다 주먹구구식으로 쌓아온 영업 기술이 한 단계 진화하는 기분이 들었다. 독서량을 늘려가며 가장 신경 쓴 부분은 책을 통해 배운 내용을 현장에 직접 적용해 보는 일이었다. 아무리 좋은 내용이라고 하더라도 내 성향과 비즈니스 상황에 맞지 않으면 실익이 없다고 생각했기 때문이다. 현장에 적용해 보고 나한테 맞는 내용은 내 것으로 만들었고, 맞지 않으면 과감히 버렸다. 독서를 하며 나만의 색깔이 있는 세일즈 철학을 만들어 나갔고, 그게 바로 이 책에서 강조하는 팀 세일즈다. 덕분에 정체기의 긴 터널도 벗어날 수 있었다.

영업사원이 독서를 해야 하는 이유를 설명하자면 열 손가락이 모자랄 정도다. 그중에서도 세 가지를 꼽자면 다음과 같다.

첫째, 현장 경험을 체계화할 수 있다. 정리되지 않은 경험은 단순한 양적 축적에 그치지만, 독서를 통해 이를 체계화하면 전문가 단계로 성장할 수 있다.

둘째, 아이디어가 솟구친다. '그렇지, 이렇게 생각할 수 있구나.' 책 한 권 속에서도 배울 게 수없이 많고, 수시로 무릎을 치며 통찰하는 순간이 찾아온다. 새로운 아이디어가 샘물 솟아오르듯 떠오르고, 아이디어를 실행에 옮길 용기도 얻게 된다. 몇몇 동료가 나를 '아이디어 뱅크'라고 부르는데, 몰라서 하는 말이다. 진짜 아이디어 뱅크는 책이다.

셋째, 겸손함과 배움의 자세를 유지할 수 있다. 새로운 지식을 접할 때마다 '내가 이걸 모르고 있었구나.', '이런 방법이 있구나.', '지금 우리 회사가 이 방향으로 가고 있구나.'를 깨닫게 된다. 반면, '세일즈는 인간관계가 전부다.' '그거 몇 해 전에 이미 내가 해봐서 다 안다.'와 같은 고정관념에서 벗어날 수 있다.

이렇게 효용이 많은 게 독서인데, 여전히 책을 읽고 공부하는 영업사원이 많지 않다. 도시락 싸서 쫓아다니며 책을 읽으라고 말하고 싶지만, 서로 부담스러운 일이 되는 것 같아 이마저도 쉽지 않다. 언젠가 동료의 차를 얻어 타고 가는 중에 있던 일이다. 한 선배가 우리 회사만 쓰는 용어가 너무 많다고 불평했는데, 그가 예를 들었던 게 FSR(Field Sales Rep.), ISR(Inside Sales Rep.) 같은 용어들이었다. 사실 우리 회사만의 용어가 아니라 B2B 비즈니스 전반에서 통용되는 표준 용어들이었다. 나는 이것을 책을 통해 알고 있었지만, 선배의 자존심을 위해 말을 아꼈다.

가뜩이나 바쁜 영업사원에게 책 읽으라는 말을 하면 한가한 소리 한다고 말하는 사람들도 있다.
"책이요? 좋죠. 그런데 여유가 없어서요."
나도 잘 안다. 촌각을 다투어 긴급한 일을 처리하느라 식사 챙겨 먹기도 힘든 게 영업사원의 현실이다. 하지만 계속 달리기만 할 수는 없다. 내가 그랬던 것처럼 어느 순간 정체기를 맞거나, 매너리즘에 빠질 수 있기 때문이다. 웨이트 트레이닝으로 몸을 키우는 사람들은 휴식 시간을 중요하게 생각한다. 매일 아령을 든다고 근육이 커지는 게 아니라, 운동에 지친 몸이 회복하는 과정에 근육이 커지는 것을 알기 때문이다. 그래서 충분히 쉬고, 단백질도 보충한다. 세일즈도 마찬가지다. 성과라는 근육도 휴식과 재충전의 시간이 필요하다. 가장 좋은 방법이 바로 독서다.

처음부터 '한 달 10권', '1년 100권'처럼 다독을 목표로 할 필요는 없다. 환경과 습관을 조금 바꾸면 된다. 나는 자동차 트렁크에 책 서너 권을 항상 가지고 다니며 틈틈이 읽는다. 그때그때 상황과 기분에 따라 손에 잡히는 책을 집어 든다. 동시에 여러 권의 책을 읽을 때도 있는데, 한 권에 10분씩 세 권 연속읽기처럼 시간을 정해 놓고 읽거나, 한 권에 1꼭지만 읽고 다음 책 읽기처럼 분량을 정해 놓고 읽을 때도 있다. 나는 이걸 '릴레이 독서법'이라고 부르는데, 지루하지 않아서 책 읽는 습관이 붙지 않은 사람에게 매우 효과적이다. 가끔 1년에 독서량이 얼마나 되느냐는 질문을 받는데, 몇 권을 읽었느냐의 양보다 어떤 독서를 했느냐의 밀도가 중요하다. 몇 장만 읽더라도, 몇 줄만 읽더라도 자기의 현실 문제를 해결하는 도구적 독서가 효과적이다.

예를 들어, 마케팅을 모른다면 마케팅 입문서 중에서 본인이 읽기에 부담이 없는 책을 고르면 된다. 세일즈, 자기 계발, 육아, 재테크 등 자기 성장을 위해 도움이 되는 책을 읽으면 교양도 늘고 현실 문제도 해결할 수 있다. 어떤 책은 읽을 때마다 떠오르는 생각이 달라서 몇 번씩 반복해서 읽는다. 그러니 1년에 몇 권을 읽었는지가 중요하지 않다. 사실 책은 어떤 책이든 저자의 인생과 지혜가 담긴 보고다. 남의 인생을 통째로 흡수할 수 있는 절호의 기회니, 바빠서 책을 읽지 않는다는 건 말이 되지 않는다. 핸드폰을 내려놓고 딱 다섯 장만 읽겠다는 부담

없는 마음으로 책을 펼치시라. 당신의 인생을 바꿀 한 문장이 당신을 기다리고 있다.

　나는 책을 통해 많은 저자의 아이디어와 넘치는 용기를 얻는다. 무언가에 격해진 감정을 다스리기도 하고, 공상에 빠지기도 했다. 몇 장만 읽어야지 하는 마음으로 책을 폈다가, 나도 모르게 그 자리에서 한 권을 뚝딱 읽는 날도 많다. 밥을 먹지 않아도 배가 부른 것처럼 종일 마음이 든든하다. 요즘에는 인공지능 기술로 책을 읽어주는 전자책 서비스도 발달했으니, 산책하거나 운동을 하면서도 책을 듣고 독서를 할 수 있다.

　'완독하겠다.', '정독하겠다.'와 같은 부담을 가지지 말고, 일상에 독서 습관을 자연스럽게 녹이는 게 중요하다. 숏폼 보는 시간을 글을 읽는 시간으로 바꾸면 일주일에 책 한 권 읽는 게 그리 어렵지 않다.

　내가 독서를 통해 얻은 값진 교훈 중 하나는 협업의 필요성을 깨달은 것이다. 독서를 하기 전에는 세일즈를 개인전으로만 생각했다. 내가 더 많이 뛰고, 더 오래 일하면 된다고 믿었다. 하지만 매슈 딕슨의 '챌린저 세일'을 읽고 나서는 B2B 세일즈의 성과를 내려면 마케팅, 개발팀, 지원팀 등 다양한 조직의 지원을 부르는 협업의 중요성을 깨달았다.

　'일류의 조건'의 저자 사이토 다카시는 전문가가 되기 위한 세 가지 조건으로 지식을 훔치는 힘, 요약하는 힘, 추진하는 힘을 꼽았다. 독서야말로 이 세 가지 조건을 충족하는 가성비 높은 최고의 방법이다. 독서를 통해 저자의 글을 요약하고 저자의 지식을 내 것으로 만들어 변화를 실천하기 위한 용기를 얻기 때문이다. 다시 한번 말하지만, 세일즈의 본질은 현장과 고객이지만, 현장 경험만으로는 한계가 있다. 현장 경험이 풍부한 영업사원이 책까지 손에 들었을 때 비로소 완성형 세일즈 전문가로 거듭나게 된다. 독서를 통해 전문성을 높이고 시야를 넓힐 때 팀 세일즈를 지속할 수 있는 에너지도 얻는다. 지금 이 책을 읽고 있는 것 자체로 여러분은 이미 성공의 길에 올라서 있다.

6

무조건 같이 가라

협력은 지속 가능한 성공의 기초다.
—하워드 슐츠(스타벅스 창업자)

손흥민 선수가 공을 아무리 잘 찬다고 하더라도, 동료 선수의 패스와 수비 없이는 골도 승리도 어렵다. B2B 솔루션 세일즈도 마찬가지다. 아무리 뛰어난 영업사원이라도 팀 없이는 성과를 낼 수 없다.

불과 10년 전만 하더라도 우리가 동경했던 세일즈 롤 모델은 단독 드리블형 스트라이커였다. 이들 대부분은 '외로운 늑대'였다. 조직과 떨어져 홀로 영업했고, 술자리로 고객 관계를 쌓으며 비즈니스 기회를 만들었다. 정보를 공유하지 않고 성과를 독점했다. 성과급과 고과 앞에서 물불 안 가리는 '피의 경쟁'만이 존재했다. 그 시절 성공한 영업사원들의 무용담은 언제나 비슷했다.

"1년 동안 고객사 부장을 쫓아다니며 새벽까지 술자리를 가지고, 골프장을 다니다가 마침내 계약을 따냈다."

모든 스토리의 주인공은 '나' 하나였고, 조직은 그저 배경에 불과했다. 우리는 그런 영웅담에 열광했고, 나 역시 그런 외로운 늑대가 되는 꿈을 꿨다.

하지만 시대가 변했다. 세계 경제가 장기 저성장 국면에 접어들면서 기업들의 구매 패턴이 완전히 달라졌다. 정보통신 기술의 발전으로 고객들은 영업사원을 만나기 전에 이미 충분한 정보를 수집한다. 협상 주도권은 완전히 고객에게 넘어갔다. 고객의 구매 여정은 나날이 복잡해지고 있다. 한 번의 미팅으로 끝나던 과거와 달리, 이제는 평균 6~8명의 의사결정자가 관여하고, 구매 결정까지 걸리는 시간도 늘어난다. 고객은 철저하게 솔루션을 검증하고, 서비스 역량을 평가한다. 과거에는 동료와 경쟁했지만, 지금의 영업사원은 변화하는 시장이라는 거대한 상대와 싸워야 한다. 이 변화에 대응하는 유일한 해법이 '팀 세일즈'다.

나는 철저하게 혼자서 일하던 영업사원이었다. 무릇 영업사원이라면 홀로 전장에 서는 것을 두려워해서는 안 된다고 생각했다. 하지만 패배의 쓴맛을 볼 때마다 외로움과 두려움에 떨어야 했다. 지금도 생생하게 기억나는 실패가 하나 있다. 6개월 동안 공들인 대형 프로젝트의 최종 프레젠테이션 하루 전이었다. 고객이 갑자기 기술적인 세부 자료를 요청했다. 급히 기술팀에 도움을 요청했지만, 돌아온 답변은 차가웠다.

"사정은 알겠는데, 지금 다른 프로젝트로 여유가 없어서요."

이전까지 제대로 프로젝트 진행 상황을 공유한 적이 없었다. 나 혼자 영웅이 되고 싶은 검은 속내로 가득했기 때문이다. 결국, 동료의 거절을 자초한 건 나였다.

혼자 밤을 새워 어설픈 자료를 만들어 다음날 고객 앞에 섰다. 여러 기술적 질문이 쏟아졌는데 하나의 질문도 제대로 답하지 못했다. 고객은 크게 실망했고, 회의에 참석했던 주요 담당자 몇 명은 더 들을 것도 없다는 듯이 예정보다 일찍 자리를 일어섰다. 엘리베이터를 타고 내려오는데 가슴이 텅 빈 것 같은 절망감이 밀려왔다. '이제 어떻게 하지? 회사에 뭐라고 보고하지?' 하는 생각뿐이었다.

모두가 놀랄만한 큰 성과를 내면 자연스럽게 인정도 받고, 나를 쫓아다니며 지원해줄 거라고 믿었다. 하지만 현실은 달랐다. 그런 생각으로 일할수록 점점 더 조직과 떨어져 홀로 외롭게 일하는 처지가 되어갔다. 성과는커녕 어느새 세상만사 까칠해질 대로 까칠해진 나를 발견하게 되었다. 고객의 까다로운 요청이 접수될 때마다 '이걸 또 어떻게 해결하지?'라는 생각으로 전전긍긍할 뿐, 모든 걸 혼자 해야 한다는 강박을 버리지 못했다.

전환점은 '조직의 방향성에 맞춰 투명하게 일하기'를 결심하면서부터였다. 처음엔 정말 어색했다. 조직과 고객 사이의 소통 노력이 두 배는 넘게 필요하다는 걸 알았을 때는 당황했지만, 그래도 포기하지 않았다. 예전 같으면 고객에게 바로 답변했을 일도, 이제는 관련 팀원들과 먼저 상의했다. 아무리 상황이 급해도 중요한 결정을 할 때는 "잠시만요, 저희 내부에서 논의를 마치고 답변드려도 될까요?"라고 양해를 구하는 데 주저함이 없어졌다. 전혀 뜻밖의 내부 의견에 부딪혀 진행 속도가 더뎌질 때도 많았다. 성격 급한 나로서는 여간 답답한 게 아니었다. 이 모든 협업 과정이 귀찮고 답답했지만, 팀과 함께 걷는 여정이 가장 안전하고 성과를 키운다는 믿음을 잃지 않았다. 모든 정보를 투명하게 공유하고, 팀원들과 솔직하게 터놓고 이야기하기 시작했다.

"저 이 부분에서 막혔는데요. 혹시 누구 아이디어 있나요?", "고객이 이런 반응인데 어떻게 접근하면 좋을까요?"

처음엔 내 약점을 드러내는 게 부담스러웠지만, 막상 동료들도 똑같은 고민을 하고 있다는 걸 알게 되면서 마음이 편해졌다. 사소한 결정이라도 팀원들의 의견을 물었다.

"이 제안서 방향 어때요?", "고객 미팅 전략을 함께 짜볼까요? 혼자서 할 자신이 없어서요."

옳은 결정이었느냐 아니었느냐보다는 팀 차원의 충분한 토론과 의견 수렴을 했는지에 초점을 두었다. 그렇게 팀과 함께 내린 결정에 대해서는 의심하지 않았다.

서서히 변화가 일어나기 시작했다. 팀원들과 호흡이 맞기 시작했고, 업무 효율이 놀라울 정도로 높아졌다. 각자가 상대방 역량을 믿고 지지하며, 자신의 역할에서 최선을 다하는 진정한 한 팀이 되었다. 어느 날, 까다로운 고객사에서 갑작스럽게 기술 검증을 요청했다. 예전 같으면 혼자 끙끙 앓으며 밤을 새웠을 일이다. 하지만 이번에는 달랐다. 즉시 연구소 담당자에게 연락했다.

"책임님, 지난번 공유했던 그 프로젝트 있잖아요. 급한 일이 생겼는데 도와주실 수 있나요?"

"네, 알겠습니다. 지금 당장 자료 정리해서 보내드릴게요."

2시간 정도가 지나서 자료가 왔는데, 고객이 궁금해할 만한 추가 질문에 대한 답변까지 준비된 완벽한 자료였다. 천기누설을 듣게 된 사람처럼 자신감이 넘쳤다. 프로젝트가 생각처럼 풀리지 않더라도 함께 고민하며 해결책을 찾으려고 노력하다 보니 외로움도, 두려움도 사라졌다. 혼자가 아니라는 안정감이 더 과감한 도전을 가능하게 했다. 프로젝트가 성공적으로 마무리되면, 그야말로 축제 분위기였다. 진심으로 서로를 축하하고 공을 나눴다.

"이번엔 정말 팀워크가 빛났어요!", "다들 고생 많으셨습니다!"

처음에는 어색했던 '팀 세일즈'가 자연스럽게 자리 잡았고, 모두가 만족스러워했다. '팀 세일즈'의 맛을 한 번 보면, 누구도 그 맛을 포기할 수 없다는 걸 알게 되었다.

팀 세일즈의 진정한 가치는 각자의 강점을 바탕으로 서로의 부족한 점을 채워주고, 실패의 두려움이 없는 강한 팀으로 거듭나는 것이다. 혼자면 성공 확률이 50%도 되지 않는 프로젝트도, 팀 세일즈로 하면 쉽게 성공시킬 수 있다. 가장 중요한 건 실패하더라도 혼자가 아니라는 점이다. 함께 실패하고, 함께 배우고, 함께 다시 일어선다. 혹시 아직도 혼자서 모든 걸 해결하려고 애쓰고 있지는 않은가. 꼭 기억하라. 지금, 이 환경에서 성과를 내는 사람은 함께 뛰는 법을 아는 영업사원이라는 것을. 무조건 팀과 같이 가시라. 그 길에 답이 있다.

:: 마치는 글

고백하건대, 내가 몸소 겪은 B2B 세일즈 여정은 실패와 좌절의 연속이었다. 누구에게도 들키고 싶지 않은 흑역사와 같은 순간도 많다. 여기저기서 수없이 깨졌다. 포기를 결심하려던 순간, 동료들이 손을 내밀어 주었다. 나의 '팀 세일즈' 역사는 그렇게 시작되었다. 팀으로 일하자 놀라운 변화가 일어났다. 성과는 물론, 배울 기회가 많아졌고 성장도 빨라졌다. 팀 세일즈의 긍정적인 경험을 회사 밖의 파트너사뿐만 아니라 고객과의 협업으로까지 연장했다. 고객사를 '모셔야 할 대상'이 아니라, '비즈니스 성공을 위한 파트너'라고 생각을 바꾸고 세일즈를 하자 오히려 더 많은 성과가 나타났다. 그런데도, 여전히 협업은 어려운 숙제 중의 하나이자 도전 과제이다.

2019년 갑자기 찾아온 COVID-19는 일상생활은 물론 B2B 비즈니스 환경까지 크게 바꾸어 놓았다. '디지털 전환'을 화두로 모든 회사가 비즈니스 모델을 변화시키기 시작했다. 줌이나 팀즈를 통한 화상회의가 일상이 되었고, 가상현실 기술을 기반으로 한 메타버스 환경에서 디지털 전시회와 세미나가 열렸다. 이러한 급격한 변화 속에서 B2B 세일즈의 미래를 걱정하는 목소리도 나왔다. 머지않아 인공지능이 영업사원의 일자리를 대체할 것이라는 전망도 잇따랐다. 이 책의 초고를 완성했던 때가 마침 2019년이었다. 막상 써놓고 보니 코로나로 촉발된 비대면 비즈니스 환경에 동떨어진 이야기가 될까 봐 걱정이 생겼다. 그 핑계로 초고를 4년이나 묵히며 퇴고를 미뤘다.

코로나가 물러간 이후의 엔데믹 시대의 B2B 세일즈 환경을 자세히 관찰했다. 디지털 기술이 고객 구매 전략과 영업 전략에 영향을 주었지만, B2B 비즈니스의 본질은 변함이 없었다. 오히려 영업사원의 핵심 역량이 그 어느 때보다 중요해졌으며, 특히 협업을 끌어내는 리더십이 크게 부각 되었다. 호기심과 탐구 정신으로 고객의 잠재 요구를 발견하고, 직관과 통찰력으로 해법을 제시하며, 뛰어난 협업 능력으로 복잡한 이해관계를 조율하는 세일즈 리더십이 요구되는 시대가 된 것이다. 다행히도 내가 이 책을 통해 나누고자 했던 '팀 세일즈'의 핵심 메시지에 대한 확신이 생겼고 미뤘던 글쓰기를 다시 시작했다.

지금도 치열하게 B2B 비즈니스 현장을 누비는 동시대의 영업인들에게 도움이 되고자 시작한 글쓰기였지만, 이 책을 마무리하는 지금 가장 많이 깨닫고 배운 것은 오히려 나였다. '내가 이 글을 쓸 자격이 있나?'라는 자기 질문으로 지난 경험을 돌아보고 내 역량을 객관적으로 따져보며 부족한 역량을 깨닫고 다시 공부하는 시간이 되었기 때문이다. 무엇보다 다음 세 가지를 깨닫고 배웠다.

첫째, 20년 가깝게 B2B 세일즈를 하면서 함께했던 상사와 동료, 후배와 파트너에게 감사한 마음을 갖게 되었다. 곰곰이 생각해 보면, 내가 자랑스럽게 여기는 성과 중에 나 혼자서 일군 건 단 하나도 없었다. 내가 성과를 내고 성장할 수 있었던 건 결국 주변 사람들 덕분이었다. 평소에는 서운한 마음도 들고 웬수 같았는데 지나고 보니 힘들고 지칠 때마다 서로 위로하고 일으켜 세워주며 부족함을 채워줬던 소중한 사람들이 바로 동료들과 채널 파트너 직원들이었다.

둘째, 현장에서 만났던 모든 고객에게 감사한 마음을 갖게 되었다. 오랜 현장 경험 끝에 깨달은 게 있다. 고객은 단순히 비즈니스 거래 상대가 아니다. 고객은 영업사원에게 풀기 어려운 도전 과제를 주는 짓궂은 코치다. 고객은 쉽게 풀 수 있는 과제를 주지 않는다. 해답을 찾지 못해 괴롭고 때로는 도망치고 싶은 마음이 들 때가 수없이 많다. 시간이 지나고 보니 그 모든 게 성장의 기회였다는 것을 깨닫게 되었다. 까다롭게 구는 고객과 어려운 과제 덕분에 꼼꼼하게 일을 챙기는 습관을 들이게 되었고, 한결 진지한 태도로 프로젝트에 참여할 수 있었다. 어려운 협상 경험 덕분에 입체적인 제안서를 작성하는 사고를 연습할 수 있었다. 따지고 보면 성공의 환희보다 실패의 쓴맛을 더 많이 본 지난 날이지만, 이 모든 게 더 나은 영업사원이 되기로 한 성장통이었다는 것을 알게 되었다. 모든 고객이 스승이다.

셋째, B2B 솔루션 세일즈라는 직무가 사라지지 않을 거라는 확신하게 되었다. 인공지능은 B2B 비즈니스의 의사결정 방식에 영향을 주지만, 영업사원의 고유한 업무 영역을 대체하는 데에는 분명한 한계가 있다고 확신한다. B2B 비즈니스는 의사결정에 영향을 미치는 수많은 복합적 요소가 존재한다. 데이터로 정량화할 수 있는 기술적 요소뿐만 아니라 고객사 비즈니스 환경의 특수성과 역동성, 역학 관계와 전략 변화, 의사결정 영향력의 복합성, 담당자의 개인적인 성향 등 정량화할 수 없는 요인들이 수시로 개입한다. 덕분에 영업사원의 역할은 앞으로도 공고할 것이다. 단, 시대가 요구하는 핵심 역량을 갖추기 위한 노력을 전제로 해서 말이다. 전문성과 통찰력을 갖추고 소통과 협업을 일으키는 능력이 핵심이다. 끝없이 공부하고 지속 시도하고 꾸준히 사색하며 주변에 관심을 두며 '팀 세일즈'를 일으키는 시도를 지속하는 영업사원이 성공할 수 있다.

이 책은 비전문가가 전문가의 열정으로 쓴 글이다. 교수나 재계 거물의 저서가 아니기에 일부 논리나 근거가 부족한 부분에 불편함을 느낄 독자도 있을 수 있다. 이러한 한계에도 불구하고 누군가에게는 '아, 이렇게 접근할 수도 있구나!'라는 생각을 불러일으킬 만한 단 한 줄이라도 담겨 있기를 바란다. 다른 누군가에게는 '맞아, 나도 그랬었지.', '이건 내 이야기잖아.'처럼 공감을 주고 동시에 위로가 되면 좋겠다. 슬럼프에 빠져 포기를 고민하는 누군가에게 힘이 되어 다시 일어서게 도울 수 있다면 더는 큰 바람이 없다. 무엇보다 협업의 가치를 믿고 '팀 세일즈'를 시도해 보려는 용기를 내고, 그 시도가 가져다주는 달콤한 성과와 보람을 직접 맛볼 수 있는 계기가 되기를 희망한다.

끝으로 정규과정 1호 수강생인 나를 위해 헌신적으로 글쓰기 기술과 진지한 삶의 태도를 가르쳐 주신 '월간책방' 김형준 작가님과 세상을 바라보는 시야를 더 크고 넓게 만들어 주신 '와일드북'의 유광선 대표님에게 감사의 마음을 우선 전한다. 촌철살인의 한마디로 깨우침을 주시고 이 책의 바탕이 된 많은 경험을 이끌어 주신 3M 싱가포르 박영배 사장님, 출판이 자기 계발의 새로운 모델이 될 거라며 따뜻한 격려와 아낌없는 지원을 해 주신 이수성 이사님을 비롯해 이왕 쓰는 책이 베스트셀러가 되면 좋겠다며 응원을 해 주신 인사팀 차진주 프로님과 영업팀 남대현 프로님, 이은주 프로님, 강동우 프로님, 장순철 프로님을 포함한 많은 동료들에게 "당신들이 이 책을 만들어 주었습니다."라는 말로 감사를 표현하고 싶다.

끝으로 집필 시간을 방해하지 않기 위해 티 내지 않고 묵묵히 배려해 준 아내와 놀아달라는 말을 꾹꾹 참던 기특한 모습을 보여주었던 두 아들 도현, 승현에게 헤아릴 수 없는 고마움과 사랑의 마음을 전한다.

ONE PAGE 정리 기술 〈다카하시 마사후미, 김영사〉

점점 더 바쁘게 돌아가는 비즈니스 환경에서 복잡한 정보를 단순하게 요약하는 기술은 중요하다. '16분할 메모', '킬러 리딩' 등 1장으로 내용을 줄이는 기술을 연마할 수 있다. 머릿속에 둥둥 떠다니는 복잡한 생각을 정리하느라 애먹고 있는 독자라면 읽어보면서 자기에게 맞는 요약 기술을 익히기에 안성맞춤이다.

거절당한 순간 영업은 시작된다 〈엘머 레터만, 와일드북〉

고객의 '거절'을 단순한 부정적인 반응이 아니라, 더 많은 설명과 설득이 필요한 신호로 해석한다. 고객에게 진정성 있게 다가가야 한다고 강조하고, 고객의 문제를 자기 일처럼 여겨야 한다고 강조한다. 세일즈 기술을 넘어 인간관계와 인격 형성에 대한 깊은 통찰을 제공한다.

다시, 장인이다 〈장원섭, 영인미디어〉

'자발적 퇴사'라는 말이 유행할 정도로 적당주의의 유혹이 가득한 시대다. 이 책은 반대다. 한눈팔지 않고 한 우물을 파는 장인 정신의 현대적 의미와 자기 성장 방향을 제시한다. 창의성은 머리가 아닌 고숙련의 끝에서 나오는 것이며, 작은 목표를 향해 전진하기 위해 지속해서 배워 남 주는 태도의 의미를 배울 수 있다.

당신의 세일즈에 SPIN을 걸어라 〈닐 라컴, 김앤김북스〉

고객에게 솔루션의 가치를 인지시키고 구매 결정을 강화하는 SPIN(Situation, Problem, Implication, Need-pay off) 질문 기법을 강조하는 영업 전략서다. 현장 분위기에 따라 즉흥적으로 나누는 대화 대신 구조화된 질문으로 솔루션 가치를 강화할 수 있는 기법을 익힐 수 있다.

디테일 토킹 〈마크 위스컵, 다산라이프〉

글쓰기든 말하기든 디테일 없이는 대화를 주도하기 어렵다. 누구에게든 자신이 말하고자 하는 바를 정확하게 전달하고, 더 많은 호응과 공감을 불러일으켜 결국 원하는 바를 이뤄내는 영업사원 또는 리더가 되고 싶은 독자에게 권하는 책이다.

마인드셋 〈캐럴 드웩, 스몰빅라이프〉

성공을 위한 단순하지만, 놀라운 사실은 바로 마음가짐(마인드셋)이다. 자신의 재능과 능력을 얼마든지 발전시킬 수 있다는 '성장 마인드셋'은 이 시대 모든 직장인, 영업사원에게 필요한 자세다. '해볼까 말까?' 망설일 때마다 시도하는 용기를 채워준 책이다.

몰입의 즐거움 〈미하이 칙센트미하이, 해냄〉

'몰입(flow)'을 경험함으로써 삶의 질을 향상하는 방법을 설명한다. 몰입은 명확한 목표, 즉각적인 피드백, 그리고 도전 수준과 역량이 균형을 이룰 때 발생하며, 몰입을 통해 자기 활동에 완전히 집중하게 된다고 말한다. 이 책을 통해서 일 미루기나 일 중독이 아닌 이상적인 몰입 경지를 지향하게 된다.

미생 〈윤태호, 위즈덤하우스〉

드라마로도 만들어진 유명한 책이다. 바둑과 직장인의 삶을 절묘하게 연결하여 큰 공감을 일으켰으며, 특히 종합상사 배경이라 B2B 영업사원에게 지혜와 공감을 주는 대목이 많다. 에피소드별로 전해지는 여운이 만만치 않고, 만화로 그려진 덕분에 큰 부담 없이 읽을 수 있어서 좋다.

비전공자도 이해할 수 있는 AI 지식 〈박상길, 반니〉

인공지능이 일자리를 빼앗는 시대에서 가장 필요한 자세는 바로 인공지능을 제대로 이해하여, 자기 업무 영역으로 끌어드리는 태도가 아닐까. 이 책은 일상에서 접하는 많은 인공지능의 작동 원리를 구체적이고 이해하기 쉽게 설명한다. 인공지능에 대한 막연한 어려움과 두려움을 가지고 있는 독자에게 적극적으로 일독을 권한다.

세일즈 성공전략 〈브라이언 트레이시, 씨앗을 뿌리는 사람〉

세계적인 세일즈 전문가 브라이언 트레이시가 전하는 영업 성공의 원칙과 실천 전략을 담은 책이다. 오래전에 쓰인 책인 만큼 전화번호부를 뒤적이며 콜드콜을 하거나 손편지를 보내는 기술 등의 시대적 환경 차이는 지울 수 없다. 그런데도 시대를 관통하는 세일즈의 핵심 원칙과 마인드를 배우기에는 부족함이 없다.

세일즈 클로징 〈지그 저글러, 산수야〉

모든 세일즈 활동의 목적지는 결국 클로징이다. 고객과의 진정성 있는 관계 형성의 중요성을 강조하고, 설득이 아닌 신뢰 기반의 '도움 주기'가 진짜 클로징임을 알려준다. 책에 나오는 다양한 클로징 기법을 바탕으로 현재 자신의 클로징 기술은 어떤지에 대해 진지하게 고민하게 된다.

세일즈, 말부터 바꿔라 〈황현진, 비즈니스북스〉

세일즈하면서 말의 중요성을 빼놓을 수 없다. 고객의 생각을 끌어내는 질문, 공감, 타이밍에 맞는 표현이 고객의 마음을 열기 때문이다. 저자의 현업 경험을 바탕으로 전략적인 세일즈 대화 설계와 성과를 내는 노하우를 담았다. 세일즈 화법에 대한 고민이 있거나 고객 상담 패턴을 바꾸고 싶다면 큰 도움이 된다. 말 전문가가 쓴 책인 만큼 글도 쉽게 읽힌다.

세일즈로 갑질하기 〈김용기, 행복한북클럽〉

책 제목이나 표지 디자인에 비해 내용이 깊다. 실전에 활용할 수 있는 구체적인 방법론을 제공하는 책이다. 30년 이상의 세일즈 경험을 바탕으로 소개하는 현대적이고 효과적인 세일즈 기법을 배우기에 부족함이 없다.

순간의 힘 〈칩히스 & 댄히스, 웅진지식하우스〉

B2B 세일즈를 하다 보면 자기 조직, 파트너사의 많은 허점이 보이

기 마련이다. '우리 회사가 그렇지 뭐', '저 회사는 왜 이걸 못하지?'라는 자조 섞인 푸념 대신 평범한 순간이나 보완이 필요한 부분을 최고의 고객 경험으로의 반전시키는 경험 설계의 기회로 인식하는 데 도움을 준다.

쓰기의 공식 PREP 〈임재춘, 반니〉

논리적인 글쓰기를 돕는 강력한 템플릿인 주장(Point), 이유(Reason), 예시(Example), 다시 주장(Point) 구조를 배울 수 있는 책이다. PREP은 이메일, 보고서, 기획서, 제안서 등에 쉽게 적용할 수 있고, 갑작스러운 발표 준비나 회식에서의 '한 말씀'에서도 품격 있는 말하기를 가능하게 돕는다.

영업 1년 차의 교과서 〈기쿠하라 도모아키, 정진라이프〉

초심을 돌아보게 한 책이다. 영업 입문자부터 전문가까지 활용할 수 있는 73가지 영업 기술을 소개하는 책이다. 성공적인 영업을 위한 기본적인 비즈니스 에티켓과 실전 노하우를 배울 수 있다.

영업기술의 비밀 〈김석찬, 도서출판 청어〉

저자 본인의 영업 경험 기반의 노하우와 실전 영업 전략을 담은 책. B2B 솔루션 세일즈의 맥락을 잡는 데 큰 도움이 되었던 책으로 책장에 두고 고민이 있을 때마다 꺼내서 읽으며 복잡한 생각을 정리했다.

영업은 결과로 말한다 〈유장준, 흐름출판〉

B2B 세일즈의 최신 트렌드와 성과 중심의 영업 전략을 담은 실전형 영업서다. 결과를 내는 영업사원의 사고방식과 습관에 대해 배울 수 있고, 실무에 적용할 수 있는 최신 세일즈 전략과 팁을 제시한다.

익숙한 것과의 결별 〈구본형, 생각의 나무〉

변화 경영 전문가인 구본형 작가를 대표하는 저서 중 하나다. 변화하는 시대에 대응하기 위해 기존의 익숙한 사고방식과 관행에서 벗어나야 함을 강조한다. 책에서 묘사하는 변하지 않는 그룹을 보면서 내 마음속에도 깊게 자리 잡은 복지부동의 유혹을 떼어내는 데 큰 도움이 되었다.

인트로버트 조용한 판매왕 〈매슈 폴러드 & 데릭 루이스, 문학동네〉

내성적인 사람도 얼마든 뛰어난 영업사원이 될 수 있다는 믿음을 가질 수 있다. 체계적인 준비, 경청과 차분한 대화, 고객 맞춤형 접근을 바탕으로 외향적인 영업사원보다 더 큰 성과를 낼 수 있음을 보여준다. 내성적 영업사원뿐만 아니라 외향적 영업사원도 한번은 읽어보면 좋은 책이다.

일의 격 〈신수정, 턴어라운드〉

일과 삶의 다양한 경험과 통찰로 독자들의 공감과 지지를 받는 전직 KT 신수정 부사장의 책이다. 짧은 글 묶음이라 짬짬이 시간이 날 때 읽기에 좋지만, 여운은 길고 묵직하다. 상황에 대한 날카로운 분석과 통찰력 있는 글을 통해 직업인으로서의 자기 모습을 되돌아보고, 건설적인 사고를 하는 기회를 가질 수 있다.

입사하자마자 B2B 마케터가 됐습니다. 〈남정현, 플랜비디자인〉

B2B 마케터를 위한 실전 가이드 입문서다. 마케팅 전략부터 영업 협업까지 즉시 활용할 수 있는 쉬운 설명과 실무 예시가 뛰어난 책으로 초보 마케터뿐만 아니라 마케팅을 세일즈에 접목하고자 하는 영업 사원에게도 일독을 권하는 책이다.

챌린저 세일 〈매슈 딕슨 & 브랜트 애덤슨, 오쿨루스〉

관계를 중시하는 전통적인 영업 방식보다, 고객의 문제를 재정의 하고 고객에게 도전하는 '챌린저 유형'의 영업사원이 성과를 낸다는 통찰을 제시한다. 나는 어떤 유형의 영업사원인지 진지하게 고민할 수 있는 계기가 된 책이다.

처음 읽는 행동경영학 〈리처드 채터웨이, 어크로스〉

사람의 심리와 행동을 이해하는 일은 섬세한 세일즈에 도움이 된 다. 한 방송사의 실험 카메라를 본 후 무더운 여름에도 따뜻한 차를 부 탁한다. 고객이 차를 내올 때 전해진 온기가 고객의 마음을 여는 데 도 움이 되기 때문이다. 이 책 역시 행동과학을 바탕으로 고객과 동료의 행동을 유도하는 전략을 재미있게 풀어낸다.

타이탄의 도구들 〈티모시 페리스, 토네이도〉

성공한 200명을 직접 만나 그들의 성공 비결을 분석하고, 자신의 일상에 적용해 탁월한 성과를 만들었던 경험을 소개하는 자기 계발 분야의 스테디셀러다. 성과, 지혜, 건강의 비결을 자기 삶에 옮겨 흉내 내는 시도만으로도, 어제보다 성장한 자기 자신을 발견할 수 있다. 수시로 읽는 책 중에 한 권이다.

틀을 깨는 사고력 〈양첸룽, 미디어숲〉

대만 사상 최연소 디지털 담당 장관으로 임명된 오드리 탕의 창의적이고 유연한 사고법을 담은 책이다. 비즈니스 환경이 변하고, 전통적인 세일즈 방식이 통하지 않는 시대에 필요한 창의적 사고를 훈련하는 방법과 공동체 학습 방식을 배울 수 있는 책이다.

파이프라인을 구축하라 〈박세정, 책과 나무〉

단기 성과에 대한 집착에서 벗어난 지속 가능한 매출 성장을 위해 필요한 '영업 파이프라인'의 개념과 구축 전략을 다룬 책이다. 파이프라인 관리의 핵심은 결국 고객 중심적 사고임을 이해할 수 있고, 현업에 바로 적용 가능한 단계적 실행 방법을 익힐 수 있다. CRM을 운영하고 있거나, 도입할 계획이라면 일독을 권한다.

빠르게 실패하기 〈존 크럼볼츠 & 라이언 바비노, 스노우폭스북스〉

스탠퍼드 대학교의 '인생 성장 프로젝트'의 연구 결과를 바탕으로, 성공한 사람들의 행동 패턴을 분석한 책이다. 준비와 계획에 시간을 쓰는 대신에 신속하게 행동으로 옮기고, 작은 실패들을 학습과 성장의 기회로 삼는 것이 성공의 열쇠임을 강조한다. 계획과 실행 사이에서 고민이 많은 영업사원에게 일독을 권한다.

하버드 협상 강의 〈하버드 공개강의연구회, 북아지트〉

비즈니스뿐만 아니라 일상생활에도 중요한 협상 기술을 소개한다. 협상에 대한 기본 개념과 고급 전략을 이해하고 세일즈 실무에 적용해 보는 기회를 가질 수 있다. 효과적인 비즈니스 협상에 대한 고민이 많은 영업사원에게 추천하는 책이다.

홀로 성장하는 시대는 끝났다 〈이소영, 더메이커〉

협업과 연결을 통해 함께 성장하는 '공생의 힘'을 강조하는 책이다. 마이크로소프트 아시아 지역 매니저로서의 실제 경험을 바탕으로, 서로의 성장을 돕는 관계와 커뮤니티의 중요성을 설득력 있게 풀어낸다.